NIEMANN · DIE ENDURO-FAHRSCHULE

W0197925

Aus der Praxis der Profis

HARRY NIEMANN

Die Enduro-Fahrschule

unter Mitarbeit von Eddy Hau

MOTORBUCH VERLAG STUTTGART

Einbandgestaltung: Siegfried Horn, unter Verwendung
eines Dias von BMW

ISBN 3-613-01294-4

2. Auflage 1991
Copyright © by Motorbuch Verlag, Postfach 103743, 7000 Stuttgart 10.
Ein Unternehmen der Paul Pietsch-Verlage GmbH & Co.
Sämtliche Rechte der Speicherung, Vervielfältigung und Verbreitung
sind vorbehalten.
Druck und buchbinderische Verarbeitung: Isar-Post, 8300 Landshut.
Printed in Germany.

Inhaltsverzeichnis

I. Einleitung

Der Titel »Eddy Haus Endurofahrschule« ist gleichermaßen Hommage an einen Großen des internationalen Geländesports wie auch Dank für Rat und Tat, vor allem bei den Fotoserien, mit dem Eddy Hau zur Entstehung dieses Buches beigetragen hat.

Die Gelände-Sport-Karriere des 1952 geborenen Unterfranken begann 1969 mit einer 50 cm³-Hercules-Sachs. Noch während seiner Lehrzeit bei Fichtel und Sachs in Schweinfurt startete Eddy Hau, angeregt durch ein Buchgeschenk seines Meisters, Poensgens »Geröll, Motoren, feine Kerle«, mit dem aktiven Sport. Zuerst als Fabrikfahrer bei Hercules wurde Hau 1975 Werksfahrer bei Zündapp. 1975 und 1976 gewann er als Mitglied des deutschen Nationalteams die Mannschaftsweltmeisterschaft, je einmal auf der Isle of Man und in Zeltweg. Von den kleinen 100 cm³-Bienen stieg Eddy nach einer verletzungsbedingten Zwangspause 1980 auf eine 600 cm³-Yamaha um. Mit dieser Maschine wurde er 1982 und 1983 Europameister sowie Deutscher Meister 1982. Hau war nicht nur siebenmal Deutscher Meister und viermal Europameister bei den Geländefahrern, sondern errang auch beim Moto Cross einen Titel. 1988 gewann er auf einer BMW die Marathonwertung der Rallye Paris-Dakar. Ein Talent also, das allen Sätteln gerecht wird. Dem trug auch die Verleihung des silbernen Lorbeerblattes durch den Bundespräsidenten 1977 Rechnung. Vom ADAC bekam Hau das Sportabzeichen in Gold mit Diamanten, die höchste vom ADAC zu vergebende Ehrung für Motorsportler.

Doch Eddy Hau hat sich darüber hinaus in beispielhafter Weise für den Motorsportnachwuchs und die Verkehrserziehung Jugendlicher engagiert. Er ist im Besitz der B-Trainerlizenz des Deutschen Sportbundes (DSB) und leitet die ADAC-Enduroschulen, die sich um den Nachwuchs im Motorradgeländesport kümmern. Darüber hinaus leitet er den Sektor Moto Cross/Enduro der Übungsleiter- und Trainerausbildung in Deutschland.

Obwohl noch immer als Werksfahrer von KTM in der Motorradrallyeszene aktiv, bemüht sich Eddy Hau nicht nur um den Motorsportnachwuchs, sondern auch um Verkehrssicherheitsarbeit. Als 1. Vorsitzender des Instituts für Verkehrs- und Motorsportpädagogik ist er in Sachen Verkehrstraining und -erziehung tätig.

In ihm finden die Jugendlichen einen Mann, der eine Vorbildfunktion erfüllt und auf dessen Urteil gehört wird. So wird Hau, privat treusorgender Familienvater von drei Kindern, dem Motorsport so schnell nicht verlorengehen. Als Trainer und Berater wird er sich um gezielte Nachwuchsarbeit kümmern, für die auch dieses Buch Grundlage sein soll, sowohl für den Trainer als auch für den Aktiven – und hier schließt sich der Kreis.

Der Geländesport ist die Grundschule allen Motorradfahrens, und jeder sollte mindestens eine Stunde im Gelände verbracht haben, bevor er im Verkehr auf die Menschheit losgelassen wird. So enthält dieses Buch nicht nur Tips für die Aktiven und deren Betreuer, sondern auch für Fahrleher und Fahrschulen, die über genügend Initiative und hoffentlich eigenes Gelände verfügen, um mit dem Nachwuchs mehr zu machen als nur Achten-Fahren im verkehrsberuhigten Villenviertel. Was in den Mooren von Yorkshire um die Jahrhundertwende begann, sollte noch lange nicht enden.

1. DREI WICHTIGE PUNKTE

Bei aller Freude am Motorradfahren mit einer Enduro – oder zugelassenen Geländemaschine – sollten wir drei Dinge nicht aus den Augen lassen:

1. Wenn wir die Maschine im Straßenverkehr einsetzen, müssen wir uns der vielfältigen Anforderungen vergewissern, mit denen eine Straßenverkehrsteilnahme verbunden ist. Wollen wir uns mit der Maschine austoben, sollten wir das auf einem abgesperrtem Gelände- oder Übungsplatz machen.
Zwischen dem Sport mit dem Motorrad und einer Verkehrsteilnahme mit demselben sollten wir einen klaren Trennungsstrich ziehen!
Auf der Straße führt Risiko- und Erprobungsverhalten meist zu häßlichen Unfällen, da die anderen Verkehrsteilnehmer nicht damit rechnen und auch nicht damit rechnen können.
Unsere Devise heißt demnach: *Schnell im Motorsport, aber partnerschaftlich im Straßenverkehr.*

2. Auch im Gelände, abseits der Straße (soweit erlaubt) lauern Gefahren, hier gilt es, einige Grundsätze zu beherzigen. Aus Gründen des Naturschutzes sind die meisten Feld- und Waldwege sowie die dazugehörenden Wald- und Wiesenflächen für Befahren mit Kraftfahrzeugen

gesperrt. Sie dennoch zu nutzen, bedeutet nicht nur, gegebenenfalls eine saftige Geldstrafe zu riskieren, vielmehr werden durch den einen »Wilden« alle anderen Motorradgeländesportler, die sich an die Regeln halten, in Mißkredit gebracht!

Deshalb erkundigen Sie sich erst bei den lokalen Motorsportclubs und anderen Endurofahrern nach Fahr- und Trainingsmöglichkeiten.

3. Allein zu trainieren, dazu in unbekanntem Gelände, birgt darüber hinaus noch eine Reihe weiterer Gefahren.

Ein Heidelberger Endurist, der sich an den Hängen der Bergstraße vergnügte, sprang ungewollt einen Steinbruch von ca. 20 m Höhe hinunter, der ihm im Eifer des Gefechts erst im letzten Augenblick und damit zu spät aufgefallen war.

Er brach sich so ziemlich alles, kam aber Gott sei Dank mit dem Leben davon.

Bei weiten Fahrten im unwegsamen Gelände, die Sie allein unternehmen, genügt ein gebrochener Fuß plus entsprechend verbogener Mühle, um Sie zur Hilflosigkeit zu verurteilen.

Ich brach mir einmal bei einer solchen Fahrt das rechte Handgelenk, an eine Weiterfahrt war also nicht mehr zu denken, und ich war dem Bauern, der mich auf seinem Trecker mit zum nächsten Hof nahm, mehr als dankbar.

2. MIT DER ENDURO IM STRASSENVERKEHR

Viele Enduros werden heute im Straßenverkehr eingesetzt und werfen im Hinblick auf Unfallrisiken die gleichen Probleme wie normale Straßenmotorräder auf. Deshalb gelten auch für den Enduristen jene acht Punkte des Anforderungsprofils eines Straßenfahrers (Graphik).

Drei Ergänzungen sind allerdings nötig und zwar:

zu Punkt 2 – Straßen- und Streckenkenntnisse müssen durch Geländekenntnisse ersetzt werden;

zu Punkt 4 – beim Fahren im Gelände ist eine spezielle Art von Schutzkleidung erforderlich, die etwas von der auf der Straße üblichen abweicht;

zu Punkt 5 – Verkehrsregelwissen allein reicht nicht mehr aus, wir müssen auch über die Umweltverträglichkeit unseres Verhaltens beim Geländefahren informiert sein.

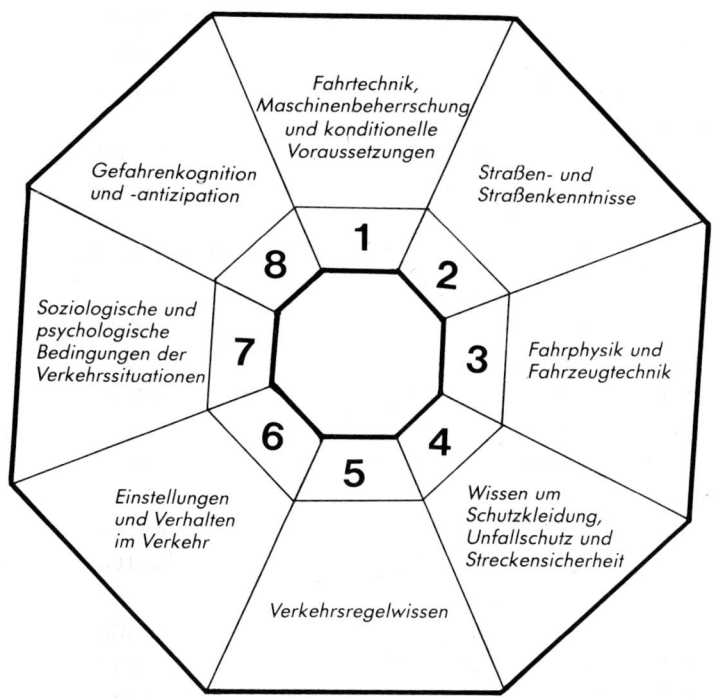

Die Differenz zwischen einer Straßenmaschine und einer modernen Enduro ist nicht so gravierend, wie es auf den ersten Blick den Anschein hat. Zumeist geringer dimensionierte Bremsen, Stollenreifen und ein nicht immer spurstabiles Fahrwerk lassen die Enduromaschine gegenüber ihrem Straßenpendant scheinbar schlecht aussehen. Daß dem nicht so ist, sondern vielmehr eine gleichstarke Enduro bessere Rundenzeiten zu bewerkstelligen vermag, zeigte eine Untersuchung der Zeitschrift »MOTORRAD«. Auf dem kleinen Kurs des Motodroms von Hockenheim traten drei Enduros gegen drei entsprechende Straßenmaschinen an.

Ergebnis:

Kriterium	Straßenmaschine:			Enduro:		
	A	B	C	A	B	C
V max km/h	133	130	134	134	131	135
Sachs-Kurve s	4,91	4,93	4,98	5,05	4,79	4,84
Kleiner Kurs min.	1.31,06	1.31,51	1.30,12	1.30,08	1.30,60	1.31,41

(MOTORRAD, Heft 4, 13. Februar 1985, Seite 58)

Wie aus der Tabelle zu ersehen, fuhren alle Maschinen um die 1.30 min. Die Differenzen sind zwar minimal, fallen aber dennoch zugunsten der Enduros aus! Sie sind tatsächlich auch auf der Rennstrecke schneller, wie dieser Vergleich zeigt. Auch im Rennsport kam es schon häufig vor, daß auf kurvigen und verwinkelten Kursen oder Bergstrecken die Fahrer von Enduros gut mithielten oder sogar gewannen. Warum dies? Nun, die Enduros sind leichter und handlicher als Straßenmaschinen. Die Stollenreifen, denen man beim ersten Hinschauen so gar nicht vertrauen will, haben einen fast ebenso großen Grenzbereich wie die Straßenreifen, sind aber (bei trockener Straße) viel gutmütiger, d.h. sie kündigen rechtzeitig an, wenn sie dem kritischen Bereich zu nahe kommen. Der Motor hat zumeist ein breiteres Leistungsband und ist dementsprechend einfacher zu fahren als ein Straßenmotorrad mit sehr viel Power, aber einem schmalen Leistungsband. Die extrem langen Federwege, ohne die im Gelände ja gar nichts geht, erweisen sich auch bei schlechten Straßen als hilfreich. Der Schwachpunkt der Enduros, nämlich unterdimensionierte Trommelbremsen im Vorderrad, ist heute durch Verwendung von

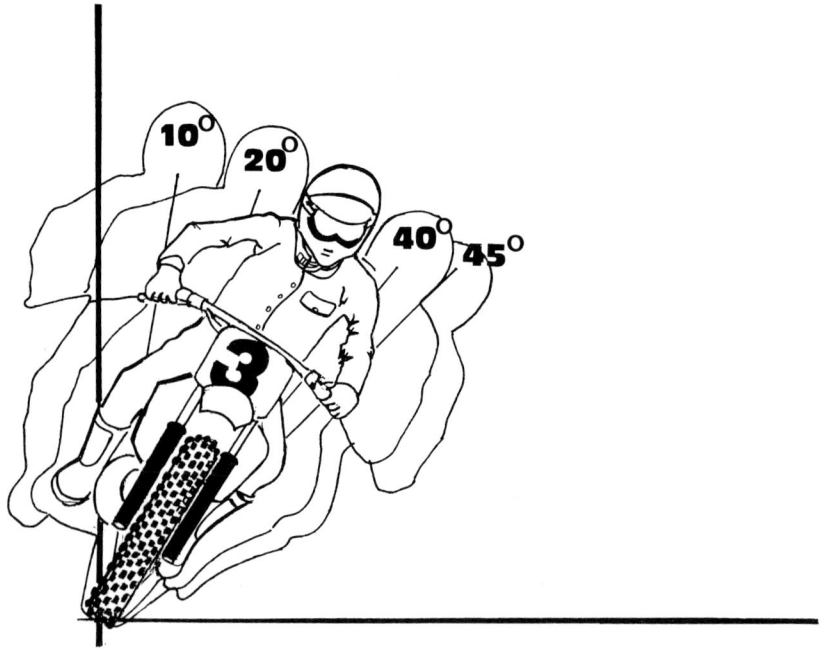

Abb. 1: *Mit Stollenreifen sind nur noch 30° bis 35° Schräglage möglich, mit Enduroreifen sind es bei trockener Straße bis zu 45°.*

Scheibenbremsen weitgehend ausgemerzt. Nur wenn Sie Wettbewerbs-reifen montieren, Moto Cross- oder Geländereifen, ist das Fahrverhal-ten im Straßenbetrieb erheblich schlechter, besser gesagt, kriminell! Wenn bei trockener Straße mit dem Enduroreifen Schräglagen um 47° möglich sind, so sind es beim Moto Cross-/Geländereifen nur 35° (Abb. 1).

Wenn Sie nachts unterwegs sind, sollten Sie sich klar machen, daß die Beleuchtungsanlage der meisten Enduros nicht für den Betrieb bei Dunkelheit ausreicht. Stellen Sie Ihre Fahrweise darauf ein und denken Sie daran, auch gesehen zu werden. Säubern Sie nach jedem Gelände-einsatz das Rücklicht. Die gleiche Behandlung sollten Sie unbedingt den Reifen angedeihen lassen, denn verschmutzte Stollen bedeuten ein Sturzrisiko! Haben Sie eine Wasserdurchfahrt hinter sich gebracht, brauchen die Bremsen eine gewisse Zeit, bis sie voll ansprechen, also auf den ersten paar Metern warm bremsen, um im Notfall gleich die volle Bremsleistung aktivieren zu können!

II. Die Entwicklung des Enduro-, Moto Cross- und Rallyesports

Geländefahren ist die Wiege aller of road-Wettbewerbe. Es ist ein alter Traum der Menschen, schneller und müheloser als durch Fußmarsch möglich, von einem Ort zum anderen zu gelangen. Dieser Gedanke liegt der Idee der Siebenmeilenstiefel zugrunde, und er mag auch Alfred Scott, jenen genialen britischen Motorradkonstrukteur bewogen haben, das noch heute berühmte Scott Trial 1914 ins Leben zu rufen. Dabei ging es quer durch die Moore von Yorkshire, einer imaginären Linie nach. Es war ein erbarmungsloser Kampf des Mannes mit der Maschine gegen die Unbilden der Geländeformationen.

Hier waren noch alle Spezialdisziplinen beisammen: Trial, Geländefahren und Moto Cross fanden sich mit einzelnen Fahrelementen und Reglementteilen in alten Wettbewerben wie dem »Scottish Six Days Trial« (1911) und dem »English Six Days Trial« (1913). Wie der Name sagt, waren dies über sechs Tage dauernde Wettbewerbe, denen eine Mischwertung aus Zeit- und Punktewertung zugrunde lag. Punktewertungen sind ja auch noch bei heutigen Geländefahrten üblich. Das Besondere daran: die bei diesen Wettbewerben praktizierte Punktewertung war der Vorläufer der heutigen Trialwertung*.

Die Trennung zwischen Trial- und Geländefahren, mithin also eine Spezialisierung der Maschinen und Fahrtechnik, hatte und hat ihre Ausnahmen. Da ist einmal das Scott Trial, bei dem auch heutzutage noch Moto Cross- und Geländefahrer mit guten Erfolgschancen starten, weil die Zeit-, neben der Trialwertung eine erhebliche Rolle spielt. Im

---

* Trial ist die einzige Motorsportart, bei der es nicht um Geschwindigkeit geht – Geschicklichkeit und Körperbeherrschung sind hier viel mehr gefordert. Für einen Trial-Wettbewerb werden mehrere Sektionen mit natürlichen und künstlichen Hindernissen abgesteckt, die der Fahrer überwinden muß, ohne sich mit dem Fuß am Boden abzustützen oder gar zum Stillstand zu kommen. An jeder Sektion steht ein Punktrichter, der dem Fahrer seine Fehlerpunkte in die Karte einträgt.

Wertung:		
	1 Fuß	= 1 Punkt
	2 Füße	= 2 Punkte
	3 Füße oder mehr	= 3 Punkte
	Stillstand	= 5 Punkte
	Auslassen der Sektion	= 10 Punkte

Zeitkontrolle in
»grauer Vorzeit«. Ei-
ne BMW und eine
NSU warten 1938 bei
der Internationalen
Sechstage-Fahrt in
Wales auf den
Stempel.

Start zum Schlußrennen
in Gottwaldov 1952

15

Heute wie damals verboten: »fremde Hilfe«, doch ohne sie schafft es die Max wohl kaum.

Im tiefen Sand hilft nur noch die »Paddelmethode«.

Deutschland der 50er Jahre gab es das Kuriosum, daß Ausweisfahrer anstelle einer Geschwindigkeitssonderprüfung einen Trialwettbewerb zu absolvieren hatten. Damals nahmen Zündapp-Werksfahrer wie Brandl und Kramer im übrigen sehr erfolgreich an Trialwettbewerben teil. Setzen Sie heute einmal einen Geländefahrer auf eine moderne Trialmaschine. Das kann mitunter spannend werden!

Deshalb sollte man auch heute seine Geländekarriere mit dem Trialfahren beginnen, denn die Grundfahrtechniken, die dort erworben werden, sind auch beim Gelände- oder Endurofahren erforderlich. In diesem Buch werden sie vorausgesetzt, denn Trial ist heute schon eine Wissenschaft für sich, und es würde den Rahmen unserer Betrachtung sprengen, darauf intensiver einzugehen.

Von den Geländeveranstaltungen als reine Geschwindigkeitsveranstaltungen war es nur noch ein kleiner Schritt zu einer geschlossenen Streckenführung. Mit der Rundstrecke im Gelände und einem Massenstart war denn auch das Moto Cross geboren. Wie bei fast allen anderen Motorsportarten kamen die entscheidenden Impulse von »merry old England«, dort hieß und heißt es schlicht und einfach »scrambling«.

In Deutschland gab es eine interessante Eigenentwicklung beim Cross. Hier waren es die Grasbahnfahrer, die ihr Oval dergestalt »deformierten«, daß sich darin auf einmal Rechtskurven, Steigungen und Sprünge befanden. Der noch heute vorhandene und mittlerweile legendäre Teterower Bergring war Deutschlands erste Moto Cross-Strecke, die damals wie heute mit modifizierten Bahnmaschinen befahren wird. Durch die Isolation der DDR vom westlichen Ausland bedingt, hat sich diese Motorsportidylle bis in heutige Tage erhalten. Gott sie Dank muß man sagen, denn es wird lebendige Motorsportgeschichte geboten, wenn der Kampf um den berühmten »Goldhelm«, die Trophäe, beginnt. (Die Form der Bahn ähnelt einer großen Acht, deren Schleifen sich aber nicht überlappen; es gibt Abfahrten mit 19% Gefälle und Auffahrten, deren steilste Stelle 16% Steigung hat; Bahnrekord aus dem Jahre 1987: 111,69 km/h).

Auf internationaler Ebene tauchte Moto Cross erst 1947, auf Initiative des Holländischen Verbandes als Mannschaftswettbewerb auf. Dieser erste Nationencup (»Moto Cross der Nationen«) wurde von den Engländern gewonnen und fand breites Interesse. Die FIM schrieb 1952 den ersten Europameisterschaftslauf für die 500 cm³-Klasse aus. 1957 wurde dann der erste Weltmeisterschaftslauf in der 500 cm³-Klasse ausgeschrieben, 1962 kamen die 250 cm³-Maschinen hinzu (125 cm³ ab 1975 / Seitenwagen ab 1980).

In den Anfangsjahren des Moto Cross wurden schwere Viertaktmaschinen mit einem Gewicht von 130–160 kg gefahren. Mit den Matchless- oder BSA-Maschinen wurde mehr gefahren als gesprungen. Erst im Zuge des Aufkommens der Zweitaktmaschinen Mitte der sechziger Jahre entstand der Moto Cross-Sport wie wir ihn heute kennen. Pisten, die nur noch aus Wellen und Sprüngen bestanden, eine Tendenz, die durch die Leistungscharakteristik der leistungsstarken und jäh einsetzenden Zweitaktmotoren noch verstärkt wurde. Viele Fahrer waren kreuzunglücklich über diese Entwicklung und trauerten den Viertaktern nach. Aus diesem Grund gab es auch kurzzeitig eine 750 cm^3-Klasse, um den Ballermännern ein Reservat zu schaffen.

Die Mannschaftsweltmeisterschaft der Geländefahrer war die seit 1913 erstmalig im englischen Carlisle ausgetragene Sechstage-Fahrt. Kontinuierlich fand sie dann ab 1920 statt. In jenem Jahr fand sie in Grenoble statt und wurde, heute kaum mehr vorstellbar, von der Schweiz gewonnen.

Die Wertung dieses Wettbewerbs änderte sich häufig, auf die Besonderheiten der Bewertung von Geländewettbewerben werden wir an anderer Stelle zu sprechen kommen. Die Grundidee war die eines Wettbewerbs mit seriennahen Maschinen. Von der Fahrtechnik her war es eine Mischung aus Gelände- und Straßenfahren und nur schwer mit der speziellen Fahrtechnik heutiger Tage vergleichbar. Es wurden bis 1935 ca. 2200 km Strecke mit eingebauten Kontrollen gefahren.

Rudolf Schleicher, begnadeter BMW-Konstrukteur, nahm 1926 erstmalig als Einzelfahrer an der Sechstage-Fahrt teil. 1933 kam Schleicher mit einer BMW Fabrikmannschaft und diese gewann die Trophäe erstmals für Deutschland. Die BMW setzten diese Siegesserie in den Jahren 1934 und 1935 fort. 1935 gab es eine Bergprüfung auf Zeit (= Bergrennen), und so nimmt es nicht wunder, daß Kompressor-BMW und Ladepumpen-DkW am Start standen. Mit der Klasseneinteilung war es ähnlich wie mit der Wertung; sie unterlag einem stetigen Wandel. 1967 gab es in Deutschland acht Klassen (50/75/100/125/175/350/500 und über 500 cm^3).

Mit den großen Rallyes, wie Paris-Dakar, kam eine neue Qualität in den internationalen Geländesport, vor allem auch deshalb, weil die meisten dieser Wettbewerbe in der Beurteilung durch die oberste internationale Sportbehörde für Motorräder, der FIM (Fédération Internationale Motocycliste), lediglich als touristische Veranstaltungen galten und sie somit für alle Interessenten offen waren. Dies aber war der Beginn einer neuen Epoche im Motorradgeländesport oder, wie man

18

Unberührte Natur und eine zauberhafte Landschaft: die Dreitage-Fahrt in Isny.

Volle Fahrt voraus beim Schlußrennen einer jeden Sechstage-Fahrt. Hier eine NSU 1956 in Garmisch.

Der Blick zurück zeigt eine Werks-BMW im harten Geländeeinsatz, Fahrer ist der fünfmalige deutsche Meister Werner Nachtmann.

heute sagt, dem Endurosport.

Die Entwicklung, die, bedingt durch die Wettbewerbsform, aus Langstreckenmaschinen zunehmend Moto Cross-Maschinen mit Beleuchtung machte, kehrte sich nun um. Gefragt waren für diese Mammutveranstaltungen geländetaugliche Langstreckenmaschinen wie z. B. die 1000 cm³-

BMW, der es 1981 und 1982 gelang, Paris-Dakar zu gewinnen. Fahrtechnisch gestattet solch ein »Wüstenroß« natürlich keinen so frechen Umgang wie etwa eine 250 cm³-Moto Cross-Maschine.

Von der Fahrtechnik her brachte die Entwicklung ebenfalls eine Reihe von Veränderungen. Das Moto Cross bescherte uns den »Anlieger« und immer extremere Sprünge, die durch die moderne Fahrwerks- und Federungstechnik machbar wurden, die moderne Reifentechnik, auch im Gelände, immer mehr rennmäßiges Fahren. D. h., nicht das Durchkommen allein reichte mehr, es mußte, um erfolgreich zu sein, auch schnell erfolgen. Fahrtechnik entwickelte sich auch im Geländesport immer mehr zum Moto Cross, und so ist es auch heute noch, auch im Rallyesport. Richard Schalber erzählte mir einmal, wie er bei Paris-Dakar in der Wüste keine Konturen mehr ausmachen konnte, also nur noch Sand und Horizont sah, als er plötzlich merkte, daß die Maschine keinen Bodenkontakt mehr hatte. Richard ging gewohnheitsgemäß in die stehende Haltung, balancierte die Maschine aus, bei 150 km/h wohlbemerkt, und tarierte auch die im letzten Augenblick geglückte Landung gekonnt aus. Als er zurückschaute, traute er seinen Augen nicht: er hatte eine Sanddüne überfahren und war den steilen Teil von 20 m Höhe heruntergesprungen! Das ist dann »High speed Cross« und nicht unbedingt jedem zu empfehlen.

III. Fahrtechniken im Gelände

1. START

Der Start ist beim Moto Cross eine überlebenswichtige Angelegenheit. Wer das erste Mal an der Startlinie zwischen all den vermummten Gestalten inmitten von Lärm und Benzinduft steht, den kann durchaus einmal der Mut verlassen – und schon ist es um ihn geschehen. Das Startgatter fällt, und ehe er sich's versieht, ist er einem wahren Geschoß-hagel an Erdklumpen und Steinen ausgesetzt, die sein Vorwärtskommen merklich hemmen. Wer dann noch in Panik gerät und sich die Brille vom Gesicht reißt, durch die er, bedingt durch Dreckeinwirkung, nichts mehr sieht, der kann in den meisten Fällen gleich aufgeben.

Beim Geländefahren sind es die Brems- und Beschleunigungsprüfun-gen, die den Start so wichtig machen, denn hierbei gilt es, Strafpunkte zu vermeiden, die später über Sieg und Niederlage entscheiden.

Beide, der Moto Cross- wie der Geländefahrer, müssen die Kunst perfekt beherrschen, auf einem zumeist sehr rutschigen Untergrund mit dem Maximum an Power anzufahren und diese in Vortrieb umzusetzen. Dem widersetzen sich oft entweder ein aufsteigendes Vorderrad oder ein zu stark durchdrehendes Hinterrad. Deshalb gilt es, den Start gesondert zu trainieren, und zwar allein und in der Gruppe!

1.1 Startposition

Bei der Startposition sitzen wir weit vorn und haben den Oberkörper über dem Lenker (Abb. 2), um zum einen einem aufsteigenden Vorder-rad entgegenzuwirken, zum anderen ein gewisses Durchdrehen des Hinterrades zu ermöglichen. Dies erreichen wir, indem wir den Motor bei Nenndrehzahl halten und ohne Schleifenlassen abrupt einkuppeln. Den entstehenden Schlupf am Hinterrad dosieren wir mit dem Gasgriff! Das spurstabile Fahren ist dabei für uns ein Indikator, ob der Ablauf korrekt war.

Der Start beim Moto Cross ist ein sehr aggressiver Vorgang. Dement-sprechend müssen Sie sich mental vorbereiten. An der Startbarriere

Abb. 2

stehen wir »mit dem Messer zwischen den Zähnen«. Das gelingt, bei entsprechender Einstimmung, auch ansonsten sensiblen Gemütern.

Als ich bei meinem ersten Cross-Start durch Sand- und Steinhagel verunsichert das Gas zumachte, um mich kurz zu orientieren, waren alle an mir vorbei und ich »trieb das Feld vor mir her«.

Beim Moto Cross entscheidet in erster Linie der Fahrer und nicht die Maschine!

23

Bild 1: Starthaltung und Anfahren aus der Starthaltung

Bild 2: Starthaltung

Bild 4: Vorderrad zu hoch beim Start

1. *Grobziel:* Starthaltung

Feinziel:
Der Fahrer nimmt auf einem Geländemotorrad die korrekte Starthaltung ein, indem er

    a) den Gang einlegt und den Motor bei gezogener Kupplung kurz vor Nenndrehzahl hält

    b) das Gewicht auf das Standbein verlagert, den anderen Fuß auf die Fußraste der Gegenseite stellt

    c) den Oberkörper über den Lenker bringt, die Arme anwinkelt (die Ellenbogen zeigen nach außen)

    d) abrupt einkuppelt

    e) den spin am Hinterrad und das aufsteigende Vorderrad mit dem Gas und entsprechender Gewichtsverlagerung kontrolliert.

*Bild 3:
Gemeinsames Anfahren
aus der Starthaltung*

25

1.2 Startübungen

Startübungen sind eine Art drag race mit Geländemaschinen. Es geht dabei darum, die Maschine anzufahren und über eine nicht allzu große Distanz (bis ca. 100 m) zu beschleunigen (siehe auch Abb. 4). Der Geländefahrer kann das allein trainieren, für den Moto Crossfahrer ist Training in der Gruppe besser. Für das Gruppentraining empfehlen sich ca. fünf Fahrer. Es wird zuerst ohne, später mit Wettkampfcharakter trainiert. Sie werden recht schnell bemerken, daß Sie unter Wettkampfstreß (und sei es auch nur ein so geringer wie in der Übungssitutation) verändert reagieren, leider meistens schlechter.

Durchführung:
● die Maschine wird über eine Strecke von 70 m bis 150 m beschleunigt
Wertungsfaktor:
● die Zeit oder die Reihenfolge des Einlaufs bei mehreren Teilnehmern
Variationen:
● wechselnder Untergrund (Schlamm, Rasen, Sand usw.)
● Anzahl der Teilnehmer (1–5)
● wellige Strecke (muß im Stehen gefahren werden)

Eine weiterführende Übung ist eine Beschleunigungsübung, die mit einer Bremsübung verbunden wird. Diese Übung wird allein auf Zeit absolviert.

Durchführung: (Abb. 3)
● die Maschine wird über eine Strecke von 100 m beschleunigt und dann abgebremst; sie muß in einem Halteraum von 4 m Länge zum Stillstand gebracht werden.

Wertungsfaktor:
● die benötigte Gesamtzeit bis zum Stillstand

Variationen:
● nur mit der Hinterradbremse
● nur mit der Vorderradbremse
● fester Untergrund
● rutschiger Untergrund (z. B. Schnee)
● mit anderen Fahrern + Schiedsrichter
● bergauf
● bergab

26

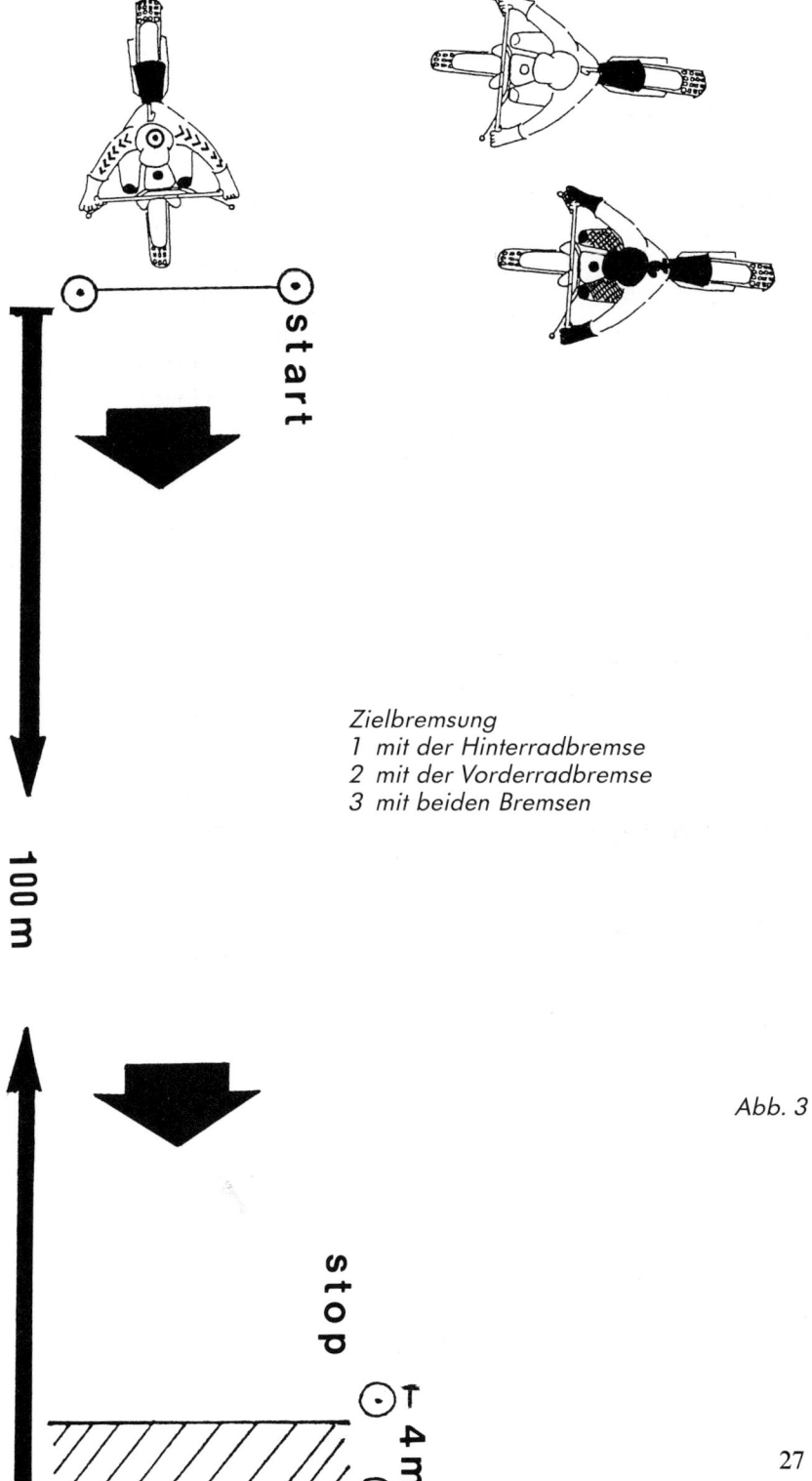

start

100 m

Zielbremsung
1 mit der Hinterradbremse
2 mit der Vorderradbremse
3 mit beiden Bremsen

Abb. 3

stop

4 m

Ziel

Abb. 4

Start- und Beschleunigungsübung

100 m

Start

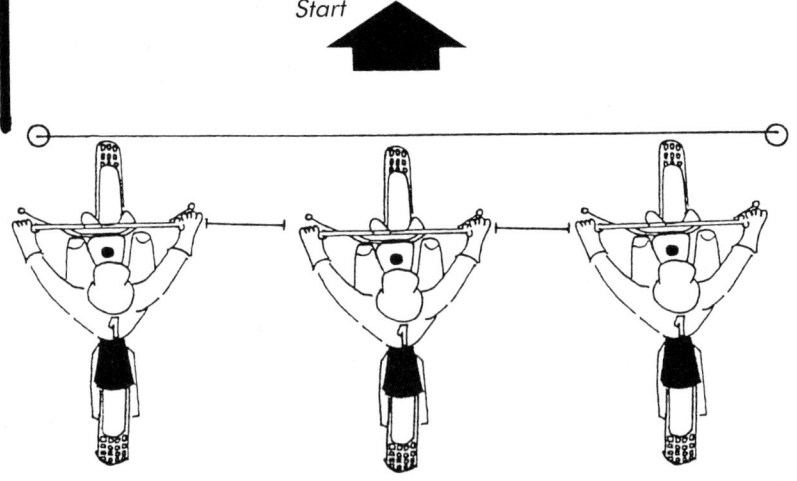

Bei den angebotenen Variationen lernt man sehr viel über das Zusammenspiel der Bremsen und deren Wirksamkeit. Gleiches gilt für die Reifen.

Bei jedem Starttraining gilt es aber auch, sich mental auf die Startsituation mit ihren vielfältigen Eindrücken (Lärm, Gestank, viele Menschen usw.) einzustimmen. Ritualisieren Sie Ihre Bewegungsabläufe bis zum Start, d. h. machen Sie alles in festgelegter und immer gleicher Reihenfolge, das gibt Ihnen später in der Wettkampfsituation die notwendige Ruhe und Entschlossenheit. Also zu festgesetzter Zeit Brille runter, Helmband nachziehen, Benzinhahn kontrollieren (offen – ja/ nein). Wer sich beim Start über die Helmform seines Konkurrenten oder den Minirock einer Zuschauerin wundert, hat schon halb verloren!

2. SITZPOSITION

Die Sitzposition ist für das Fahrverhalten von Enduromaschinen im Gelände, aber auch auf der Straße, von Bedeutung. Wir können das ganz einfach nachprüfen, indem wir uns bei Pendelbewegungen im Hochgeschwindigkeitsbereich auf der Maschine versetzen. Je nachdem, wohin wir mit unserem Hintern rutschen, werden sich die Pendelbewegungen verstärken oder nachlassen. In den meisten Fällen wird die Maschine ruhiger, wenn wir uns mehr nach hinten setzen. Beim Enduro- und Rallyesport spielen diese Überlegungen eine Rolle, denn dort bewegen wir uns ja oft über größere Distanzen mit High speed. Beim Moto Cross hingegen fahren wir zumeist im Stehen, dennoch spielt auch hier die Sitzposition eine große Rolle. Denn: Fahren im Sitzen = notwendige Erholung.

2.1 Bei festem Boden

Bei festen Bodenverhältnissen entspricht unsere Sitzposition der auf einem Straßenmotorrad, d. h. wir sitzen in der Mitte, die Arme sind leicht angewinkelt, der Kniewinkel beträgt ca. 80°, und die Knie liegen am Tank an. Über den Knieschluß stellen wir den Kontakt zur Maschine her.

2.2 Bei lockerem Boden

Bei lockerem Boden, vor allem Sandboden, müssen wir im Interesse stabilen Fahrverhaltens unsere Sitzposition verändern. Wir sitzen genauso wie beim langsamen Bergabfahren, Arme und Beine gestreckt, das Gesäß befindet sich am Ende der Sitzbank, und die Hände stützen sich mit dem Ballen an den Lenkergriffen ab, so daß die Finger unbelastet und frei zum Bedienen der Armaturen sind. Durch diese Verlagerung des Körperschwerpunkts wird das Vorderrad entlastet, es »schwimmt« auf dem Sand. Das Hinterrad sollte treiben, d.h. immer leichten Schlupf haben, das erhöht die Stabilität der Maschine zusätzlich. Je schneller Sie im Sand fahren, desto stabiler wird der Geradeauslauf.

Übungen:

- Im tiefen Sand anfahren, korrekte Position einnehmen und die Maschine hochbeschleunigen
- Fahren in unterschiedlich tiefem Sand mit wechselnder Geschwindigkeit und korrekter Sitzposition.

3. FAHREN IM STEHEN

Das Fahren im Stehen spielt bei allen Motorradgelände-Disziplinen eine große Rolle. Im Trial wird in den Sektionen im Stand gefahren, beim Moto Cross sitzt der Fahrer meist nur in der Kurve, und bei Geländewettbewerben machen schwierige Geländepassagen und Sonderprüfungen stehende Fahrerhaltung erforderlich.

2. Grobziel: Fahren im Stehen (Bild 5)

Feinziel:
Der Fahrer nimmt auf dem Motorrad stehende Haltung ein, indem er

    a) aufrecht in den Rasten steht
    b) die Hände leicht am Lenker abstützt
    c) die Knie leicht anwinkelt und den Oberkörper vorneigt.

Bild 5: Fahrerhaltung beim Fahren im Stehen

Diese Haltung gestattet es, drei Fahrsituationen zu meistern:
1. extreme Wellen mit hoher Geschwindigkeit zu überfahren
2. Hindernisse zu erklimmen oder zu überwinden
3. steile Auf- und Abfahrten.

3.1 Konturenangepaßtes Fahren mit entlastetem Vorderrad

Bei den meisten Moto Cross-Pisten gleichen die Geraden einem Waschbrett. Die Wellen werden, wie auch die Buckelpisten beim Skifahren, durch häufiges Benutzen immer tiefer. Einem Straßenfahrer, der zum ersten Mal auf einer Cross-Maschine sitzt, machen diese Wellen die größte Mühe. Während die Fahrtechnik bei Kurvenfahrt noch weitgehend identisch mit der auf der Straße praktizierten ist, glaubt der Straßenfahrer beim Anblick der Waschbrettgeraden einer Cross-Piste, das Gas schließen zu müssen. Der Erfolg solch zögernder Haltung ist, daß das Vorderrad in die Kuhle fällt und, hat der Reiter Pech, er Hals über Kopf hinterher. Sitzt er dann erst einmal verdattert auf dem Boden, kann er von dort aus gut beobachten, wie die Profis mit maximalem Tempo scheinbar schwerelos über die Wellen hinwegsausen.

Bild 6: Gewichtsverlagerung nach hinten

Bild 7: Gewichtsverlagerung nach vorn

Abb. 5

Das Geheimnis ist die Fahrtechnik, die es in Verbindung mit den modernen Monoschock-Federsystemen gestattet, solche Streckenune- benheiten zu ignorieren. Der Fahrer erreicht durch Ziehen am Lenker in Verbindung mit Gasgeben die Entlastung des Vorderrads, so daß es quasi auf der Geländekontur aufschwimmt, während das Hinterrad ihr folgt. Diese Bewegung des Hinterrads wird in den Beinen abgefedert und zwar durch Streckung der Beine in der Abwärtsbewegung (läuft in die Mulde) und Anwinkeln der Beine in der Aufwärtsbewegung. Dazu muß natürlich auch die Technik der Maschine stimmen, d. h. es müssen entsprechend lange Federwege möglich sein. Bei der XT 500 von Yamaha war das nicht der Fall und so endeten allzu exzessive Gelände- einlagen wie folgt: das Hinterrad der Maschine wurde von der Boden- welle hochgeschleudert, und man legte die nächsten Meter nach der Welle auf dem Vorderrad zurück.

Übungen:

● Auf- und Absteigen von der stehenden Maschine; dabei steht der Fahrer links neben der Maschine und hält sie am Lenker; er stellt seinen linken Fuß auf die Raste und steigt, während er die Maschine

ausbalanciert, auf und in einem Zug auf der rechten Seite wieder ab; sodann wird die übung von der rechten Seite wiederholt

● die gleiche Übung, nur daß nun auf derselben Seite, auf der man aufgestiegen ist, wieder abgestiegen wird.

● neben der fahrenden Maschine herlaufen (1. Gang) und eine Acht beschreiben

● der Fahrer steht neben der Maschine, läßt diese anrollen und steigt auf, dann wird die Maschine abgebremst und der Fahrer steigt wieder ab

● der Fahrer läuft neben der Maschine her (1. Gang) und steigt während der Fahrt auf und ab.

3.2 Bremsen im Stehen

Was für die Wellenbildung auf der Geraden gilt, d.h., daß sie bei hoher Benutzerfrequenz immer stärker wird, trifft in noch stärkerem Maß für den Streckenbereich vor der Kurve zu. Selbst bei Geländefahrten, wo

Bild 8:
Überfahren von Wellen mit punktuellem Entlasten des Vorder rads

auf Feldwegen meist im Sitzen gefahren wird, muß deshalb in den meisten Fällen zum Anbremsen der Kurve aufgestanden werden. Beim Moto Cross ist das Bremsen im Stehen sowieso unabdingbar.

3. Grobziel: Bremsen im Stehen (Bild 9)

Feinziel:

Der Fahrer kann das Motorrad im Stehen abbremsen, indem er
- a) Vorder- und Hinterradbremse betätigt
- b) den Schwerpunkt durch Strecken der Arme, Anwinkeln der Beine und Zurückschieben des Gesäßes zum Hinterrad hin verlagert
- c) die Hände mit den Ballen am Griff abstützt
- d) nach Abschluß des Bremsvorgangs sich vorsetzt und das kurveninnere Bein als Stützfuß ausstreckt.

Bei den Bremsen trägt, auch in rutschigem Gelände, die Vorderradbremse die Hauptlast. Ein blockierendes Vorderrad ist keine Katastrophe, es genügt, die Bremse zu öffnen, und das Motorrad stabilisiert sich sofort wieder. Nur der, der das im ersten Schreck vergißt, wird zu Fall kommen. Eine einfache Übung, um ein Gefühl für die Vorderradbremse zu entwickeln, ist ein Überbremsen bei etwas mehr als Schrittgeschwin-

Bild 9: Zielbremsung im Stehen mit gezielter Gewichtsverlagerung nach hinten (Pfeil)

digkeit. Der Fahrer sitzt dabei und die Beine sind nach vorn als Stützen ausgestreckt. Die Reaktion des Motorrads ist mit jener bei hoher Geschwindigkeit identisch, nur die Strecke, die das Vorderrad rutscht, ist entsprechend kürzer. Was es zu perfektionieren gilt, ist der Übergang von Bremsen im Stehen und dem Niedersetzen für die folgende Kurvenfahrt.

Übungen: (Abb. 3)

● Beschleunigen der Maschine mit anschließender Zielbremsung im Sitzen (Abb. 3)
● Beschleunigen der Maschine mit anschließender Zielbremsung im Stehen (Abb. 3)
● Anbremsen in Verbindung mit Durchfahren der Kurve als Sektion üben; dabei werden folgende Punkte markiert:

36

1. Beginn der Bremsung
2. der Punkt, an dem sich der Fahrer setzt
   (Ende der Bremsphase).

Bei dieser Übung sollte darauf geachtet werden, daß die Räder des Motorrads nicht blockieren und die Fahrspur eingehalten wird. Setzt sich der Fahrer zu früh, d. h. noch im Wellenbereich, kann es ebenfalls zum Springen und Unruhigwerden des Motorrads kommen. Vor allem erschöpfte Fahrer werden dazu neigen, sich zu zeitig niederzulassen, mit der Folge, daß sie noch mehr Probleme bekommen, als dies ohnehin der Fall ist.

Ist ein Trainer oder Helfer zur Stelle, so sollte er sich bei der Übungssektion in die Kurve stellen und auf Zuruf das Ende des Bremsvorgangs mitteilen. So kann von dem Übenden der optimale Zeitpunkt zum Hinsetzen regelrecht »erfahren« werden.

Wichtig ist es, diese Übung sowohl in Rechts- als auch in Linkskurven durchzuführen.

3.3 Bergauf- und Bergabfahren im Stehen

Sowohl beim Bergauf- als auch beim Bergabfahren ermöglicht das Aufstellen eine gezielte Gewichtsverlagerung nach vorn oder hinten. Diese Fahrtechniken sind unbedingt erforderlich, um zum einen ein Überziehen des Motorrads bei der Bergauffahrt, zum anderen einen

Bild 10: Fahrerhaltung beim Bergauffahren

Überschlag nach vorn beim Bergabfahren zu vermeiden. Beim Bergauffahren wird der Oberkörper, entsprechend der Hangneigung, nach vorn über den Lenker gebracht. Arme und Beine sind angewinkelt. Je nachdem, ob das Vorderrad den Kontakt zum Hang verliert oder aber das Hinterrad keine Haftung mehr hat, verlagern wir unser Körpergewicht mehr nach vorn über den Lenker oder aber in eine neutrale Position.

Als Übung für das Bergauffahren empfiehlt es sich, zuerst einmal im hohen Gang eine Steilauffahrt anzufahren, um dann im Verlauf der

Abb. 6

1 Stellen bei welliger Fahrbahn
2 Sitzen bei ebener Fahrbahn oder in der Kurve

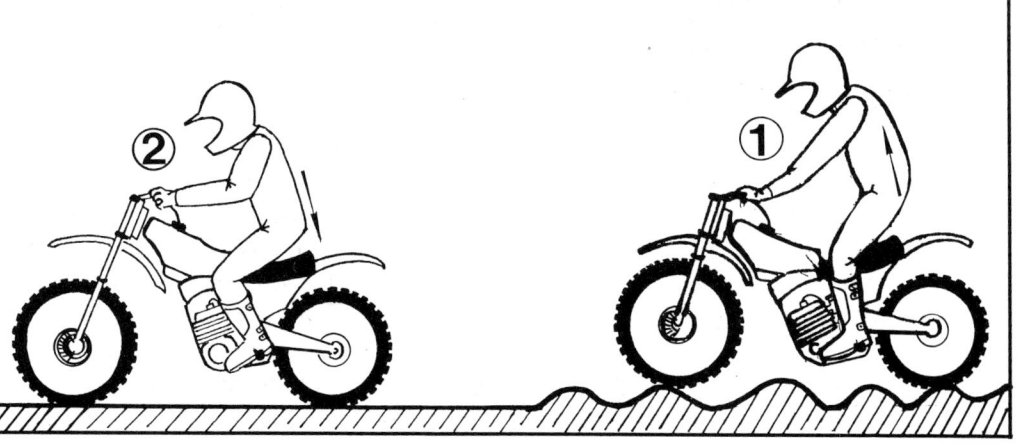

Auffahrt die Maschine herunterzuschalten. Danach halten wir am Hang an und versuchen, aus dem Stand heraus erneut wieder anzufahren. Dabei gilt es, zum Anfahren genügend Traktion auf das Hinterrad zu bringen, gleichzeitig aber ein Aufsteigen des Vorderrads zu vermeiden. Von einer gewissen Steigung an ist ein Anhalten nur noch möglich, wenn wir die Maschine schräg zum Hang bewegen. Diese Technik ist vor allem dann wichtig, wenn wir die Maschine abgewürgt haben und Zurückrutschen droht. Wir ziehen dazu die Kupplung und lassen die Maschine bei nach links eingeschlagenem Lenker in einer Linkskurve rückwärts schräg zum Hang rollen. In dieser Position ist es möglich, die Maschine zu starten und die Fahrt hangaufwärts fortzusetzen, indem wir aus der Schrägfahrt zum Hang (Kapitel 6.1) in die Direttissima lenken.

Beim Hangabwärtsfahren haben wir die gleiche Postititon wie beim Bremsen im Stehen, also das Gesäß weit nach hinten geschoben und das Gewicht auf die Handballen abgestützt, so daß wir noch die Finger zur Bedienung der Armaturen einsetzen können. Durch diese Haltung

Bild 11:
Fahrerhaltung und korri-
gierende Bewegungen
beim steilen Bergauf-
fahren

entlasten wir das Vorderrad und belasten das Hinterrad, so daß an diesem mehr Bremskraft aufgebracht werden kann. Diese Fahrtechnik sollte an Hängen mit unterschiedlichstem Gefälle probiert werden, wobei wir, ohne zu Kuppeln, die Fahrtgeschwindigkeit mit beiden Bremsen dosieren. Dabei sollte vor allem darauf geachtet werden, daß das Hinterrad nicht blockiert. Bei einigermaßen griffigem Boden ist es möglich, durch Einsatz der Vorderradbremse in der Bergabfahrt das Hinterrad anzuheben. Lediglich bei Laub, nassem und schlammigem Untergrund muß damit gerechnet werden, daß das Vorderrad die Bremskräfte nicht übertragen kann und wegrutscht. Auch bei der Bergabfahrt gilt: bei wegrutschendem Vorderrad muß sofort die Bremse geöffnet werden, um einen Sturz zu vermeiden! Um Gefühl für Bremsmanöver bei der Bergabfahrt zu bekommen, sollten Sie die Maschine beim Bergabfahren mit beiden Bremsen zum Stillstand abbremsen. Sie stützen sich mit dem linken Fuß ab, den rechten brauchen sie ja für die Hinterradbremse, und setzen dann die Fahrt fort. Durch diese Übung

41

bekommen Sie ebenfalls Gefühl für die Gewichtsverteilung von Mann und Maschine bei der Bergabfahrt.

3.4 Hindernis überfahren

Der Geländefahrer wie auch der Rallyepilot werden über kurz oder lang in eine Situation kommen, wo sich vor ihnen ein Hindernis auftürmt, das nicht mehr zu umfahren ist. Sei es nun ein umgestürzter Baumstamm, der den Weg versperrt oder eine Felsstufe, die es, um weiter zu kommen, zu erklettern gilt. Nicht nur der Wettbewerbsfahrer sollte diese Fahrtechnik beherrschen, denn auch der Hobbyendurist und Tourenfahrer muß sie auf Strecken wie z. B. in Südfrankreich zum Colle Rho hinauf oder am Mont Chaberton anwenden, wenn er oben ankommen will. Beim Fahren mit Schrittgeschwindigkeit (trialmäßiges Fahren) in schwerem Gelände, muß das Vorderrad immer wieder über Hindernisse hinweggehoben werden. Taucht bei schneller Fahrt ein Hindernis vor uns auf,

Bild 12: Fahrerhaltung beim Überfahren von Hindernissen

kann uns diese Fahrtechnik in den meisten Fällen vor dem Schlimmsten bewahren.

4. *Grobziel:* Hindernis überfahren

Feinziel:
Der Fahrer kann mit dem Motorrad ein Hindernis überfahren, indem er
  a) das Hindernis im Stehen anfährt
  b) durch Zurückbewegen des Oberkörpers und Ziehen des Lenkers zur Brust in Verbindung mit einem Gasstoß das Vorderrad anhebt
  c) das Vorderrad auf das Hindernis aufsetzt
  d) die folgende Drehbewegung des Motorrads, wenn das Hinterrad an das Hindernis läuft, durch Anwinkeln der Arme und Beine unterstützt und abfedert.
Hindernisse lassen sich bis zu einer Höhe von ca. 50 cm relativ problemlos mit einer Enduromaschine überfahren. Fahren wir über ein Hindernis bergauf, oder erklimmen wir einen Geländeabsatz, so gilt es, nachdem das Vorrad auf der Hindernishöhe ist, nach der Kante oder dem Hindernis, das Körpergewicht nach vorn über den Lenker zu verlagern.

Übungen:

- Als Übung bietet sich gezieltes Entlasten des Vorderrads an (Punktentlastung). Dazu markieren wir mit Bierdeckeln oder Bändern Punkte im Abstand von ca. 15 m und entlasten an diesen durch die oben beschriebene Technik im Anfang nur das Vorderrad.
Wir lernen so durch Gasgeben und Gewichtsverlagerung die Radlast auf das Hinterrad zu bringen. Das sollte über eine Strecke von ca. 100 m durchgeführt werden.

- Als Steigerung werden nun alte Autoreifen so überfahren, daß wir sie nicht mit dem Vorderrad berühren. Abstand der Reifen und Länge der Strecke können der Strecke bei Punktentlastung entsprechen (15 m/100 m).

- Erst jetzt, wenn diese Vorübungen funktionieren, sollte an festen Hindernissen geübt werden, bei denen eine Reaktion am Hinterrad auftritt.

Die Hindernisse (Baumstämme, Steine usw.) müssen fest verankert werden, damit sie nicht vom Vorderrad der Maschine weggeschoben werden können, was meist zu unangenehmen Stürzen führt.

3.5 Absatz herunterspringen

Während beim Cross-, aber auch beim Enduro- und Rallyefahren Sprünge mit Tempo absolviert werden (siehe 5. Sprünge),kann es aber auch bei langsamer Fahrweise vorkommen, daß wir einen Absatz nach unten überwinden müssen, wenn wir uns in unwegsamem Gelände bewegen.

Einen nicht zu hohen Absatz können wir noch dadurch meistern, daß wir aus dem Fahren im Stehen das Gesäß nach hinten schieben und das Vorderrad die Stufe hinunterplumpsen lassen (bis ca. 40 cm).

Werden die Absätze höher, funktioniert diese Technik natürlich nicht mehr. Dann passiert es, daß der Fahrer Hals über Kopf über den Lenker geht, wenn er das Vorderrad so zaudernd über die Kante fallen läßt. Es gilt jetzt, das Vorderrad beim Überfahren der Kante leicht anzuheben und die Maschine parallel zum Boden auszubalancieren. Die Fahrtechnik ist dabei die gleiche wie bei »Hindernis überfahren«.

Gedanklich müssen wir uns darauf konzentrieren, daß es nicht das Vorderrad ist, das den Hang hinunterfällt, sondern das Hinterrad!

Übungen:

● Beide Techniken, also Hinunterfahren und -springen, sollten geübt werden, da sie im Enduroalltag immer wieder auftauchen. Vor allem geht es darum, die Erfahrung zu machen, wo wir noch hinunterfahren können und bei welcher Höhe Springen erforderlich ist, das ja das Risiko birgt, daß wir zuviel Tempo aufnehmen und unsere Fahrt nicht mehr kontrollieren können.

● Wählen Sie für ein Training anfänglich für beide Techniken Absätze mit ca. 50 cm, also auch für die Sprünge, um erst einmal das nötige Selbstvertrauen zu gewinnen. Später sollten Sie 1 m mühelos schaffen. Egal welcher »Abgrund« sich später einmal vor Ihnen auftut – sind Sie über die Kante hinaus, gilt es, auf der Maschine zu bleiben und diese für die Landung auszubalancieren.

Als bei der Sechstage-Fahrt in der Tschechoslowakei 1957 Herbert Schek mit seiner kleinen Puch vor den Augen der anwesenden Bergwachtleute ins Schleudern kam und über die Wegkante in den Abgrund stürzte, wo er im Nebel verschwand, gab keiner einen Pfifferling dafür, daß Schek diesen Absturz heil überstanden hätte. Tragbahren und Sanitäter wurden zur Unfallstelle beordert, man befürchtete das Schlimmste. Doch in der Tiefe ertönte auf einmal der Puchmotor, und aus dem Nebel kam das Geräusch immer näher, bis Schek 50 m unterhalb der Absturzsstelle auftauchte. Er hatte genau das Richtige gemacht: In dem Augenblick, da er über die Kante hinausfuhr, ging er in den Fußrasten hoch, stellte die Maschine senkrecht zum Hang und glitt und schrappte in dieser Haltung bis zum Stillstand den Hang hinunter.

Übungen:

● Absätze mit entsprechender Gewichtsverlagerung hinunterfahren
● Absätze hinunterfahren und mit dem Hinterrad zuerst aufkommen
● Absätze hinunterfahren und mit beiden Rädern gleichzeitig aufkommen (max. Höhe bei allen drei Übungen ca. 50 cm).

4. SITZPOSITION UND FAHRERHALTUNG IN DER KURVE

Wie auch bei der Straßenmaschine, gibt es bei der Enduro drei mögliche Techniken für Kurvenfahrt. Da ist zum einen die klassische Fahrerhaltung, bei der der Fahrer seinen Oberkörper der Maschinenneigung entsprechend in die Kurve legt und die Knie an den Tank preßt (Abb. 7 c), wie dies auch bis in die 70er Jahre bei den Straßenrennfahrern üblich war; zum anderen die im Geländesport aufgekommene Technik des Drückens und das heute vor allem im Straßenrennsport praktizierte »hanging off«. Letzteres eignet sich wenig als Fahrstil auf einer Enduromaschine, obwohl diese Technik es ermöglicht, die Maschine weniger zu neigen (Abb. 7 b) als bei den beiden anderen Fahrtechniken. Konstruktiv aber ist die Ergonomie einer Enduromaschine heute so ausgelegt, daß sie als Fahrstil das Drücken favorisiert. Bei diesem Fahrstil muß die Maschine am weitesten geneigt werden (Abb. 7 a).

Eine weitere interessante Variante des Kurvenfahrens, die es auch nur beim Moto Cross- und/oder Endurosport gibt, ist das Anliegerfahren. Dabei werden natürliche oder durch andere Fahrzeuge produzierte Schrägen als Mini-Steilwand benutzt. Durch diesen Trick ist ein erheblicher Geschwindikeitsgewinn in der Kurve möglich.

Als letzte und für den Geländefahrer sehr wichtigte Fahrtechnik gilt das Driften, das entweder durch Schräglage oder aber durch Gaseinsatz eingeleitet wird. Dabei kommt es zur kontrollierten Querfahrt, die beim Motorrad garnicht so einfach zu realisieren ist, da nicht nur der Winkel der Schrägfahrt zu kontrollieren ist, sondern dieser auch mit der Schräglage des Motorrads harmonieren muß. Beim Großen Preis von Schweden 1969 schockte ein Mann die gesamte Konkurrenz, der beide Fahrtechniken an jenem wichtigen Datum meisterhaft demonstrierte. An diesem Tag ging sein Stern auf: Arne Kring, »der Mann, der aus den Wäldern kam«, zeigte, wie beide Techniken zu fahren waren: den Drift weit vorn auf der Maschine sitzend, mit dem Gasgriff die Querfahrt steuernd, und den Anlieger, in den engen Kurven hinten sitzend, die Maschine in fast kaum glaublicher Schräglage, ab dem Kurvenscheitelpunkt vehement beschleunigend, so daß die Maschine mit steigendem Vorderrad aus der Ecke schoß. Er überrundete bei diesem Rennen fast das ganze Feld, lediglich Aberg und Johansson waren noch in der gleichen Runde. Dieses Kunststück brachte er keineswegs als Werksfahrer zustande, sondern mit einer privaten Maschine. Von der Anzahl der möglichen Fahrtechniken ist der Endurosport, verglichen mit anderen

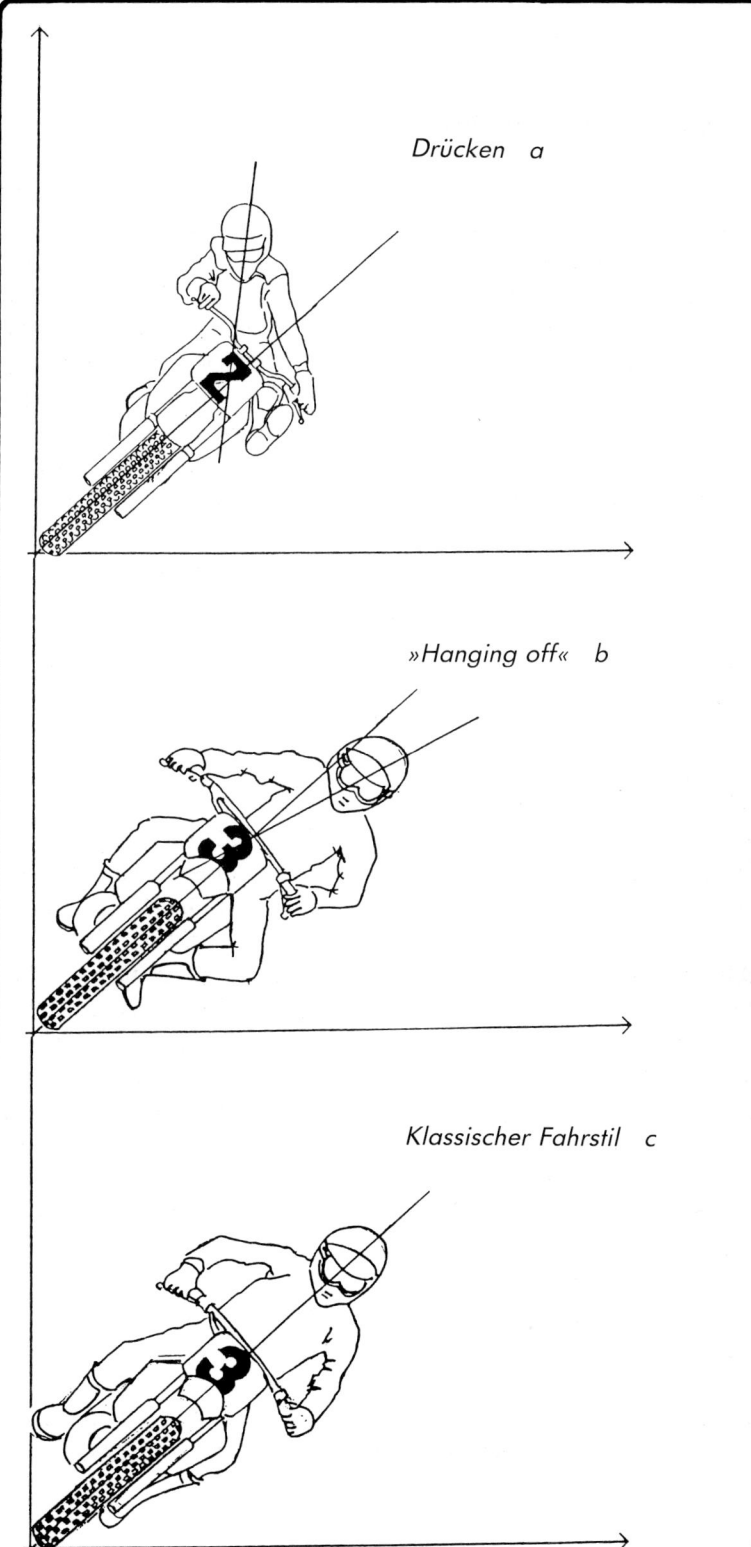

Abb. 7

Drücken a

»Hanging off« b

Klassischer Fahrstil c

47

Motorsportarten, am variantenreichsten, was die Anzahl der möglichen Kurvenfahrttechniken anlangt. Das ist eigentlich auch selbstverständlich, denn der Endurofahrer ist ja bei allen nur denkbaren Gelände- und Straßenverhältnissen unterwegs.

4.1 »Klassische Fahrhaltung« bei Kurvenfahrt

Im normalen Straßenverkehr, aber auch beim Fahren im Wettbewerb auf asphaltierten Straßen, bietet sich diese Fahrerhaltung für den Geländefahrer an.

Im Straßenverkehr deshalb, weil sie unspektakulär ist (wir wollen ja nicht unsere Mitmenschen erschrecken) und schnelles Reagieren ermöglicht.

5. *Grobziel:* Kurve in der »klassischen Fahrhaltung« fahren

Feinziel:
Der Fahrer kann ein Kurve in der klassischen Fahrhaltung fahren, indem er

a) durch Lenken entgegen der Kurvenrichtung die Schrägfahrt einleitet
b) den Oberkörper entsprechend der Maschinenneigung in die Kurve legt
c) den Kopf gerade hält
d) den Körper durch Knieschluß fixiert, die Fußspitzen liegen über den Bedienungsarmaturen (Schaltung/Bremse)
e) die Arme leicht angewinkelt hält (Ellenbogenspitzen zeigen leicht nach außen)
f) die Kurvenfahrt durch Lenken in die Kurve und Aufrichten der Maschine beendet.

Diesen Fahrstil sollte man vor allem im Straßenbetrieb kultivieren, aber auch in sein Training mit einbeziehen. Das heißt, Slalom und Kurvenübungen auf asphaltierten Flächen, bei denen im oben beschriebenen Stil gefahren wird. Wichtig ist es, zu lernen, über den Knieschluß ein Gefühl für den Fahrzustand der Maschine zu bekommen.

4.2 Das Drücken (Abb. 8)

Das Drücken hat wie keine andere Fahrtechnik seinen Ursprung im Geländesport. Es garantiert blitzschnelle Richtungsänderung und Kor-

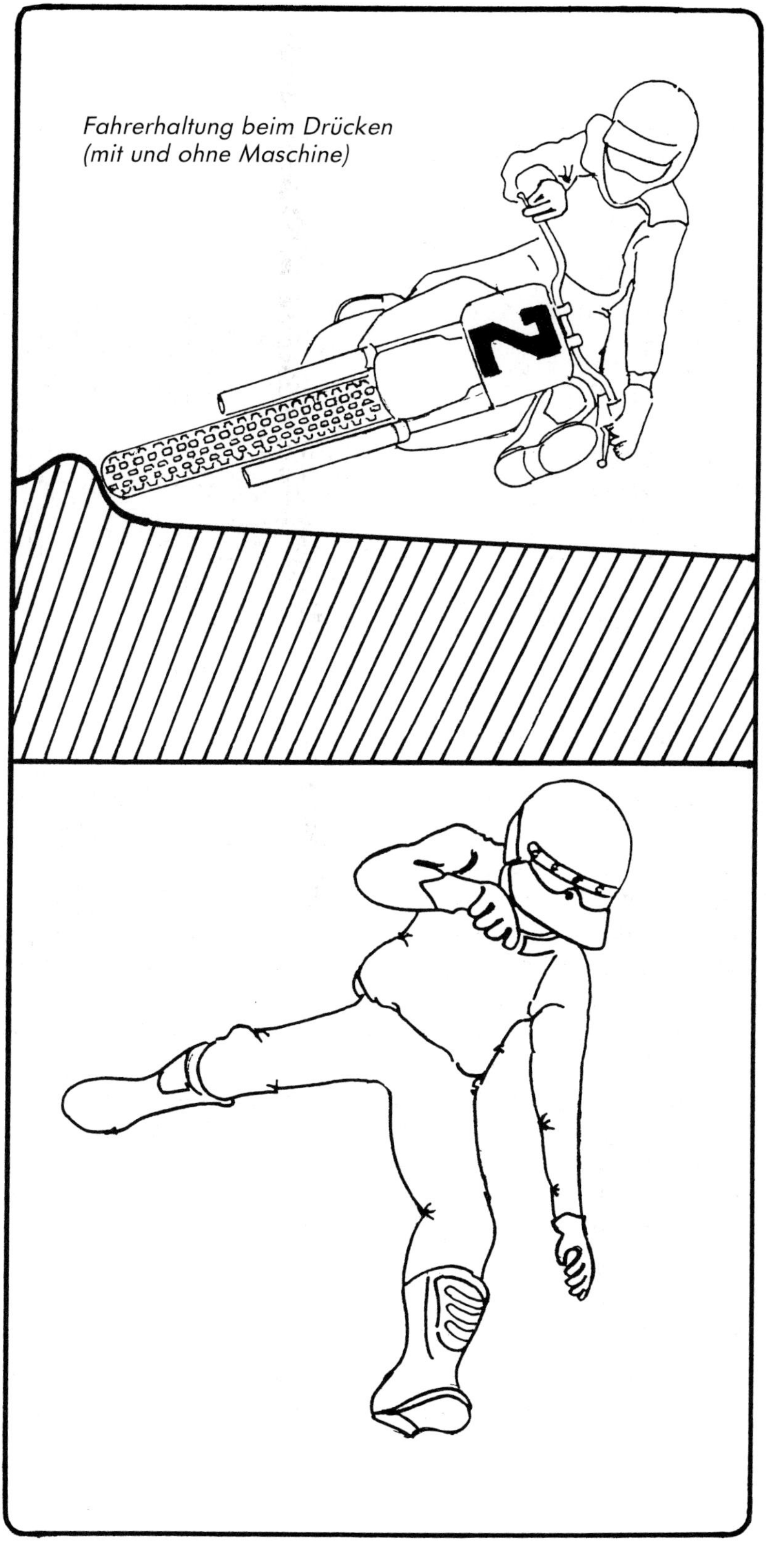

Fahrerhaltung beim Drücken (mit und ohne Maschine)

Abb. 8

Bild 13: Korrektes An- und Einfahren einer Kurve. Erst nach dem ersten Drittel der Kurve wird die sitzende Haltung eingenommen.

rekturmaßnahmen, der Stützfuß ermöglicht es, die eventuell wegrutschende Maschine noch abzufangen. Dadurch, daß der Oberkörper geradegehalten wird, behält der Fahrer gute Übersicht bei Kurvenfahrt. Während man bei der Fahrt auf der Straße seine Sitzposition weitgehend beibehält und sich in den meisten Fällen auch den Sicherungsfuß spart, wird beim Fahren im Gelände eine weiter vorn liegende Sitzposition eingenommen (Abb. 9), um mehr Gewicht auf das Vorderrad zu bekommen. In schwerem Gelände fahren wir Kurven in den seltensten Fällen im Sitzen an, zumeist stehen wir und haben so, neben dem Lenken, eine weitere Steuermöglichkeit, durch Gewichtsverlagerung nämlich. Beim Drücken im Straßenbetrieb ist es lediglich der geradegehaltene Oberkörper, der gestreckte kurveninnere sowie der angewinkelte kurvenäußere Arm. Beim Geländefahren und das wollen wir genauer unter die Lupe nehmen, sind noch einige weitere Komponenten zu beachten.

6. *Grobziel:* Kurvenfahren mit gedrückter Maschine

Feinziel:
Die Maschine kann bei Kurvenfahrt im Gelände gedrückt werden, indem man

50

a) die Kurve im Stehen anfährt und die Kurvenfahrt durch
   Lenken entgegen der Kurvenrichtung und/oder Gewichtsverlagerung auf die kurveninnere Fußraste die Kurvenfahrt einleitet
b) sich im Kurvenscheitelpunkt nach vorn setzt und das kurveninnere Bein nach vorn streckt
c) den Oberkörper gerade läßt, den kurveninneren Arm streckt
   und den kurvenäußeren Arm anwinkelt
d) die Maschine beschleunigt
e) die Kurvenfahrt durch Lenken in die Kurve und/oder
   Gewichtsverlagerung auf die kurvenäußere Fußraste beendet.

Diese Fahrtechnik ist das tägliche Brot jedes Moto Cross- und
Endurofahrers, sie sollte deshalb speziell trainiert werden.
Am besten eignen sich dazu Handlingskurse, die wir in unter-
schiedlichem Gelände anlegen und die ein sinnvolles Kurven-
training ermöglichen.

Bild 14:
Übungsbeispiel für
das korrekte An- und
Durchfahren einer
Kurve

Übungen:
- Kreisfahrt im Gelände
- Achterfahren im Gelände; beim Fahren einer Acht müssen wir in schneller Folge jeweils Rechts- und Linkskurven fahren und uns entsprechend umsetzen
- Slalom gedrückt im Gelände fahren
- Kurven als Sektion fahren (Anfahren, Anbremsen, Durchfahren).

4.3 Anlieger

Eine weitere interessante Variante ist der Anlieger (Abb. 11). Beim Anliegerfahren wird die Maschine ebenfalls gedrückt, aber die sitzende Haltung wird früher eingenommen, nämlich beim Einfahren in den Anlieger. Durch die leichte Böschung erzielen wir einen Steilwandeffekt, der sich positiv auf die mögliche Kurvengeschwindigkeit auswirkt. Bei stabilem Anlieger erzielen wir extreme Schräglagen, und die müssen wir auch fahren, um in den Genuß der höheren Kurvengeschwindigkeit zu kommen. Bei Profis ist das äußere Lenkerende dabei nur noch Zentimeter vom Boden entfernt. Wen der Mut verläßt, im Anlieger die Maschine weiter abzuwinkeln, der bekommt erhebliche Schwierigkeiten, denn wenn er bei der schon aufgebauten Kurvengeschwindigkeit

52

den stützenden Anlieger verläßt, ist ein Sturz kaum noch zu vermeiden. Meist finden sich in einer Kurve mehrere Anliegerspuren, so daß es garnicht so einfach ist, sich für die richtige zu entscheiden. Man sollte sie aber alle im Training probiert haben, damit man im Rennen den langsameren Konkurrenten, ganz gleich welche Spur dieser wählt, jederzeit überholen kann.

Ist die ganze Strecke als Anlieger ausgebildet (Abb. 10), so kann es ratsam sein, diesen im klassischen Fahrstil, also Mann und Maschine in einer Linie, zu umrunden. Lediglich der kurveninnere Fuß wird als Sicherung ausgestreckt. Wenn wir aber Spurrillen als Anlieger fahren, wird die Maschine gedrückt (Abb. 11).

Beim Anlieger müssen Schräglage und Geschwindigkeit der Böschung und dem Radius genau angepaßt sein, denn Korrekturen während der Durchfahrt sind kaum möglich. Kurz nach dem Kurvenscheitelpunkt sollte voll beschleunigt werden. Es empfiehlt sich beim Training des Anliegers, diesen so zu wählen, daß gegebenenfalls durch Hochnehmen der Maschine und Geradeausfahrt ein Sturz vermieden werden kann.

Abb. 9
Sitzposition vorn
Kurvenaußenfuß auf der Raste, Knie am Tank

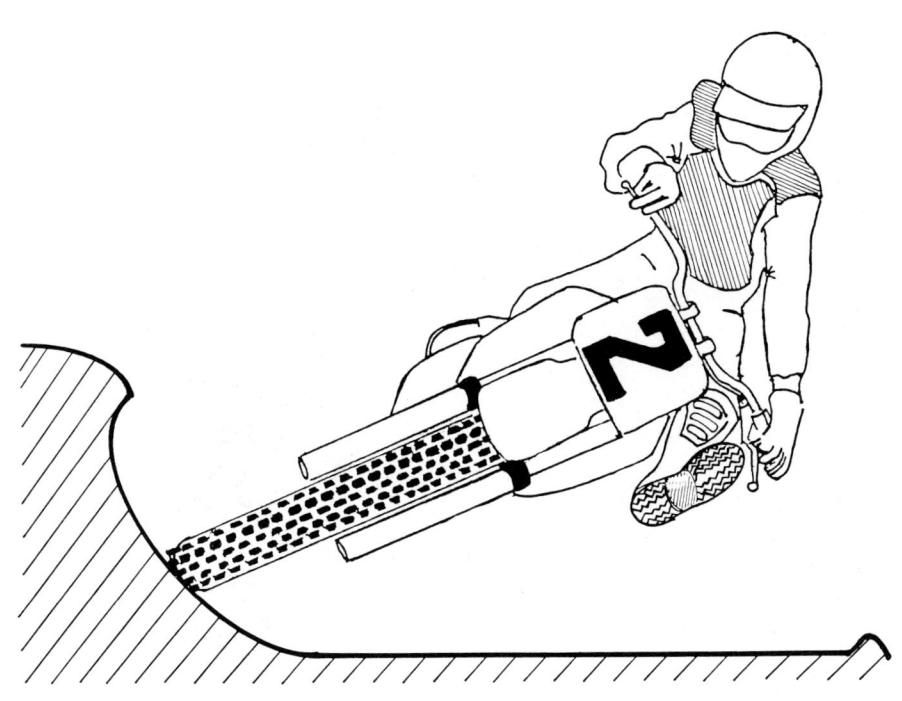

Abb. 10
Anlieger über die ganze Streckenbreite

Abb. 11
Anliegerfahren

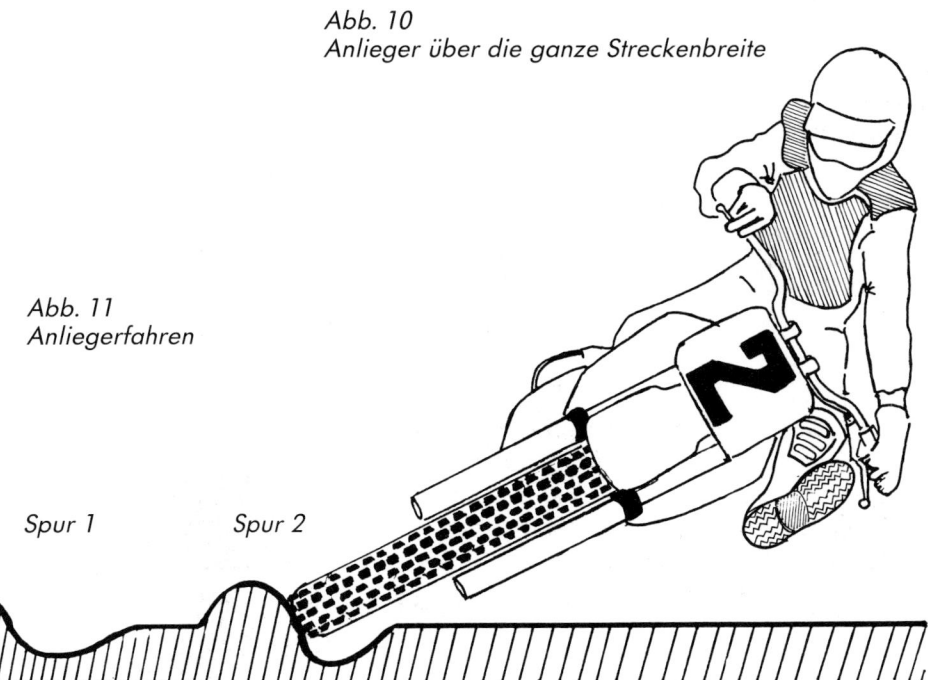

Spur 1   Spur 2

Auch Spurrillen, die sich in Kurven bilden, ermöglichen einen Anliegereffekt.

Bild 15: Haltung beim Durchfahren eines Anliegers. Das kurveninnere Bein ist nach vorn gestreckt, der kurvenäußere Ellenbogen zeigt nach außen.

Übungen:

● Anlieger sollten als Kurvensektionen geübt werden, wobei man sich auch recht schnell darüber klar wird, welche Spur für einen selbst am besten ist. Ob wir den Anlieger richtig fahren, darüber gibt vor allem die maximale Schräglage Auskunft. Nur wenn diese dem Anlieger angepaßt ist, erzielen wir den Geschwindigkeitsgewinn.

4.4 Driften

Das Driften mit dem Motorrad ist eine Fahrtechnik, die die Bahnfahrer perfektioniert haben. Sie steuern das Motorrad in die Kurve, dabei lastet das Körpergewicht auf der Fußraste, die bei Bahnmaschinen ja nur einmal vorhanden ist, nämlich auf der rechte Seite (es werden ja nur Linkskurven gefahren), das linke Bein dient als Stützfuß und ist nach vorn gestreckt. Die Bahnmaschine wird gelegt, bis das Hinterrad die Haftung verliert und auszubrechen beginnt. In diesem Moment gibt der Bahnfahrer Gas und steuert gegen. Diese beiden Maßnahmen bewirken, daß die Maschine in kontrollierten Drift kommt, der mit dem Gas wirksam gesteuert werden kann. Das Gasgeben ist dabei von entscheidender Bedeutung. Würde der Fahrer nur gegensteuern, bekäme das Hinterrad irgendwann wieder Grip, die ganze Fuhre würde sich aufrichten und den Reiter abwerfen. Diese Sturzvariante findet sich oft bei Straßenrennfahrern und heißt dort »high sided«. Auch die Bahnfahrer kennen diese Sturzart: wenn bei einer driftenden Bahnmaschine das Hinterrad unbeabsichtigt greift (z. B. griffige Stelle in der Bahn), hat das die gleichen Folgen: die Maschine richtet sich abrupt auf und schleudert dabei den Fahrer nach oben.

Beim Endurofahren oder Moto Cross handelt es sich beim Driften, entgegen dem Drift auf der Sand- oder Grasbahn, nur um kleine Slides. Die Fahrtechnik sieht aber prinzipiell genau so aus wie beim Bahnfahren, einzig die Zeit, in der wir driften, ist kürzer. Kennzeichnend ist das entgegen der Kurvenrichtung eingeschlagene Vorderrad (Abb. 13). Die Fahrerhaltung entspricht der beim Drücken der Maschine. Vor allem bei engen Ecken, selbst auf asphaltierter Straße, ermöglicht die Schleudertechnik flottes Vorankommen.

7. *Grobziel:* Driften

Feinziel:
Das Motorrad kann durch den Fahrer in kontrollierten Drift gebracht werden, indem dieser

- a) die Kurve mit gedrückter Maschine fährt (siehe 6. Grobziel)
- b) die Maschine so tief abwinkelt, bis das Hinterrad die Haftung verliert
- c) gegensteuert und das Abdriften des Hinterrades durch angemessenes Gasgeben unterstützt und stabilisiert
- d) die Kurvenfahrt durch Aufrichten der Maschine und Geradestellen des Lenkers beendet.

Beim Motorrad ist es im übrigen nicht anders als beim Auto: zu große Driftwinkel reduzieren das Tempo, bringen also nichts im Hinblick auf das Tempo. Die Bahnfahrer bauen auf diese Weise sogar ihre Geschwindigkeit ab, denn wie Sie ja wissen, besitzen Bahnmaschinen keine Bremsen. Der kontinuierliche Drift, den die Bahnmaschinen vorlegen, ist mit einer Cross- oder Enduromaschine auch auf der Sandbahn nur schwer zu praktizieren, da dieser Maschinentyp fahrwerksseitig auf Handlichkeit ausgelegt ist. Überziehen wir den Drift, d. h. lassen wir das Hinterrad zu sehr ausbrechen, so mündet das zumeist in einem harmlosen Ausrutscher.

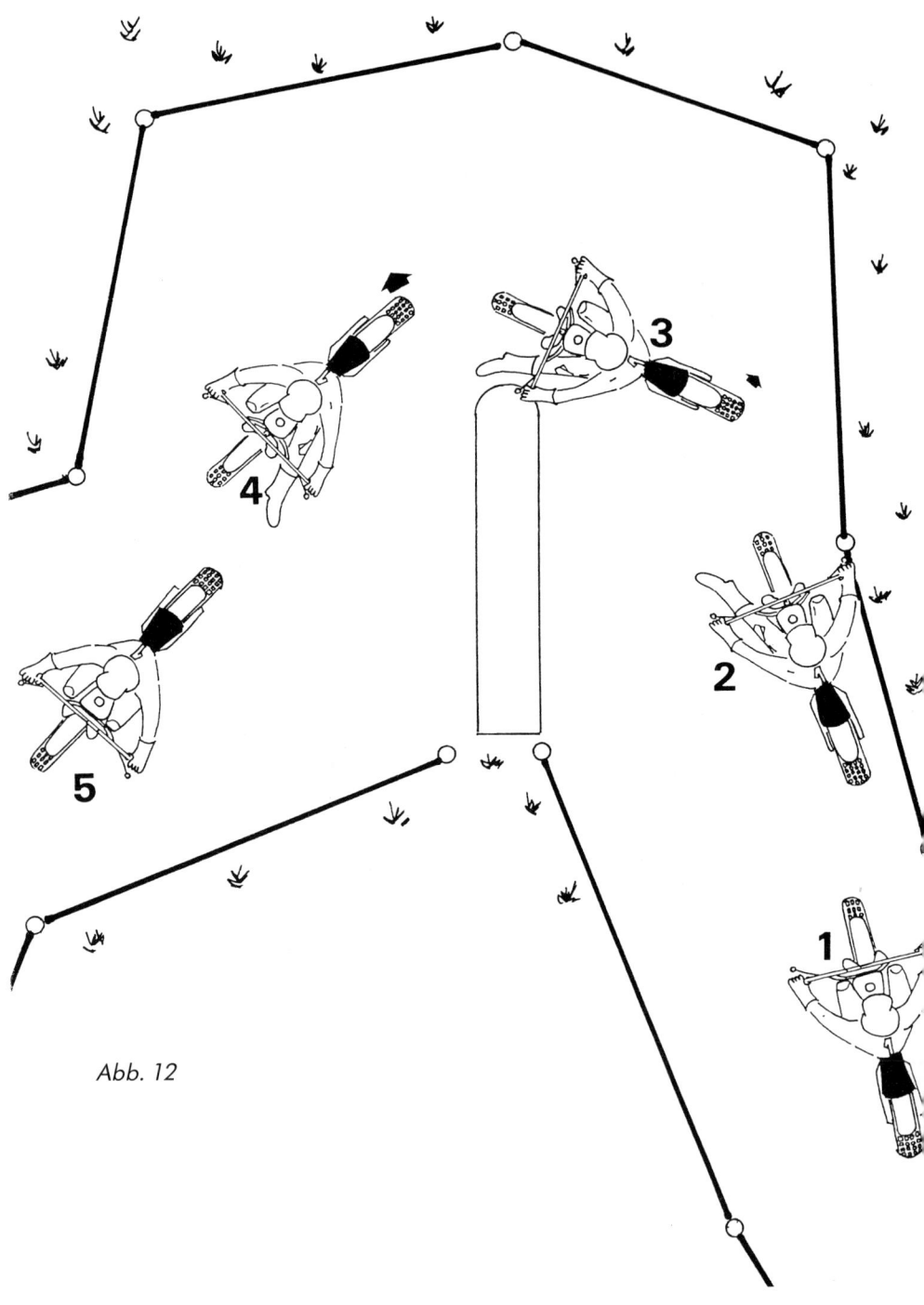

Abb. 12

58

Abb. 13
Drift mit dem Motorrad
Lenker entgegen der Fahrrichtung einschlagen, das Hinterrad darf nicht
greifen, sondern muß mit dem Gasgriff am Rutschen gehalten werden.

Bild 16: Die entscheidende Phase eines Drifts: bei Bild A beginnt das Hinterrad die Haftung zu verlieren, bei Bild B ist gut zu sehen, daß der Fahrer Gas gibt und gleichzeitig gegensteuert.

Bild 17a: Kurvenfahren als Partnerübung

Übungen:

Beginnen sollte man mit Kreisfahren rechts und links herum, wobei die Maschine durch Abwinkeln in Verbindung mit Gasgeben in kontrollierten Drift gebracht wird, den wir durch Gasgeben stabilisieren. Erst wenn diese Übung klappt und von dem Übenden saubere Drifts ohne Schlenker produziert werden können, sollte man zu komplexeren Übungen gehen.

Bild 17:
Beenden einer Kurvenfahrt. Noch in der Endphase der Kurvenfahrt trifft der Fahrer die Vorbereitungen, um eine stehende Fahrerhaltung einzunehmen.

Bild 18: Driftübungen am Anfang auf großen Flächen, die mit Pylonen markiert werden.

Hierbei geht es darum, die Maschine aus der Geradeausfahrt in die Schrägfahrt und dann in den Drift zu bringen. Am besten eignet sich dazu ein Oval (zwei Pylonen), das abwechselnd rechts oder links herum umrundet wird.

War es bei diesen Übungen möglich, sich auf eine Kurvenart zu konzentrieren, also entweder Links- oder Rechtskurven, so dient Fahren einer Acht dazu, Wechselkurven zu trainieren. Fahren der Acht zwingt uns, die Sitzposition aufzugeben und neu einzunehmen. Wie beim Motorradfahren überhaupt werden Sie schnell merken, daß Sie beim Driften wie beim Kurvenfahren eine Schokoladenseite haben. Zumeist fallen Linkskurven leichter (siehe Bahnfahren), mit der Folge, daß man sich bei ihnen weniger beim Driften verkrampft als bei den ungeliebten Rechtskurven. Hier zeigt sich aber auch, wie wichtig es ist, die Maschine locker und ohne großen Kraftaufwand zu dirigieren. Bei der Seite, die uns nicht liegt, wird uns sofort auffallen, wieviel Kraft wir beim Driften aufwenden müssen und wie wenig das für harmonische Kurvenfahrt bringt.

Nach diesen Übungen sollte das Driften wiederum in Sektionen geübt werden. Man sucht sich dazu eine Kurve oder Kurvenkombination aus, bei der das Durchfahren im Drift angebracht erscheint, und versucht, sie mit optimalem Tempo und Driftwinkel zu durchfahren.

Bild 19:
Auch Fallen will gekonnt sein. Hier hat es Eddy Hau bei einer Driftübung bei geringem Tempo erwischt.

Bild 20: Überholen auf der Cross-Strecke: schon im Einlauf der Kurve muß mit dem Überholmanöver begonnen werden Bild 1/2/3. Späte-

stens ab dem Kurvenscheitelpunkt (Bild 5) sollte man das Vorderrad vor dem des zu überholenden Fahrers haben.

Hier noch einmal die Reihenfolge der Stationen:

● Kreisfahrt

● Oval

● Acht

● Kurvensektion

Diese vier können nun noch durch den gewählten Untergrund varriiert werden. Es empfiehlt sich, die Drifttechnik sowohl auf Sand, Gras, Schlamm und Geröll als auch auf Asphalt zu trainieren und zu festigen. Reizvoll ist in diesem Zusammenhang auch das Fahren im Schnee. Hierbei lassen sich wundervolle Drifts produzieren (natürlich abseits öffentlicher Straßen), und der Schaden ist bei einem Ausrutscher zumeist gering. Driften sollte aber nie Selbstzweck sein, sondern immer nur *eine* Fahrtechnik.

4.5 Das Verhältnis von Brems- und Seitenführungskräften

Beim Motorrad hat der Reifen zwei wesentliche Aufgaben. Zum einen soll er Brems- und Beschleunigungskräfte auf die Straße übertragen, zum anderen bildet er den Kontakt zur Straße, wenn das Zweirad durch Schräglage den einwirkenden Fliehkräften entgegenwirkt. Beide Aufgaben gleichzeitig wahrnehmen kann der Reifen aber nicht. Es geht entweder zu Lasten der Bremskräfte, die dann nicht mehr übertragen werden können, oder aber der Seitenführungskräfte, was im Klartext heißt, daß das Motorrad wegrutscht und wir auf die Nase fallen.

Nun ist es aber zum Glück so, daß das Verhältnis, in dem Brems- und Seitenführungskräfte stehen, nicht direkt proportional ist, also wenn ich doppelt so fest bremse, ich nur noch die Hälfte Seitenführungskraft hätte. Das Verhältnis beider Kräfte läßt sich gut am Kammschen Kreis darstellen (Abb. 14). Hier ist zu sehen, daß bei 50 % benötigter Seitenführung noch ca. 70 % für Bremskräfte zur Verfügung stehen. Der Kammsche Kreis ist jedoch keine Konstante und eigentlich kein Kreis, wie uns das die Graphik vielleicht glauben machen will, sondern ein Oval. Gerade beim Geländefahren treffen wir auf die unterschiedlichsten Haftreibungswerte. Der Kreis »atmet« sozusagen (er geht auseinander und zusammen), denn durch den steten Wechsel des Untergrunds, mal Asphalt, mal Erde, mal Laub und mal Sand, verändert sich der Kraftschluß zwischen Reifen und Untergrund und damit der Durchmesser des Kreises.

Abb. 14

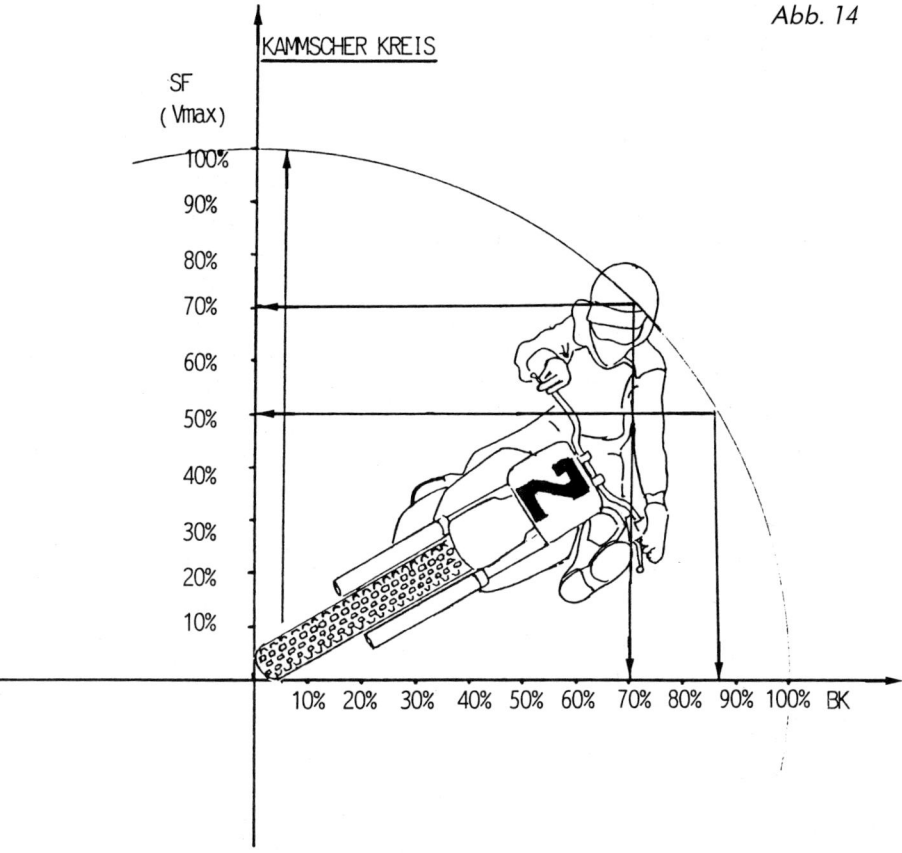

Der Geländefahrer muß in der Lage sein, sich auf die wechselnden Bedingungen blitzartig einzustellen und entsprechende Konsequenzen für Kurvenfahrt und Bremsung ziehen. Nicht im Kopf, denn diese Prozesse müssen erfühlt und erfahren und dann immer wieder trainiert werden, damit sich die notwendigen Reaktionen festigen. Wir sollten aber in jedem Fall im Gelände die Erfahrung gemacht haben, wie sich die Maschine verhält, wenn beim Bremsen in Geradeausfahrt, aber auch in Schrägfahrt, die Räder blockieren.

Bei Geradeausfahrt ist das, bremst man nur mit der Hinterradbremse, kaum mehr als ein heftiges Schwänzeln des Motorrads, das wir durch Lösen der Bremse jederzeit beenden können – bei der Vorderradbremse wird's jedoch schon etwas problematischer. Blockiert das Vorderrad zu lange, so ist ein Sturz unvermeidlich. Andererseits ist kurzzeitiges Blokkieren des Vorderrads nicht problematisch, da sich nach dem Lösen der Bremsen das Motorrad wieder stabilisiert.

Das verhält sich bei niedrigen Geschwindigkeiten nicht anders als bei hohen, lediglich die Strecke, die das rutschende Vorderrad zurücklegt, ist bei hohem Tempo größer.

Trainieren Sie Blockieren und Lösen der Vorderradbremse systematisch, zuerst bei niedrigen und später bei höheren Geschwindigkeiten, so werden Sie auch in einer kritischen Situation die Nerven behalten und die Bremse lösen.

Trainieren Sie auch ganz bewußt die Aktionen, die notwendig sind, wenn bei Schrägfahrt die Bremsen blockieren. Das sollte freilich nur bei mäßigem Tempo und im Gelände erfolgen. Auch hier gilt: das bei Kurvenfahrt durch Bremsen blockierte Rad stabilisiert sich in den meisten Fällen nach Lösen der Bremse von selbst. Beim Üben bewahrt Sie Ihr kurveninneres Stützbein davor, hinzufallen. Denken Sie daran, daß auch Bremsen bei allen denkbaren Bodenbeschaffenheiten geübt werden sollte.

5. SPRÜNGE

Gerade die Sprünge haben sich beim Motorradgeländefahren am extremsten entwickelt. Egal, welche Spezialdisziplin man betrachtet, ob nun Moto Cross oder Enduro, ja selbst bei Langstreckenfahrten und ganz deutlich beim Stadion-Cross gilt die Devise »weiter und höher«. Dabei verhält es sich auf dem Motorrad auch nicht anders als z. B. auf Skiern im Flug. Während der Flugphase wird der Pilot langsamer, sein Bestreben muß darauf abzielen, die Flugphase und damit die antriebs-lose Zeit möglichst kurz zu halten.

Das ist natürlich nur eine Seite der Medaille, denn wenn wir mit hoher Geschwindigkeit auf den Absprungpunkt zufahren, fliegen wir auch weiter und das ist im Gegensatz zu früher, dank der extrem langen Federwege, auch möglich. Wird auf diese Weise Geschwindigkeit in Weite umgesetzt, bringt das einen Zeitgewinn, der noch größer wird, wenn, wie beim Stadion-Cross, auch noch eine weitere Welle übersprun-

Bild 21: Sprung in der »Startphase«. Gut zu sehen ist die immer stärker nach hinten erfolgende Gewichtsverlagerung des Fahrers, solange die Maschine in der Steigphase ist.

Abb. 15

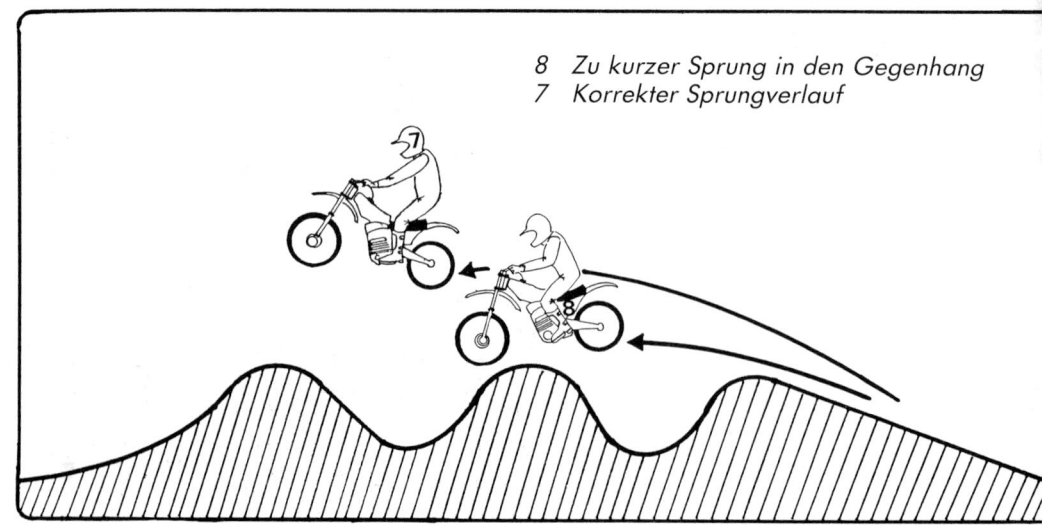

8 Zu kurzer Sprung in den Gegenhang
7 Korrekter Sprungverlauf

gen werden kann (z. B. das ganze »Waschbrett«). Wie auf der Zeichung (Abb. 15) dargestellt, muß der Fahrer, wenn er springt, sogar größere Distanzen überwinden, andernfalls fliegt er, wie bei unserer Zeichnung dargestellt, in den Gegenhang. Optimal wäre in diesem Fall die Landung auf der Schräge des letzten Hügels.

Bild 22: Sprung in der Landephase. Das Gewicht wird mehr zur Mitte hin verlagert und die Landung mit den Beinen abgefedert.

8

Nur bei technisch einfallslosen Menschen hört der Vortrieb in der Flugphase auf.

Wichtig ist beim Springen das korrekte Ausbalancieren der Maschine beim Absprung und bei der Landung. Ich werde nie vergessen, wie Richard Schalber bei einer Trainerausbildung mit seiner Husquarna einen 15 m-Bilderbuchsprung hinlegte, um uns das richtige Verhalten auf der Maschine zu demonstrieren. Im Anschluß daran sprang ein Straßenfahrer mit einer zugegebenermaßen etwas kopflastigen Yamaha

TT 500. Kurz nach dem Absprung begann sich das Vorderrad der Maschine bedrohlich abzusenken, und als er schließlich nach 10 m auf dem Vorderrad landete, daß wir alle einen Salto Vorwärts kommen sahen, hatte er es wohl nur seinem Schutzengel zu verdanken, daß dieser Fall nicht eintrat. Können Sie sich denken, welche Entschuldigung er parat hatte, als er etwas bleich zur Gruppe zurückkehrte? Die Yamaha sei zu kopflastig für solche Eskapaden. Mit dem Motorrad sei es ja lebensgefährlich, solche Sprünge zu wagen, da sei auch mit der Fahrerhaltung nichts dagegen auszurichten. Richard nahm daraufhin wortlos die Yamaha, trat sie an, nahm Anlauf und sauste mit einem ebenso fulminanten Satz über den Absprung wie vorher mit der Husquarna. Die Maschine lag in der Luft als sei sie ausschließlich zum Springen gebaut worden. Nach einer ebenso perfekten Landung kam Richard Schalber zur Gruppe zurück, die Yamaha wortlos parkend.

Uns allen aber hatte das mehr als 1000 Worte gezeigt, wie unerheblich im Vergleich zum Fahrkönnen der Unterschied der Maschinen ist. Erst wenn sich das Fahrkönnen auf einem sehr hohen Niveau befindet, und alle Mitstreiter über dieses große Können verfügen, beginnt die Maschinentechnik mitzuentscheiden.

Wir können drei Arten von Sprüngen unterscheiden: Sprung in der Ebene, Sprung bergauf und Sprung bergab.

Abb. 16
Fehlerhafter Sprung

1 Gas weggenommen beim Überfahren der Absprungkante
2 Vorderrad senkt sich während der Flugphase (keine Korrekturen durch den Fahrer)
3 als Folge davon: Landung auf dem Vorderrad

Bild 23:
So nicht! Der Fahrer läßt das Vorderrad in der Flugphase nach unten kippen.

Bild 24:
Eine Landung auf dem Vorderrad. Auf diese Art fallen bei Wüstenrallyes jedes Jahr eine Menge Motorradfahrer auf den Pinsel. Im Ernstfall in der Luft Gas geben und das Gewicht nach hinten verlagern!

B*

C*

Bild 25: Korrektes Ausbalancieren der Maschine durch Vordrücken des Lenkers. Dadurch wird die Maschine parallel gehalten, die Landung erfolgt mit beiden Rädern gleichzeitig (mit leichtem zeitlichen Versatz: zuerst tippt das Hinterrad auf).

5.1 Sprung in der Ebene (Abb. 17)

Beim Sprung in der Ebene überfahren wir (anders sind ja Sprünge mit dem Motorrad nicht möglich) eine Absprunghilfe. Das kann ein Huppel, eine Welle, eine Kante usw. sein. Die Landung danach erfolgt auf einer ebenen Fläche. Während solche Sprünge auf einer Moto Cross-Piste oder beim Stadion-Cross unproblematisch sind (denn wir wissen ja, wohin wir springen), ist es beim Endurofahren nicht unproblematisch, in unbekanntes Terrain zu springen. Zumindest sollten wir unseren Landeplatz einsehen können. Blind springen, das machen nur hoffnungslose Optimisten oder aber Fahrer, die von einer Kante überrascht werden. Dann ist es natürlich besser, fachgerecht in den Flug überzugleiten als sich gleich »lang zu machen«.

Abb. 17
◄ *Korrekter Sprung*

1 konstante Gasstellung beim Überfahren der Absprungkante
2 Ausbalancieren der Maschine in der Luft
3 Landung auf beiden Rädern

8. *Grobziel:* Sprung in der Ebene

Feinziel:
Der Fahrer kann mit dem Motorrad einen Sprung in der Ebene durchführen, indem er
- a) im Stehen die Absprungkante anfährt (Abb. 17 / Phase 1)
- b) die Absprungkante mit konstanter Geschwindigkeit ohne zusätzliches Gasgeben überfährt (Abb. 17 / Phase 2)
- c) durch Vor- oder Zurückbewegen des Körpers (Oberkörpers oder Gesäßes) die Maschine ausbalanciert (Abb. 17 / Phase 3)
- d) das Vorderrad leicht über Hinterradniveau hält
- e) die auftretenden Kräfte bei der Landung durch Nachgeben in den Beinen abfedert.

Neben dem Absacken des Vorderteils der Maschine (Abb. 16), das zu höchst unangenehmem Überschlag nach vorn führen kann, kann ein Überziehen der Maschine, mit zusätzlichem Gaseinsatz an der Absprungkante, auch einen ungünstigen Flug provozieren. Dabei

Abb. 18
Fehlerhafter Sprung

1 beim Überfahren der Absprungkante Gas gegeben und gezogen
2 Maschine sackt hinten ab
3 Maschine bei der Landung nach hinten überzogen

kommt es zum Aufsteigen des Vorderteils und Absacken des Hecks. Wir landen dann auf dem Hinterrad, d. h. die ganze Last des Aufpralls muß nun die arme Hinterraddämpfung allein verkraften, mit dem Risiko, sich rückwärts zu überschlagen (Abb. 18). Das Hochziehen der Maschine am Absprungpunkt ist also nicht nur unnötig, sondern auch schädlich, sofern die Maschine genug Schwung hat. Hochziehen der Maschine vor einer Kante ist nur bei Schrittgeschwindigkeit erforderlich, um zuvermeiden, das wir uns vorwärts überschlagen. Das Gas vor der Absprungkante zu schließen führt zum Herunterfallen des Vorderrads (Abb. 18 / Phase 2 und 3), das auch durch Gewichtsverlagerung in der Flugphase kaum mehr korrigiert werden kann. Geben wir während der Flugphase Gas, führt das, bedingt durch die dabei entstehenden Massenkräfte, zum Aufsteigen des Vorderrads.

5.2 Sprung bergauf (Abb. 19a)

Unter Bergaufsprüngen verstehen wir Sprünge, die wir aus der Bergauffahrt unternehmen. Da hierbei notwendigerweise viel Gas gegeben werden muß, ist bei dieser Art Sprung die Gefahr sehr groß, die Maschine nach hinten zu überziehen. Das heißt, wir produzieren einen Überschlag nach hinten oder, im harmloseren Fall, landen ungünstig auf dem Hinterrad (Abb. 19b / Phase 3). Gerade beim Bergauffahren besteht der innere Drang beim Fahrer, noch einmal an der Absprungkante Gas zu geben (Abb. 19b / Phase 2). Dem müssen wir bewußt entgegensteuern.

9. Grobziel: Sprung bergauf (Abb. 19a)

Feinziel:
Der Fahrer kann mit dem Motorrad einen Sprung bergauf durchführen, indem er

    a) im Stehen, den Oberkörper vor, die Ellenbogen nach außen die Absprungkante anfährt (Abb. 19a / Phase 1)

    b) die Absprungkante mit konstanter Gasstellung, ohne zusätzliches Gasgeben, anfährt (Abb. 19a / Phase 2)

    c) durch Zurücknehmen des Oberkörpers + Strecken der Arme die Maschine ausbalanciert (Abb. 19a / Phase 3)

    d) mit beiden Rädern gleichzeitig landet und die auftretenden Kräfte bei der Landung mit Armen und Beinen abfedert.

Abb. 19a
Korrekter Sprung bergauf

1 Auffahrt und Überfahren der Absprungkante mit konstanter Gasstellung
2 Ausbalancieren der Maschine in der Flugphase
3 Landung parallel zum Boden

Abb. 19b
Überziehen der Maschine

1 Gewicht bei der Anfahrt und beim Überfahren zu weit hinten
2 Gasgeben an der Absprungkante
3 Überschlag nach hinten bei der Landung

5.3 Sprung bergab (Bild 28)

Sprünge bergab, also solche, bei denen wir, ähnlich den Skispringern, auf einer abschüssigen Schräge landen, haben ihre eigenen Gesetze. Schon relativ früh begannen die Cross-Fahrer steile Bergabstücke mit einem Quasi-Sprung zu bezwingen. Das Vorderrad löste sich vom Hang, während das Hinterrad noch brav Hangkontakt hielt. Auf dem Hinterrad bergab rodeln nannte Crius diese Fahrtechnik (Crius 95). Dabei sollte das Hinterrad Kontakt mit der Schräge behalten (Abb. 20 / Phase 3) und sich nicht lösen (Abb. 20 / Phase 2). Auch beim Bergabspringen ähnelt die Landetechnik den anderen Sprungformen, es ergeben sich aber dennoch einige Unterschiede, die oft auch situationsbedingt sind. So gibt es vor allem beim Hallen-Cross Sprungvarianten, die eine Landung auf dem Vorderrad in einer abschüssigen Passage notwendig machen, um optimale Fahrt für das Anschlußstück zu gewährleisten.

Im Normalfall aber sollte auch beim Bergabsprung die Maschine in der Landephase parallel zum Boden gehalten werden, was für die Flugphase bedeutet, daß das Vorderrad nach unten hängt. Beim Ausbalancieren während des Flugs ist unser Orientierungspunkt die Schräge, auf der wir zu landen gedenken. Sollten Sie zuviel des Guten tun und extremen Überhang nach vorn bekommen, was gleichbedeutend mit unkontrollierter Vorderradlandung wäre, hilft Gasgeben während der Flugphase. Die Maschine richtet sich dann wieder auf. Gleichzeitig muß natürlich auch das Körpergewicht nach hinten verlagert werden.

Wie bei allen Sprüngen gilt auch und gerade beim Bergabspringen, die Sprungweite erst langsam zu steigern. Erst dadurch bekommen Sie das Gefühl für die richtige Gewichtsverteilung beim Flug und das notwendige Timing. Landungen auf dem Hinterrad, d.h. Überziehen der Maschine nach hinten, sind zwar bei Landungen am Schräghang unproblematisch, kosten aber eine Menge Fahrt und damit wichtige Zeit. Zudem wird die Maschine dabei in den meisten Fällen instabil, weil die Führung durch das Vorderrad fehlt. Es ist einleuchtend, daß bei Landungen, die einseitig, jeweils auf Vorder- oder Hinterrad, verlaufen, die Federung um ein Mehrfaches belastet wird, als wenn beide Feder-Dämpfungssysteme in Aktion treten (Bild 26).

Bild 26: Hier zieht der Fahrer am Lenker, mit dem Erfolg, daß sich die Fuhre in der Luft aufbäumt! Bei der anschließend unsanften Landung, die arme Hinterradfederung muß die ganze Energie absorbieren, verliert der Fahrer auch noch jede Menge Zeit.

Bild 27: Beim Bergabrodeln auf dem Hinterrad sollte sich dieses nur wenig oder garnicht vom Boden lösen.

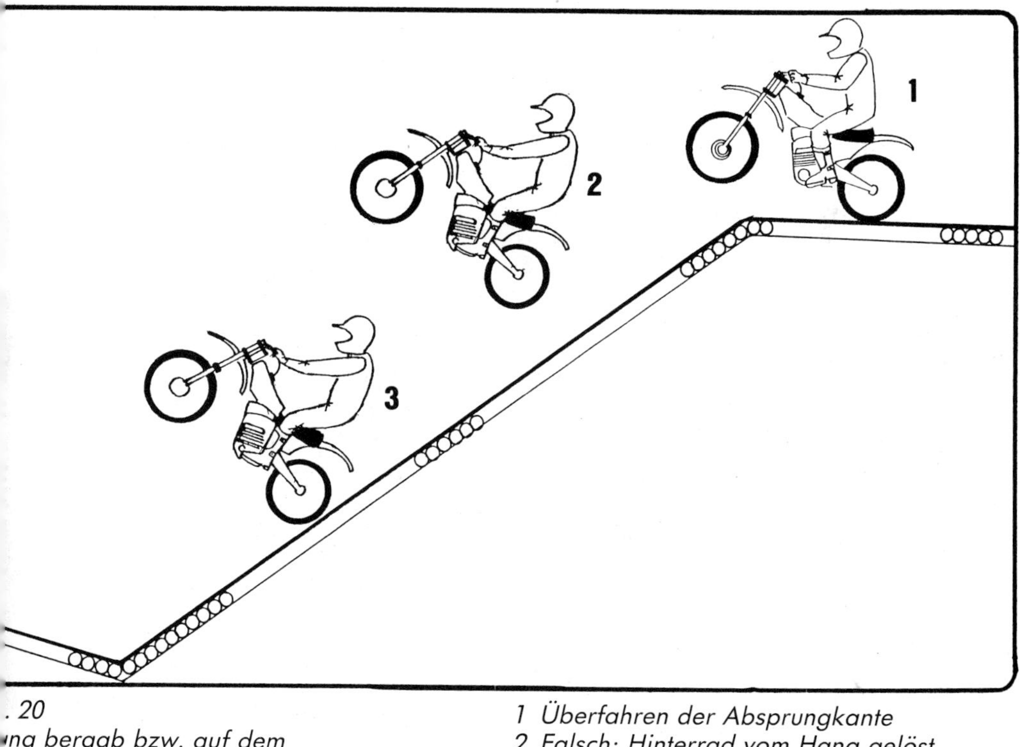

ng bergab bzw. auf dem
errad bergab rodeln

1 Überfahren der Absprungkante
2 Falsch: Hinterrad vom Hang gelöst
3 Richtig: das Hinterrad behält Hangkontakt

Bild 28: Auch beim Sprung bergab sollte darauf geachtet werden, die Maschine parallel zur jeweiligen Hangneigung zu halten und zu landen.

Abb. 21
Sprung bergab
▼

1 Überfahren der Absprungkante
2 Ausbalancieren der Maschine in der Luft
3 Landung parallel zum Boden auf beiden Rädern

Übungen:

Begonnen werden sollte mit Sprüngen in der Ebene, wobei die Anlauf-
strecke so beschaffen sein sollte, daß sie eine ausreichende Stabilisierung
der Maschine garantiert. Sprünge bergab bergen die Gefahr eines Überschlags nach vorn, Sprünge bergauf die eines Überschlags nach hinten.
Ist die Maschine nicht ausreichend stabilisiert, kommt es zum Ausbrechen des Hinterrads in der Luft (Abb. 22). Den Anfang machen
Sprünge, die mit konstanter Gasstellung bei ca. 30–40 km/h Geschwindigkeit durchgeführt werden. Dabei ist der zweite Gang eingelegt.
Wichtig ist es, das richtige Gefühl für das Ausbalancieren der Maschine
zu bekommen.

86

Bild 29: Hier eine Variante des Sprungs bergab. Gelandet wird, nach einem Sprung über ein table, ebenfalls mit einer parallel zur Endschräge ausgerichteten Maschine. In diesem Fall beginnt das Vorderrad am Ende der Flugphase unter das Hinterradniveau abzusacken.

6

5

Abb. 22
Das Hinterrad hat an der Absprungkante einen Impuls erhalten, der die Maschine in der Luft quer gehen läßt und eine Korrektur erforderlich macht.

78

▲

Bild 30: Landet man auf dem table, so gelten die Phasenabläufe für »Sprung in der Ebene«.

Als nächster Schritt wird das Gas nach Überfahren der Absprung-kante geschlossen und kurz vor der Landung geöffnet. Wenn das klappt, können Geschwindigkeit und Flugweite gesteigert werden.

Bevor man nun Sprünge bergauf oder berab probiert, sollten zwei Dinge noch geübt werden. Zum einen eine Korrektur des Sprungs durch Gewichtsverlagerung, zum anderen die Korrektur durch Gaseinsatz während der Flugphase. Bei den Korrekturen durch Verlagerung des Körpergewichts sollte die Sprungweite ca. 15 m betragen, damit genug Zeit für die Bewegungen besteht.

Nach einem geraden Abhang drücken wir die Maschine während der Flugphase abwechselnd nach links und nach rechts, indem wir den Lenker durch Strecken der Arme in die gewünschte Richtung bewegen.

89

Abb. 23
Durch das Belasten der äußeren Fußraste mit gleichzeitiger Gewichtsverlagerung nach hinten außen werden die Räder zum Hang gedrückt.

Kurz vor der Landung richten wir die Maschine gerade aus, geben Gas und versuchen, die Landung möglichst ohne auftretende Seitenkräfte durchzuführen. Lageveränderungen der Maschine während der Flugphase durch Gasgeben sollten zuerst so geübt werden, daß die Maschine in leicht nach hinten überzogenen Flugzustand gelandet wird. Dazu geben wir kurz nach dem Absprung Gas, so daß sich die Maschine in der Flugphase aufzurichten beginnt. Die Landung erfolgt auf dem Hinterrad, in leicht überzogener Position.

Sobald wir ein Gefühl für die Maschinenreaktionen bekommen haben, üben wir die Situation, in der diese Fahrtechnik überlebenswichtig ist: beim unterzogenen Sprung. Unterzogener Sprung heißt, daß die Maschine, entweder durch Gaswegnehmen oder gar durch Bremsen, nach dem Absprung mit dem Vorderrad absackt. Dies hätte im harmlosesten Fall eine diffizile Landung auf dem Vorderrad, im schlimmsten Fall einen Überschlag nach vorn zur Folge. Gerade für den Enduro- oder Rallyefahrer, der oft von einem Abhang überrascht wird, ist es wichtig, diese Technik zu beherrschen, die die Korrektur eines fehlerhaften Absprungs gestattet.

Stadion Cross bescherte uns eine neue Sprunghöhen-Dimension!

Dazu schließen wir vor dem Absprung das Gas, so daß die Maschine vorn absackt. Während der Flugphase wird nun durch Gasgeben die Maschine so weit aufgerichtet, bis eine korrekte Lage erreicht ist. Danach wird das Gas geschlossen und erst kurz vor der Landung wieder geöffnet. Die Landung sollte korrekt auf dem Hinterrad erfolgen.

Diese Übung erfordert einen sehr hohen Könnensstand, da bei nicht korrekter Ausführung das Unfallrisiko sehr hoch ist (Landung auf dem Vorderrad mit Überschlag nach vorn!).

6. FAHREN AM SCHRÄGHANG (Bild 31)

Während das Fahren am Schräghang für den Moto Cross-Fahrer kein Thema ist, müssen sich die Endurofahrer mit dieser Fahrtechnik häufig auseinandersetzen.

Wer in unwegsamem Gelände unterwegs ist, wird oft gezwungen sein, einen Steilhang in der Schrägfahrt zu schneiden. Oft ist es aber auch so, daß man ein steiles Bergabstück lieber schräg zum Hang fahrend bewäl-

5

tigt. Das kann so weit gehen, daß sich der Fahrer, bei entsprechendem Gefälle, einfach seitlich abrutschen läßt. Mit diesem seitlichen Abrutschen haben wir eine Parallele zu einer Sportart, bei der auch ständig schräge Hänge durch Anschneiden befahren werden, dem Skifahren. So nimmt es nicht Wunder, daß sich auch die Fahrtechniken auf Skiern und auf der Enduro im Fall der Gewichtsverteilung gleichen. Der Skifahrer muß bei der Schrägfahrt zum Hang den Talski belasten, was einer Lenkbewegung hangaufwärts entspricht. Unser Endurist muß die dem Tal zugewandte Fußraste belasten, um den gleichen Effekt zu erzielen.

Bild 31: »Fahren schräg zum Hang«, hierbei gilt es, das Körpergewicht hinten außen, also talwärts zu halten.

93

ohne Worte

Der Druck auf die Talfußraste bewirkt eine Bewegung des unteren Maschinenteils zum Hang hin. Belastet man die Hangfußraste, tritt die gleiche Fahrzeugreaktion entgegengesetzt ein, wobei die Maschine zumeist über das Hinterrad zum Tal wegrutscht.

Gleichzeitig hält der Geländefahrer sein Körpergewicht hinten außen. Bei Trialfahrern ist diese Fahrtechnik das tägliche Brot. Bedingt durch die schmalen und zierlichen Maschinen können die Trialfahrer das »Bodylean« effektvoller ausführen, als das auf einer wuchtigeren Enduromaschine möglich ist; dennoch bleiben sich die Fahrtechniken gleich.

10. Grobziel: Fahren am Schräghang (Abb. 23)

Feinziel:
Der Fahrer kann mit dem Motorrad schräg zu einem Hang fahren, indem er

a) das Körpergewicht auf die Talfußraste verlagert
b) die Maschine zum Hang hin gekippt hält
c) den dem Hang zugewandten Arm gestreckt und den anderen entsprechend angewinkelt hält
d) das Gesäß nach hinten außen (dem Tal zu) bringt.

Eine sehr gute Übung ist es, trialmäßig, das heißt in langsamer Fahrt, einen Schräghang zu befahren und sein Körpergewicht jeweils auf die linke und rechte Fußraste zu verlagern, um sich für die Fahrzeugreaktionen zu sensibilisieren. Auch sollte man ganz den Fuß der hangzugewandten Seite von der Fußraste abheben, um sicherzustellen, daß wirklich nur die Talfußraste belastet ist. Mit dieser Technik ist es möglich, selbst glatte und rutschige Hänge noch sicher in Schrägfahrt zu passieren.

7. SPURRILLEN

Es gibt noch eine fahrtechnische Besonderheit beim Enduro – manchmal sogar beim Cross-Fahren: das Fahren von sehr tiefen Spurrillen. Diese können nämlich manchmal so tief sein, daß sie uns die Füße von den Fußrasten ziehen. Somit ist die (ansonsten zu empfehlende) stehende Fahrerhaltung nicht zu realisieren. Ein anderer Aspekt ist die Länge der zu bewältigenden Strecke. Bei einer sehr schlammigen Passage, über eine Gesamtlänge von 10 km, wäre es wohl auch möglich, diese stehend zu absolvieren. Das kostet aber eine Menge Kraft. Besser ist es, die Sitzposition etwas nach hinten zu verlegen, beide Beine als »Fallbeine« parat zu haben, indem wir sie nach vorn halten und gegebenenfalls durch »Fußeln« den so wichtigen Gleichgewichtszustand wiederherstellen (Abb. 24).

Spurrille ist auch nicht gleich Spurrille. Festgefroren beispielsweise erfordern Spurrillen korrigierende Maßnahmen durch den Fahrer, andernfalls klettert das Vorderrad aus der Rille heraus, und von stabilem Fahrzustand kann keine Rede mehr sein, da sich das Hinterrad zumeist weiter in der Rille quält. Wenn zudem diese Rillen so tief sind, daß die Fußrasten an ihren Rändern kratzen, ist es ebenfalls unmöglich, die Füße auf den Rasten zu belassen.

Bei von Spurrillen durchzogenem Sand sieht die Situation ganz anders aus. Wer hier kämpft und korrigierend in die Fahrt eingreift, vergeudet sinnlos seine Kräfte. Bei dieser Form von Spurrillen sollte der Fahrer das Motorrad gedanklich sich selbst überlassen. Trotz aller Schlingerbewe-

Abb. 24: Tiefe Rillen oder bodenloser Schlamm erfordern eine eigene Fahrerhaltung, denn auf den Rasten finden die Füße zumeist keinen Halt mehr.

gungen und Schaukelei wird es seinen Weg ganz allein finden, wenn der Fahrer hinten sitzt und das Gas offen läßt. Bei Fahren im Sand kommt es beim Zumachen des Gashahns und der damit verbundenen dynamischen Achslastverschiebung zum Eingraben des Vorderrads plus nachfolgendem Purzelbaum.

Für alle, die Dakar auf ihrem Reisezettel ganz oben stehen haben, gilt: auch bei uns in Deutschland gibt es jede Menge Sandpisten. Üben Sie dort alle möglichen Fahrsituationen im Sand. In der Wüste mit den eigenen Schwächen konfrontiert zu werden ist sehr viel unangenehmer als in der heimischen Kiesgrube. Bei der Anwendung dieser Fahrtechnik im Sand können in den meisten Fällen die Füße auf den Rasten bleiben, da ihnen der Sand keinen oder fast keinen Widerstand entgegensetzt.

Will man aus einer Rille ausscheren, so empfiehlt sich die gleiche Fahrtechnik wie beim Überfahren eines Hindernisses, das heißt wir stehen in den Rasten auf, entlasten durch Gasgeben und Zug am Lenker das Vorderrad, heben es aus der Rille und helfen dem Hinterrad durch nochmaligen Zug am Lenker und Abdrücken mit den Beinen von den Rasten ebenfalls die Wand zu überklettern.

Bei der 37. Sechstage-Fahrt in Garmisch Partenkirchen wird eine solche Spurrille dem Nationalfahrer Wastl Nachtmann zum Verhängnis. Es gelingt ihm nicht, seine 600er BMW aus der Spur zu bringen, diese verkantet sich, und Nachtmann fliegt in hohem Bogen gegen einen Baum. Trotz angebrochenem Speichenknochen versucht Nachtmann, die Fahrt fortzusetzen, und er fährt auch noch die beste Zeit des Tages. Diese Dramen sind heute vergessen, und Nachtmann ist zufriedener Großvater mehrerer Enkelkinder, deren Vater Eddy Hau heißt.

IV. Die körperlichen Voraussetzungen (Trainingslehre)

Die körperliche Anstrengung beim Motorradgeländefahren, speziell beim Moto Cross, ist sowohl von den Spitzen als auch von der Dauer der Belastung her sehr hoch und liegt über dem Niveau anderer Motorsportarten.

Lange Zeit glaubte man, Motorsport hätte mit körperlicher Belastung ebensowenig zu tun wie Modellfliegerei, Mut und Entschlossenheit waren die Eigenschaften, die einen Motorsportler zugebilligt wurden, keinesfalls aber körperliche Fitneß. Einem schwedischen Professor, Bengt Saltin aus Stockholm, ist es zu verdanken, daß mit diesem Vorurteil Schluß gemacht wurde.

In den sechziger Jahren begann Saltin, eine Reihe von Sportarten zu untersuchen, neben Skilaufen und Leichtathletik war darunter auch Moto Cross. Seine Versuchspersonen waren so bekannte Fahrer wie Ake Jonsson, Sten Lundin und Rolf Tibblin. Die Fahrer wurden bei WM-Läufen und schwedischen Meisterschaftsläufen getestet. Was Saltin dabei herausfand, war, daß Moto Cross eine der härtesten Sportarten überhaupt ist. 45 Minuten lang fahren die Piloten mit maximaler Pulsschlagzahl und nehmen ca. 4,5 l Sauerstoff pro Minute auf. Neben der Ausdauer müssen sie auch über eine gehörige Portion Schnellkraft verfügen.

Aber es stellte sich auch heraus, daß die Athleten falsch trainierten. Gefragt war vor allem eine ausgeprägte Beinmuskulatur, im Gegensatz dazu hatten die Fahrer mit Body-Building-ähnlichen Übungen ihre Armmuskulatur trainiert. Das Trainingsprogramm, das Roland Arrehn aus diesen Erkenntnissen zusammenstellte, trug dem Rechnung. Vieles was Arrehn, Trainer und Betreuer der schwedischen Cracks, heraustüftelte, hat noch heute uneingeschränkte Gültigkeit, nur das man heute den Sportlern mehr Erholung zubilligt, da diese ebenso wichtig ist wie das Training selbst.

Von der Art der Bewegungsabläufe ähnelt Moto Cross dem Ski-Abfahrtslauf. Die Belastung des Ski-Abfahrers endet allerdings nach ca. 3 min., während ein Moto Cross Rennen 2 × 45 min. dauert. Bei einer Enduroveranstaltung oder einer Rallye ist die Fahrtechnik die gleiche wie beim Moto Cross, die Art der Wettbewerbe gestattet aber mehr Erholungsphasen, die es auch im Interesse einer optimalen Leistung zu nutzen gilt.

Deshalb ist für Geländesportler die körperliche Vorbereitung auf den Wettbewerb Usus, und darüber hinaus sollte der Fahrer, wie im übrigem jeder aktive Wettkampfsportler, über die physiologischen Bedingungen grob Bescheid wissen, um seine Vorbereitungen danach auszurichten. Der beste Ratgeber ist man selbst! Bei einer Maschinensportart bestimmen zwei Faktoren die Leistung, die Technik und der Mensch.

Sie sollten deshalb beide soweit kennen, daß Sie nicht nur maschinell gut vorbereitet in die Saison gehen.

Wir wollen daher die Voraussetzungen der menschlichen Leistungsfähigkeit und ihre Beeinflußbarkeit betrachten.

Dabei können wir Parallelen zur Technik unseres Sportgeräts, des Motorrads, ziehen.

1. DER KÖRPER, EINE VERBRENNUNGSKRAFTMASCHINE

1.1 Der Knochenbau

Das menschliche Skelett ist dem Rahmen eines Motorrads durchaus vergleichbar (Abb. 25). In ihm und um es herum sind alle wichtigen Bauteile angeordnet.

Es ist nur komplexer und besteht aus ca. 200 Einzelteilen. Diese sind im Fall der Extremitäten durch Gelenke miteinander verbunden und bilden Hebel. Die Hebelverhältnisse sind bei gewissen Sportarten (z.B. Rudern) für den Erfolg ausschlaggebend.

Biomechanik heißt die Wissenschaft, die sich damit beschäftigt, und die auch für unsere Betrachtungen von Interesse sind.

Beim erwachsenen Menschen kann das Skelett durch Training nicht mehr beeinflußt werden, wohl aber bei Kindern und Jugendlichen. Hier kann es durch zu starke Belastungen (Krafttraining) zu Deformationen der Wirbelsäule und der Füße/Fußgelenke kommen. Deshalb sollte der Trainingsprozeß von Kindern und Jugendlichen sportärztlicher Kontrolle unterliegen.

Wo treten hohe körperliche Belastungen beim Geländefahren auf? Nun, z.B. bei den Sprüngen, wo Knochen und Gelenke oft das Vielfache des Körpergewichts zu verkraften haben. Die Belastungen können

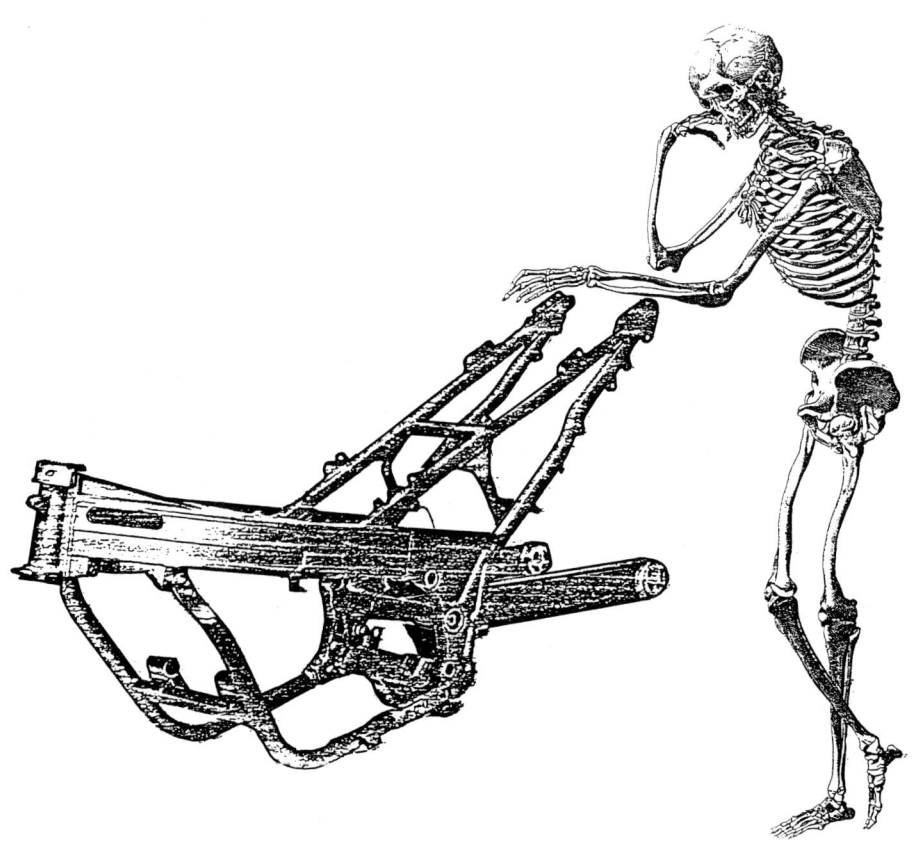

Abb. 25: Genau wie der Rahmen des Motorrads, dient das menschliche Skelett dazu die »Bauteile«, also innere Organe, Muskeln und Gewebe zusammenzuhalten und zu schützen.

so extrem werden, daß die Knochen sogar brechen! Wann? Ein Fall ist der irrtümliche Sprung in einen Gegenhang, den man im Eifer des Gefechts vergessen hat. Ein DDR-Fahrer, Meister seines Landes, hat sich bei dieser Gelegenheit einmal den Unterschenkel gebrochen. Er krachte in den Gegenhang, ohne dabei zu Fall zu kommen! Erst bei der Weiterfahrt merkte er, daß das Bein nicht mehr funktionierte.

1.2 Das Herz-Kreislaufsystem

Wie der Motor über den Vergaser Benzin und Luft zugeführt bekommt, so versorgt der menschliche Blutkreislauf die Muskeln mit Nahrung und Sauerstoff (Abb. 26).

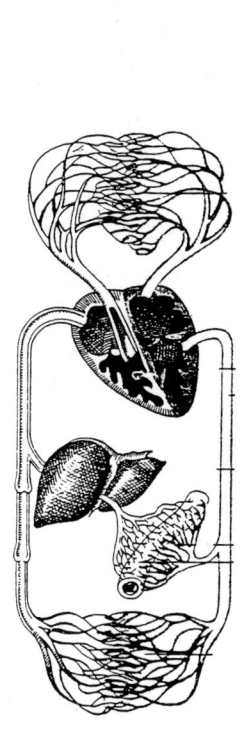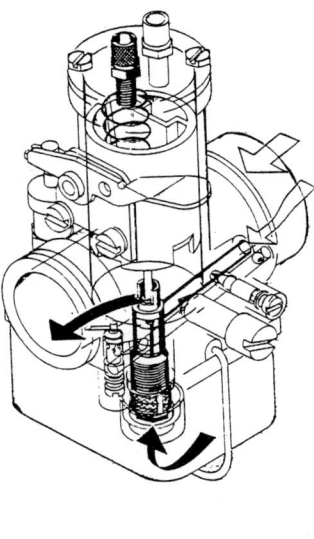

Ähnlich einem Motor ist das Hauptproblem nicht der Treibstoff wie vielmehr der zur Verbrennung nötige Sauerstoff. Den gewinnen wir durch Atmung direkt aus der Luft, die ca. 21 % O_2 enthält. Transportiert wird der Sauerstoff (O_2) durch die roten Blutkörperchen.

Das Herz pumpt das Blut in die Lunge, wo die roten Blutkörperchen an Kontaktmembranen mit Sauerstoff »beladen« werden. Durch die Arterien fließt das sauerstoffhaltige Blut (arterielles Blut = helle Farbe), bis zu den Haargefäßen (Kapillaren) der einzelnen Muskeln, wo es den Sauerstoff zur Verbrennung im Muskel abgibt. Das nun sauerstoffarme Blut fließt durch die Venen (venöses Blut = dunkle Farbe) zurück zum Herz und von dort in die Lunge. So schließt sich der Kreislauf.

Wird der Organismus belastet, so erhöht sich der Sauerstoffverbrauch im Muskelgewebe. Das Herz beginnt schneller zu schlagen, um mehr rote Blutkörperchen und damit Sauerstoff zur Muskulatur zu bringen. Deshalb steigt der Puls bei Belastung an.

Für kurze Zeit nun können wir mehr Arbeit im Muskel leisten als durch den angelieferten Sauerstoff möglich wäre. Solche Belastungen sind anaerob (ohne Sauerstoff) wie z. B. der 100 m-Lauf. Eine kontinuierliche Dauerbelastung, ein 3000 m-Lauf etwa, erfordert kontinuierliche Sauerstoffversorgung (aerobe Belastung). Das Gleichgewicht zwischen Sauerstoffverbrauch und Sauerstoffangebot nennt man Steady state.

Veränderungen am Herz-Kreislaufsystem erzielen wir durch Training in drei Bereichen, bezogen auf die O_2-Versorgung:

      1. die Zunahme der roten Blutkörperchen (Höhentraining)
      2. die Kapillarisierung des Muskelgewebes
      3. die Vergrößerung des Herzmuskels (extensives Ausdauertraining).

Das Herz ist ein Muskel und reagiert auf Training mit Wachstum. Die trainingsbedingte Vergrößerung des Herzmukels verbessert die Pumpleistung (Blutmenge) erheblich. Dieser Trainingseffekt tritt durch alle Arten von Ausdauerleistung ein, also schwimmen über lange Strecken, Dauerlauf, Radfahren usw. Die Abb. 27 zeigt den O_2-Verbrauch sowie die Art der Sauerstoffgewinnung für verschiedene Sportarten (aerob/anaerob).

Abb. 27: Sauerstoffverbrauch und Arbeitsweise der Muskulatur bei verschiedenen Ausdaueranforderungen.

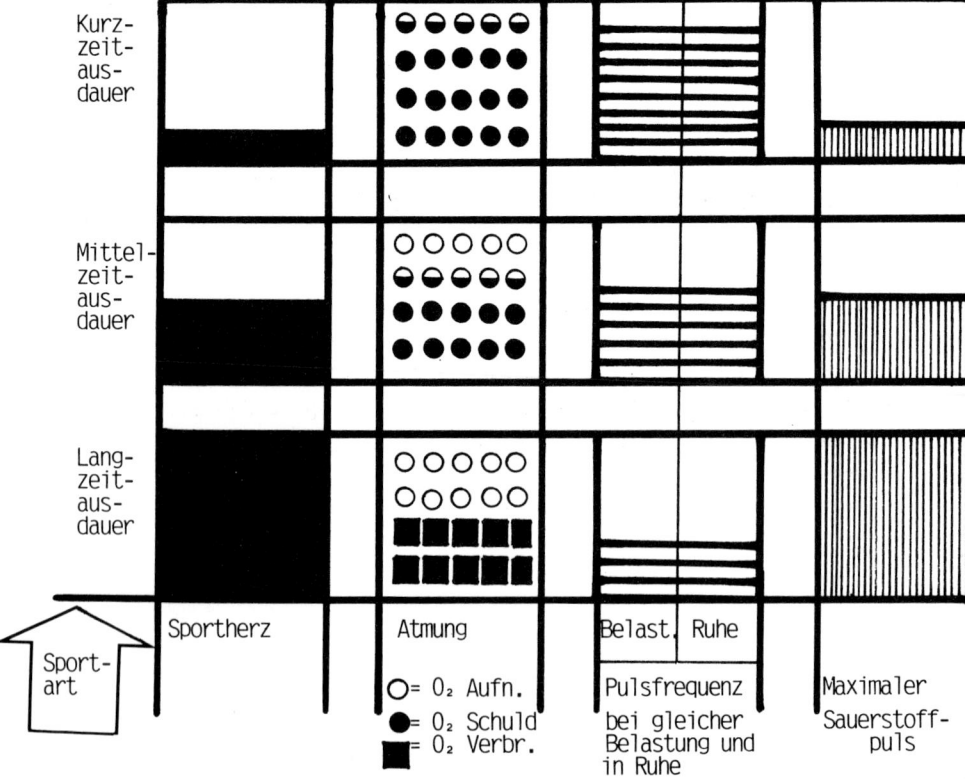

Zwei Tests für das Dauerleistungsvermögen
1. der Cooper-Test
2. Belastungspuls und Erholungszeitraum

zu 1.:
Der Cooper Test mißt Ihr Ausdauerleistungsvermögen. Sie laufen auf einer Aschebahn exakt 10 min und messen dann die Entfernung, die Sie in dieser Zeit zurückgelegt haben (zumeist beträgt die Rundenlänge von Sportstadien 400 m). Die erreichte Meterzahl gibt Aufschluß über Ihr Dauerleistungsvermögen (siehe Tabelle).

zu 2.:
Eine andere Methode, die körperliche Leistungsfähigkeit zu überprüfen, ist die Dauer, die der Organismus braucht, um sich nach einer Belastung zu erholen.

Zur Durchführung dieser Übung brauchen Sie einen Helfer. Steigen Sie nun fünf Minuten lang (ca. 150 mal) auf einen Stuhl und wieder herunter.

Der Beobachter überwacht die Steigungsfrequenz und die Zeitdauer. Nach den fünf Minuten mißt der Helfer den Puls. Nun haben Sie genau eine Minute Pause, danach mißt der Helfer erneut Ihren Puls. Sie erhalten auf diese Weise zwei Werte P_1 und P_2. Das Ergebnis tragen Sie in ein Testblatt ein.

Beispiel:

Datum	Gewicht	Dauerleistung	P_1	P_2	Bemerkungen
7. 5. 1987	71 kg	3100 m	120	80	keine
3. 9. 1987	70 kg	3300 m	118	75	fühle mich gut!

usw.

Dieses Testblatt zeigt Ihnen genau Ihre körperliche Verfassung an und ist auch für den Sportarzt aussagekräftig. Überprüfen Sie Ihre körperliche Leistungsfähigkeit und damit auch die Effektivität Ihres Trainings mindestens vierteljährlich einmal. Die nachstehenden Tabellen geben Ihnen einen etwaigen Überblick über die Aussagekraft der Daten.

BEWERTUNG	12 min LAUF	P 2	P 1
sehr schlecht (6)	weniger als 1,6 km	mehr als 120	mehr als 170
schlecht (5)	1,6 - 2,0 km	110 - 120	160 - 170
ausreichend (4)	2,0 - 2,4 km	100 - 110	150 - 140
gut (3)	2,4 - 2,8 km	90 - 100	140 - 130
sehr gut (2)	2,8 - 3,2 km	80 - 90	130 - 120
ausgezeichnet (1)	über 3,2 km	70 - 80	120 - 110

T E S T B L A T T

Bewertung	Gewicht	Dauerleistung 12min - m	P 2	P 1	Bemerkungen

1.3 Die Ernährung

Die Qualität des Benzins ist mit ausschlaggebend für die Leistung eines Motors; nicht anders ist es bei dem Treibstoff, den wir benötigen, der Nahrung.

Die Bestandteile, die der Organismus für den Verbrennungsvorgang in den Muskeln benötigt, holt er sich aus dem Essen, das wir täglich zu uns nehmen. Es besteht, neben Vitaminen und Spurenelementen aus drei Komponenten:

1. Fetten
2. Eiweiß
3. Kohlehydraten

In diese Grundsubstanz wird jede Nahrung im Magen-Darmtrakt zerlegt und vom Blut (Blutkreislauf) zu den Muskeln und der Leber transportiert.

104

1. TAG	2. TAG	3. TAG	WETTKAMAMPF

ERNÄHRUNG

KOHLEHYDRAT ARM	KOHLE-HYDRAT REICH	WETT-KAMPF-TAG GE-RECHT
⊦ KÖRPERLICHER BELASTUNG		

Abb. 27a

Glykose und andere Zucker aus Kohlehydraten werden im Muskel in den Glykogenspeichern gelagert. Glykose ist der wichtigste Energielieferant für die Muskelzelle. Sie bildet die Basis für den Muskeltreibstoff ATP (Adenosintriphosphat).

Wichtig für den Sportler sind gut gefüllte Glykogenspeicher am Wettkampftag. Um das zu erreichen, wird ca. drei Tage vor dem Wettkampf eine kohlehydratarme Kost eingenommen. Dies dient dazu, die Glykogenspeicher zu entleeren. Einen Tag vor dem Wettkampf nimmt der Sportler dann eine sehr kohlehydratreiche Nahrung zu sich, um die entleerten Speicher aufzufüllen (Abb. 27a). Diese verhalten sich ähnlich einem ausgepreßten und noch immer zusammengedrückten Schwamm. Sie »saugen« die Kohlehydrate förmlich auf und sorgen so für ein ausreichendes Angebot an Glykose.

1.4 Die Arbeitsweise der Muskulatur

Die effektive Kraft, mit der wir eine Arbeit verrichten, liefert die Muskulatur. Es gibt drei Arten von Muskulatur:
● die längsgestreifte Muskulatur
● die quergestreifte Muskulatur
● die glatte Muskulatur

Die glatte Muskulatur ist die der Eingeweide, muß uns also für das Training nicht interessieren, sie kann auch willkürlich nicht betätigt werden.

Die längsgestreifte Muskulatur ist die des Herzens, und diese ist auch nur auf Umwegen (indem wir uns auf irgendeine Weise anstrengen) zu betätigen. Den Herzschlag bewußt beeinflussen können wir z. B. auch durch autogenes Training.

Einen Trainingseffekt erzielen wir beim Herzen aber in erster Linie durch den Einsatz der längsgestreiften Muskulatur, der Skelettmuskeln. Es gibt sie in verschiedenen Formen und Ausführungen. Trainieren wir sie, so werden die Fasern, aus denen ein Muskel besteht, zwar nicht zahlreicher, dafür aber dicker und somit leistungsfähiger. Zugleich wird der Muskel damit auch schwerer! Für einen Sportler heißt das die Mitnahme und Bewegung von Gewicht. Braucht er die Muskeln für seine Sportart nicht, kann es besser sein, darauf zu verzichten. Der Sportler, der die Muskeln um ihrer selbst »züchtet«, ist der Body Builder. Hier lassen sich auch die Extreme aufzeigen: Oberschenkelmuskeln, die so dick sind, daß sie aneinander reiben, verschlechtern die Fähigkeit zu laufen, anstatt sie zu verbessern.

Die Arbeitsweise des Muskels besteht im Zusammenziehen der Muskelfasern (Kontraktion), die elektromechanisch erfolgt.

Die Verbindung des Muskels zum Skelett erfolgt über Sehnen, die durch die Beinhaut (Periost) am Knochen haften. Verglichen mit dem Motor unserer Maschine sind die Muskeln wie eine große Anzahl von kleinen Stellmotoren, die das Skelett in Bewegung versetzen. Die Schaltzentrale dafür ist das Zentralnervensystem. Der Treibstoff für die Muskelaktion ist das ATP (Adenosintriphosphat). Der ATP-Verbrauch ist somit abhängig von der Arbeitsleistung des Muskels. Das in den Muskeln vorhandene ATP reicht jedoch zur Energiebereitstellung nur für eine extrem kurze Zeitspanne von ca. 6 s. Danach muß der Muskel seine Glykogenspeicher angreifen, mit der sich schon ca. 50 s. überbrücken lassen. Parallel dazu beginnt die Energiegewinnung aus der Oxidation, die für alle weiteren Leistungen ausschlaggebend ist (Abb. 27 a). Bei der Verbrennung im Muskel fallen natürlich auch Abfallstoffe an, wie z. B. die Milchsäure. Diese hielt man lange Zeit dann auch für den Verursacher des so gefürchteten Muskelkaters, was falsch ist. Ursachen sind vielmehr durch zu hohe Belastungen zerrissene Fasern (Fibrillen).

Wie organisiere ich mein Training?

Geländesport mit dem Motorrad setzt ein begleitendes körperliches Training voraus. Je nachdem, ob als Leistungs- und Wettkampfsportler oder nur zum Spaß an der Freud', sollte die Intensität dieser Übungen sein.

Wer an Wettkämpfen teilnimmt, muß eine systematische Trainingspla-

106

nung über das ganze Jahr vornehmen und über sein Leistungsvermögen Buch führen. Nur durch den Vergleich der Daten kann die Effizenz von Trainingsmaßnahmen beurteilt werden. Solche Überprüfungen der körperlichen Leistungsfähigkeit sind für Spitzensportler ein Muß. Dabei zeigen sich nicht nur die Unterschiede der Motorsportler untereiander, die in einem solchen Trainingslager zusammen sind, sondern es lassen sich auch Vergleiche mit anderen Sportlern und damit Sportarten herstellen. Ein deutscher Sportmediziner, Kenner des Motorsports in all seinen Facetten, ist Dr. Gerhard Huber von der Universitätsklinik Freiburg Abteilung Sportmedizin. Er hat sowohl die Zweirad- als auch die Vierradsportler grünlich durchleuchtet. Sein Urteil über Motorradgeländesportler fällt recht eindeutig aus: »Das Leistungsniveau ist beachtlich. Diese Motorradsport-Amateure brauchen sich hinter keinen Profi-Fußballer zu verstecken. Ich bin auch überzeugt davon, daß die Leistung, die sie zu bringen haben, vielleicht höher anzusetzen sind als die von Spitzenathleten anderer Sportarten.« Das zeigt sich auch bei dem jährlichen Fitneßtest, dem sich Eddy Hau unterzieht. Dabei werden, neben den rein medizinischen Daten, folgende Kriterien überprüft:

● Pendellauf
● Kraftmesser
● Jump & Reach (Beweglichkeit)
● Klimmzüge
● Ausdauerlauf

Bis auf die Klimmzüge lag Eddy über dem Durchschnitt der anderen Sportler (siehe Diagramm). Hier zeigt sich, daß beim Endurofahren vor allem die Ausdauer und die Muskelkraft in den Beinen gefragt sind.

Will man im Spitzensport mitmischen, so empfiehlt sich ein sportmedizinischer Check up, denn er verrät, wie eventuelle Defizite aufgearbeitet werden können.

Beispiel: Test Eddy Hau

	Eingangstest			Endtest		
Übungen	Ergebnis	Durchschnitt*	Rang	Ergebnis	Durchschnitt	Rang
Pendellauf	39	38	7	39	38	5
Kraftmesser	165	161	7	165	160	5
Jump & Reach	62	57	4	59	55	5
Klimmzüge	11	11	9	11	12	6
Ausdauerlauf	15'01''	16'25''	2	15'08''	16'19''	2

* Durchschnitt aus den Ergebnissen aller Teilnehmer

Aber auch der Endurofahrer, der nur seinem Hobby frönt und keinen Leistungssport treiben will, sollte sich darüber im Klaren sein, daß er sich, ähnlich dem Skifahrer, der sich mit Skigymnastik auf die Saison vorbereitet, mit Fitneßübungen auf sein Hobby Endurofahren vorbereiten sollte. Sowohl das in dem Buch präsentierte Circletraining als auch die Stretchingübungen eignen sich hierfür. Körperliche Fitneß läßt Sie nicht nur besser fahren, Sie verhindern darüber hinaus auch Unfälle, die ihre Ursache oft in körperlicher Erschöpfung haben.

Wer Cross- und/oder Endurofahren als Wettkampfsport betreibt, muß lernen, Circletraining, Ausdauertraining, Stretchingübungen und Fahrtraining so über das Jahr verteilt gezielt einzusetzten, daß er zum Wettkampftermin topfit ist. Das geht nur mit genauen Trainingsplänen, die sich in drei Zyklen unterteilen lassen:

● Mikrozyklus (Wochenplanung)
● Makrozyklus (Monats- bzw. Vierteljahresplan)
● Jahresplan
Sie müssen also ein Jahr genau untergliedern in:
● Vorbereitungsphase
● Wettkampfphase
● Ausklangs- und Erholungsphase

Das Training eines Moto-Cross/Enduro-Fahrers

Unter Training verstehen wir die Summe aller Aktivitäten, die auf eine Leistungssteigerung des Athleten abzielen. Kondition haben (von conditio = Bedingung, aus dem Lateinischen) heißt, die Bedingungen für eine Sportart erfüllen. Wir unterscheiden zwischen:

a) allgemeiner Kondition
b) und spezieller bzw. sportartspezifischer Kondition

zu a.:
Unter der allgemeinen Kondition verstehen wir Kraft, Schnelligkeit, Ausdauer und Gelenkigkeit. Sie ist die Grundlage für alle sportlichen Aktivitäten und bildet die Basis des Hochleistungssports. Die Verbesserung der allgemeinen Kondition zielt auf eine allseitige Ausbildung des Herz-Kreislaufsystems ab, der Muskelkraft sowie der Gelenkbeweglichkeit und ein harmonisches Miteinander dieser Komponenten. Diese lassen sich noch weiter untergliedern in:

Kraft = Maximalkraft – Schnellkraft – Kraftausdauer
Schnelligkeit = Reaktionsschnelligkeit – maximale azyklische Schnelligkeit – maximale zyklische Schnelligkeit
Ausdauer = aerobe Ausdauer – anaerobe Ausdauer
Gelenkigkeit = dynamische Gelenkigkeit – statische Gelenkigkeit

zu b.:

Unter spezieller Kondition verstehen wir die Voraussetzungen, die für eine bestimmte Sportart von Bedeutung sind, also z. B. für Rudern oder Laufen. Es ist im Grunde die Akzentuierung der Komponenten der allgemeinen Kondition, speziell für die Erfordernisse einer Sportart. So benötigt ein Marathonläufer als spezielle Kondition für seine Sportart aerobe Ausdauerfähigkeit, ein Gewichtheber hingegen Maximalkraft, Schnelligkeit und Gelenkigkeit. Beide Sportler haben einen vollkommen gegensätzliches Anforderungsprofil.

Uns interessiert in erster Linie das Anforderungsprofil eines Moto Cross- bzw. Endurofahrers, und das ist in der Tat sehr vielseitig. Für seine spezielle Kondition sind ausschlaggebend:

● Reaktionsschnelligkeit
● aerobe und anaerobe Ausdauer
● Gelenkigkeit
● Schnellkraft

Reaktionsschnelligkeit ist bedingt trainierbar. Sie differiert zwischen Untertrainierten und Spitzensportlern bis zu 0.25 s. Das mag beim ersten Hinsehen ein zu vernachlässigender Wert sein, doch gerade bei einer Maschinensportart hat er ausschlaggebende Bedeutung. Deshalb sind Übungen, die der Verbesserung und Stabilisierung der Reaktionsschnelligkeit dienen, unabdingbarer Bestandteil unseres Trainingsprogramms.

Startübungen:

	Disziplin	Strecke
	● Laufen	10 m
	● mit dem Fahrrad	20 m
	● mit dem Motorrad	50 m
Signale:	● optische Signale (Lichtsignal, Fahne, Winken)	
	● akustische Signale (Zuruf, Schuß, Klatschen)	
	● taktile Signale (Berühren, Anstoßen)	

Es soll immer mit maximalem Bewegungstempo agiert werden. Die Übungen sollen so oft wiederholt werden, wie das ohne Geschwindigkeitsverlust möglich ist (Wiederholungsmethode). Die Pausen sollen aktiv mit Stretching gestaltet werden.

Meßkriterien ist die Überprüfung der für die Strecke benötigten Zeit.

Aerobe und anaerobe Ausdauer

Auf die Möglichkeiten zur Verbesserung und Überprüfung der aeroben Ausdauer sind wir schon im vorigen Kapitel eingegangen. Sie wird durch Lauftraining verbessert. Wir können aber eine Steigerung und Verbesserung der aeroben Ausdauer durch Training mit dem Motorrad erreichen. Dazu ist es erforderlich, möglichst lange Zeit bei maximaler (submaximaler) Leistung Motorrad zu fahren, d.h. nahe an der schnellstmöglichen Rundenzeit bei gleichzeitig hoher Pulsfrequenz (ca. 170–180 S/min). Als Maßstab für die Trainingsintensität mit dem Motorrad dient die schnellstmögliche Rundenzeit (sR). Sie stellt 100 % der Intensität dar und wird ermittelt durch:

$$\frac{\text{Streckenlänge (m)}}{\text{Fahrzeit (s)}} \quad \text{Durchschnittsgeschwindigkeit (m/s)}$$

Beispiel:
Strecke: 750 m, Zeit der schnellsten Runde 1.09 min, Durchschnitt = 10,85 m/s = *100 % Intensität*

bei 80 % Leistungsintensität würde die Rundenzeit betragen:
$$\frac{10,85 \times 80}{100} = 8,69 \text{ m/s} = 1.26,3 \text{ min}$$

Diese Rechnung eignet sich auch, um beispielsweise die Trainingsintensität für das Lauftraining festzulegen. Dazu wird statt der Rundenzeit die schnellste Laufzeit (z.B. bei 400 m 50 s) zugrundegelegt und die Intensität für 90 %, 80 % usw. nach obiger Formel berechnet. Wann immer also von % und Trainingsintensität die Rede ist, an die Formel und ihren Einsatz denken! Eine andere Methode der Intensitätsmessung ist die Kontrolle der Pulsfrequenz. Dabei dient die Pulsmessung zum Erfassen des Belastungsgrades. Bei guter körperlicher Verfassung kann die Dauerbelastung bei einem Puls von 160–170 Schlägen bei Höchstbelastung erfolgen. Sehr gut läßt sich diese Belastung auf einem Fahrradergometer oder mit einem Laufband durchführen.

Bei gezieltem anaeroben Ausdauertraining kommt es darauf an, die Energiebereitstellung im Muskel ohne Sauerstoff zu optimieren (Abb. 27b). Dazu muß das Training so ausgelegt werden, daß das Belastungsintervall hoch genug liegt, um eine Sauerstoffversorgung des Muskels zu verhindern. Dazu wird mit kurzen Intervallen bei maximaler Belastung trainiert. Also 15 s mit voller Kraft sprinten, dann 15 s Pause und das 15 bis 30 min lang. Werden die Pausen zu lange gewählt, hat das Myoglobin Zeit, Sauerstoff zu tanken, und so bleibt der Milchsäurespiegel im Muskel (Anzeiger für die anaerobe Belastung) niedrig.

Wie Pulsfrequenz und Zeitdauer der Intervalle zusammenhängen, läßt sich gut der Tabelle entnehmen, die drei Arten von Intervalltraining dokumentiert. Bei zwei Sportlern, die über dieselben aeroben Kapazitäten verfügen, entscheidet im Endspurt letztendlich die anaerobe Leistungsfähigkeit. Wenn der Sportler alle Reserven mobilisiert, gerät er zwangsläufig aus dem Steady state und muß eine Sauerstoffschuld eingehen. Sein Erfolg hängt davon ab, wie gut seine Muskeln ohne direkte Sauerstoffversorgung arbeiten. Die beste Trainingsmethode, diese anaerobe Leistungsfähigkeit zu verbessern, ist die intensive Intervalltrainingsmethode.

Intervalltraining durch 400 m-Lauf (Abb. 27b):
extensiv – Belastungsdauer 70 s / Pause 60 s / Gesamtzeit 30 min
intensiv – Belastungsdauer 70 s / Pause 20 s / Gesamtzeit 30 min oder
noch kürzere Intervalle bei gleichzeitig kürzerer Strecke 100 m von –
Belastungsdauer 15 s / Pause 15 s / Gesamtzeit 30 min

Gelenkigkeit
Beweglichkeit oder Flexibilität sind andere Begriffe für Gelenkigkeit. Der Gelenkigkeit förderlich ist geringes Lebensalter (so finden wir gute Beweglichkeit bei Kindern und Jugendlichen), die Fähigkeit sich zu entspannen, eine Außentemperatur über 18°, die Tageszeit (zwischen 10.00 und 12.00 und ab 16.00) und ein geringer emotionaler Erregungsgrad.

Das Training zur Erhöhung der Gelenkigkeit sollte in frischem Zustand aufgenommen werden und nicht länger als eine Stunde andauern. Wir unterscheiden zwischen der allgemeinen Gelenkigkeit, also dem Beweglichkeitszustand, der einem normalen Menschen zu eigen ist, der speziellen Gelenkigkeit, die für eine spezielle Sportart erforderlich ist (beispielsweise Hürdenlauf), der aktiven Gelenkigkeit, die wir durch

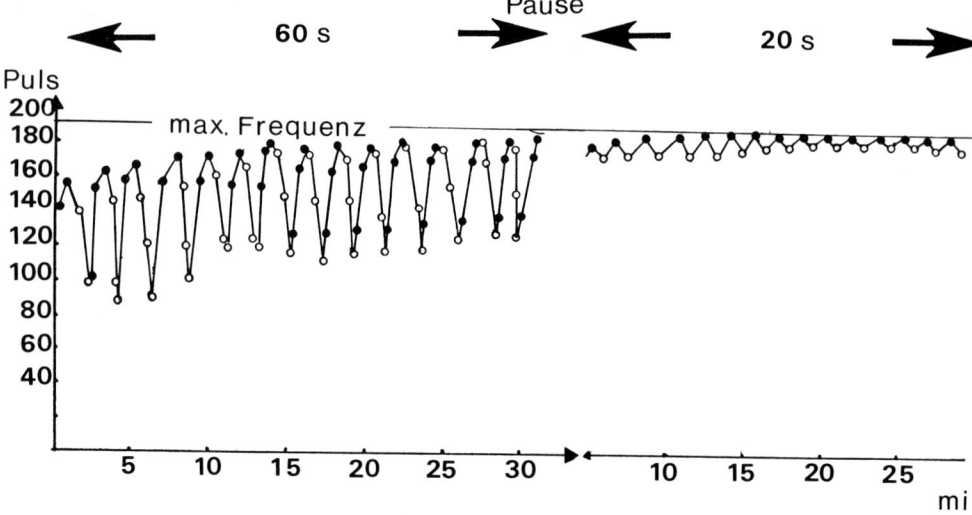

Abb. 27b

unsere eigenen Muskelkräfte hervorrufen (z. B. Rumpfbeuge vorwärts), und der passiven Gelenkigkeit, bei der die Bewegung noch durch äußere Kräfte unterstützt wird (Partnerübungen). Die Gelenkigkeit ist nicht nur eine motorisch-konditionelle Fähigkeit, sondern ebenso äußerst wichtig für die motorisch-koordinativen Bedingungen, also den genauen und gezielten Bewegungsablauf bei der Durchführung einer sportlichen Handlung (z. B. Moto Cross-Fahren).

Ist die Beweglichkeit eines Sportlers nur ungenügend ausgebaut, so ergibt sich daraus eine Reihe gravierender Nachteile. Zum einen ist die Verletzungsgefahr erheblich erhöht, zum anderen werden neue Bewegungen schlechter gelernt und der Krafteinsatz wird durch unökonomisches Arbeiten stark behindert.

Für unser Training setzen wir auf drei Trainingsschwerpunkte zur Erhöhung der Gelenkigkeit: konventionelle gymnastische Übungen und zwar sowohl statischer als auch dynamischer Art. Eine weitere effektive Form des Beweglichkeitstrainings ist das Stretching.

112

Für Motorsport-Leistungssportler bieten sich folgende Übung

Nr. Übung	Hauptwirkung	Trainingswoche					
		1./2.	3./4.	5./6.	7./8.	9./1	
1 Rumpfbeuge vor- u. rückwärts	Hüfte/ Bauch/Rücken	14	18	22	28	34	
2 Liegestütz rücklings	Arme/Schulter	10	12	16	20	24	30
3 Bauchschaukel	Rücken/Hüfte	10	12	14	16	20	24
4 Kniebeugen	Hüfte/Beine	12	15	18	22	24	30
5 Schwebesitz	Bauch/Hüfte	30 s	45 s	60 s	70 s	80 s	100 s
6 Hampelmann	Arme/Schultern/ Beine/Hüfte	15	20	25	30	35	40
7 Armkreisen vor- und rückwärts	Arme/Schultern	10	16	22	28	34	40
8 Bauchlage: Rumpf aufrichten	Rücken/Hüfte	10	12	14	16	18	20
9 Hock-Strecksprünge	Hüfte/Beine	10	12	14	16	18	20
10 Rücken-Lage/ Rumpf aufrichten	Bauch	10	12	14	16	18	20
11 Wedelhüpfen	Beine/Hüften	10	14	18	22	26	30
12 Liegestütz rücklings mit Beinheben	Arme/Schultern	7	10	13	16	19	22
13 Grätschwinkelstand Rumpfvorhalte	Rücken	15	20	25	30	35	40
14 Hürdensitz-wechsel	Hüfte/Beine	8	12	16	20	24	28
15 Strecksitz Rumpfrückhalte	Bauch	12 s	16 s	20 s	24 s	28 s	32 s
16 Hampelmann	Arme/Schultern/ Hüfte/Beine	15	20	25	30	35	40
17 Liegestützspinne	Arme/Schulter	8	10	12	14	16	18
18 Grätschwinkelstand: Rumpfdrehen	Rücken	10	12	16	20	24	30
19 Kniebeugen einbeinig	Beine	6	8	12	16	20	24
20 Schwebesitz mit Verwringungen	Bauch	14	18	22	26	30	34
Gesamtbewegungseinheiten		246	314	398	480	562	662

(nach GROSSER/STARISCHKA/ZIMMERMANN 1981)

Dieses Übungsprogramm sollten Sie in Ihrem Trainingsaufbau integrieren und zwar in der Aufbau- und Vorbereitungsphase.

Ausdauertraining   20 Übungen

13+18

15

14

19

17

20

Ausdauertraining:

Neben dem schon erwähnten Ausdauertraining durch Laufen bietet sich für den Cross-/Endurofahrer auch das Training mit dem Fahrrad an. Hierbei ist ein situationsgerechtes Training durch eine neue Art Sportfahrrad möglich: das Mountain Bike. Bei diesem Fahrradtyp handelt es sich um ein spezielles Sportrad, das im Grunde nichts anderes ist als die motorlose Variante einer Cross- bzw. Enduromaschine. Mit diesen Fahrzeugen können noch alle Naturgebiete, die auch Fußgängern zugänglich sind, befahren werden. Doch auch hier gibt es, wie in der Schweiz, Initiativen, die diese Fahrzeugart aus den Naturgebieten verbannten. Solange das bei uns aber nicht der Fall ist, eignet sich diese Art des Fahrradfahrens im Gelände hervorragend als Training für den motorisierten Geländefahrer, und zwar aus mehreren Gründen. Zum einen ist das Training situationsgerecht, d.h. der Sportler trainiert in dem gleichen oder ähnlichen Terrain, das er auch mit dem Motorrad befährt, zum anderen ist die mögliche Belastungsintensität sehr hoch.

Da diese Art der nichtmotorisierten Fortbewegung keinerlei Beschränkung unterliegt, ist das Training fast überall möglich. Ein weiterer Vorzug dieser Trainingsmethode ist der mögliche Wechsel zwischen dem Erhöhen der sportartspezifischen Erfordernisse, wie sie beim Endurofahren auftreten, also Blick für Geländeformen, Schulung des Gleichgewichtssinns, Erhöhen der Reaktionsbereitschaft und der reinen Herz-Kreislaufbelastung in Verbindung mit Stärkung der Beinmuskulatur. Immer mehr Spitzen-Moto Cross-Fahrer nutzen diese Art des Trainings, und die Erfolge geben ihnen recht.

3.3 Stretching

Stretching ist eine weitere Möglickeit, die körperliche Leistungsfähigkeit zu verbessern, aber auch, um sie für den Wettkampf zu mobilisieren. Ähnlich das Warmlaufen einer Maschine, das ja auch dazu dient, die optimale Betriebstemperatur zu erzeugen, sollte der menschliche Körper auf Belastungen vorbereitet werden. Stretching stellt eine Form der Aufwärmübung dar, die es gestattet, uns optimal auf die Wettkampfbelastung einzustellen, ohne vorher über Gebühr zu belasten. Richtig ausgeführt, entspannen die Übungen und bringen uns in einen wünschenswerten Vorstartzustand. Dieser sollte sich in gespannter freudiger Erwartung ausdrücken. Zu große Erregung ist ebenso leistungshemmend wie Gleichgültigkeit, die in den meisten Fällen Ausdruck einer Überforderung des Athleten ist.

Diese beiden negativen Arten des Vorstartzustands lassen sich oft an den Äußerungen der Aktiven ablesen: »ich hab' die neuen Reifen nicht bekommen... die Bahn ist schlecht,da habe ich eh' keine Chance... bei dem Wetter können wir gleich einpacken...«. All das sind Bemerkungen, die der Rechtfertigung möglicher schlechter Leistungen dienen. Sie zeigen, daß der Aktive nicht siegen will, sondern daß es ihm nur darum geht, nicht schlecht auszusehen, sein Gesicht zu wahren. Der Unterschied also zwischen Siegenwollen und Nichtverlieren wollen.

Konsequentes Durchziehen des Vorbereitungsplans hilft, solches Fehlverhalten zu vermeiden. Stretching sollte Bestandteil Ihres Vorbereitungsrituals sein, dessen Ziel der richtige Vorstartzustand ist. Alles, was Sie bis zum Augenblick des Starts tun, sollten feste Punkte eines Plans sein, von dem Sie sich durch nichts und niemanden abbringen lassen dürfen. Dazu gehört der Maschinencheck ebenso wie das Ankleiden und das Aufwärmen von Mann und Motorrad.

Stretching ist einfach, gleichzeitig ein moderner und schmerzloser Weg, sich auf den Wettkampf vorzubereiten. Es trägt dazu bei, Ihre physische aber auch psychische Leistungsfähigkeit zu steigern, indem es die Muskelspannungen reduzieren hilft, die Koordination verbessert und so Bewegungen einfacher werden läßt. So sind Sie vom ersten Augenblick des Wettkampfes an voll da. Darüberhinaus vermeiden Sie Verletzungen, wie Zerrungen oder gar Muskelfaserrisse, die in den meisten Fällen die Folge ungenügender Vorbereitung auf die körperliche Belastung sind.

Aber nicht nur für die Wettkampf- oder Trainingsvorbereitung eignet sich das Stretching. Regelmäßiges Stretching wird dazu führen, Ihr allgemeines Wohlbefinden zu verbessern und ein ausgeprägteres Körpergefühl zu entwickeln.

Auf den Zeichnungen trägt unser Stretchingmännchen Stiefel und Helm, was den berechtigten Schluß zuläßt, daß es gleich auf die Maschine steigen wird, also die Übungen als direkte Wettkampfvorbereitung durchführt. Das soll aber nicht heißen, daß Sie diese Übungen nicht auch zu Haus im Trainingsanzug praktizieren können. Der Muskel reagiert bei Dehnung mit einem Konraktionsreflex, der eine Schädigung des Muskels durch Überdehnung vermeiden hilft. Werden Dehnungsübungen so weit betrieben, daß sie Schmerzen bereiten, heißt das, daß Sie diesen Muskelreflex provoziert haben, mit der Folge kleiner Muskelfaserrisse, sollten Sie über die Schmerzgrenze hinaus weiter belasten.

Stretching ist eine neue Form der Dehnungübungen, die ohne Schmerzen, auf sanftem Weg, optimale Dehnung der Muskeln garantiert. Man kann zwischen zwei Arten der Belastung unterscheiden: dem leichten Stretching über einen Zeitraum von 20–30 s und dem leistungsorientierten Stretching, bei dem ein Zeitraum von 30 s überschritten wird.

Der Stretch sollte so durchgeführt werden, daß eine leichte Spannung in den belasteten Muskeln spürbar wird. Sie sollten sich während des Stretchs bequem fühlen und auf gleichmäßige, rhythmische Atmung achten. Halten Sie auf gar keinen Fall den Atem während des Stretchs an! Sollten Sie das Gefühl haben, daß die Position, in der Sie den Stretchs ausführen, Ihre Atmung behindert, so versuchen Sie, diese so zu verändern, daß normale Atmung möglich ist. Mit der Dauer der Übungen werden Sie feststellen, daß der schmerzfreie und bequeme Stretch Ihre Beweglichkeit und damit die Dehnfähigkeit sukzessive verbessert. Setzen Sie Stretching in den drei wesentlichen Phasen ein:

- in der Vorbereitungsphase
- in der Aufwärmphase
- in der Wettkampfnachbereitung zur aktiven Entspannung

Die Muskulatur wird dadurch belastbarer und reaktionsschneller. Nutzen Sie 10–15 min vor dem Start, um sich mit den Übungen für den Wettbewerb fit zu machen.

Übungen

1.: Oberschenkel und Hüfte (20–30 s)
In dieser Position mit gebeugten Knien belasten Sie den Oberschenkelstrecker und entlasten die ischiocrurale Muskulatur, also die Muskelgruppe, die sich an der Rückseite des Oberschenkels befindet. Diese Muskelgruppe unterzieht man am besten erst dann einem Stretch, wenn sie zuvor durch diese Übung entspannt wurde.

2.: Rücken und Hüfte (Dauer ca. 15–20 s)
Sie stehen, die Füße in Schulterbreite auseinander, wobei Sie den Oberkörper langsam in der Hüfte nach vorn bewegen. Beugen Sie bei dieser Übung die Knie leicht, und lassen Sie Kopf und Arme entspannt herabhängen. Sie sollten einen leichten Zug in den Oberschenkel- und Gesäßmuskeln verspüren. Auf keinen Fall sollte die Dehnung Schmerzen verursachen.

3.: Beine und Hüfte (Dauer ca. 15–20 s)
Legen Sie den Fuß auf die Sitzbank der Maschine oder eine andere
Ablagemöglichkeit. Das Kniegelenk bleibt leicht gebeugt. Lehnen Sie
den Oberkörper vor und umfassen Sie Ihren Fußknöchel. Die Arme
sollen dabei leicht angewinkelt bleiben. Entspannen Sie sich und achten
Sie auf gleichmäßige Atmung. Halten Sie die Position etwa 15 s lang,
und wiederholen Sie dann die Übung.

4.: Rücken
Strecken Sie sich, auf dem Rücken liegend, aus. Dabei sind Zehen- und
Fingerspitzen ausgestreckt. Dauer 5 Sekunden mit 5 Wiederholungen.

5.: Hüfte und Beine
Diese Übung eignet sich recht gut als Startvorbereitung kurz vor dem
Rennen oder Wettbewerb. Ein Knie ruht dabei am Boden, während das
andere Knie gebeugt ist (eine Linie mit dem Fußknöchel). Die hüfte
wird nun abgesenkt, wobei die Stellung des am Boden ruhenden Knies
unverändert bleibt. Die leichte Spannung, die dabei zu verspüren ist,
wird über einen Zeitraum von 30 Sekunden gehalten.

6.: Beine und Hüfte
Stellen Sie Ihren Fuß auf eine ca. 70 cm hohe Erhöhung, beispielsweise
den Motorradanhänger. Sie beugen nun das Knie durch Vorschieben der
Hüfte. Die dadurch verursachte Dehnung verspüren Sie in Oberschenkel und Gesäß. Halten Sie den Stretch etwa 30 Sekunden und führen Sie
dann die Übung auch mit dem anderen Bein durch. Vor allem die
Beweglichkeit der Beine wird durch diese Übung stark verbessert.

7.: Rücken und Nacken
Diese Übung kann kurz vor dem Start, schon auf der Maschine sitzend,
durchgeführt werden. Der Kopf wird dabei in einem Vollkreis gerollt.
Nach drei Umdrehungen halten Sie an und halten den Kopf für kurze
Zeit nach hinten gekippt. Führen Sie nun die Rollbewegung in umge-
kehrter Richtung aus. Dauer 25 Sekunden.

8.: Fußgelenke und Knie
Nehmen Sie mit der dem Fuß entgegengesetzten Hand diesen (rechte
Hand linker Fuß/linke Hand rechter Fuß) und ziehen ihn zum Gesäß.
Das Knie des Standbeins ist leicht gebeugt. Dauer der Übung für jedes
Bein 30 Sekunden.

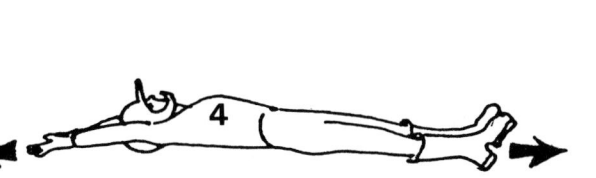

9.: Unterarme

Mit dieser Übung wird die für das Geländefahren so wichtige Unterarm-muskulatur für die Belastung vorbereitet. Gehen Sie auf die Knie und stützen sich mit den Händen ab. Die Handflächen liegen am Boden auf, die Finger zeigen zu den Knien. Durch leichtes Zurückbewegen des Gesäßes läßt sich die Dehnung noch verstärken. Halten Sie die Dehnung ca. 10 Sekunden und wiederholen Sie dann die Übung ca. fünfmal.

10.: Arme und Schultern

Legen Sie einen Arm hinter den Kopf, so daß die Hand auf dem dem Arm entgegengesetzten Schulterblatt liegt und drücken Sie mit der anderen Hand den Arm vorsichtig nach unten, bis Sie eine Dehnung verspüren. Dehnen Sie beide Seiten je 15 Sekunden lang.

11.: Fußgelenke

Ein Bein kniet am Boden, daß andere ist angewinkelt und steht mit der Fußfläche auf. Wir stützen uns mit den Händen nach vorn ab. Durch Vorbeugen der Schulter erzielen wir eine Dehnung der Achillessehne. Dauer der Übung 10 Sekunden. Danach wird die Übung mit dem anderen Bein durchgeführt.

12.: Füße und Beine

Wir knieen uns auf ein Bein, mit dem anderen halten wir die Balance. Der Fuß des knieenden Beins wird mit dem entgegengesetzten Arm (rechter Arm/linkes Bein und linkes Bein/rechter Arm) an den Körper gezogen bis eine Dehnung spürbar ist. Dauer ca. 15 Sekunden, danach erfolgt die Dehnung des anderen Beins auf die gleiche Weise.

13.: Füße und Beine

Diese Haltung eignet sich vorzüglich, körperliches und mentales Training zu vereinen. Fahren Sie im Geist die Strecke ab und rekapitulieren Sie die wichtigsten Punkte. Die Dauer der Übung entspricht exakt der Rundenzeit.

14.: Oberschenkel

Sie liegen auf dem Rücken. Ziehen Sie nun Ihr Bein mit beiden Armen zum Körper, bis Sie eine Dehnung an der Innenseite des Oberschenkels verspüren. Dauer der Übung 30 Sekunden. Wiederholen Sie anschließend die Übung mit dem anderen Bein.

15.: Hüfte

Sie sitzen am Boden, ein Bein zeigt nach hinten, während der Fuß des anderen Beins den Oberschenkel berührt. Wenn Sie Ihre Hüfte in der Richtung des nach vorn zeigenden Knies bewegen, verspüren Sie eine Dehnung in der Hüfte. Dauer der Übung für jede Hüftseite 5 Sekunden.

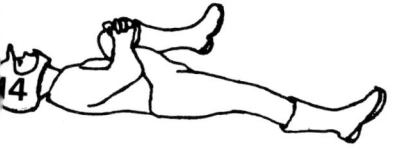

Trainingskonzept für einen Enduro-Fahrer   *Jahresplan

Trainingsziel	Fahrer auf höchstes körperlich-geistiges Wettkampfniveau bringen zur chancenreichen Teilnahme an Enduro-DM/EM-Läufen, sowie an Sechstage- Fahrt. Fahrer auf semiprofessioneller Basis.
Besondere Erfordernisse	Steigerung und Sicherung der Leistungsfähigkeit bei aerober (langandauernder) Belastung und Verbesserung der individuellen Beweglichkeit, Gewandtheit und Schnelligkeit durch gezieltes Training des Herz-Kreislauf-Systems und der speziellen, endurorelevanten Muskelpartien, unterstützt durch genau abgestimmte Ernährung, sowie die Optimierung der Fahrtechnik und -taktik und die Erweiterung der technischen Kenntnisse des Sportgerätes hinsichtlich Reparatur- und Improvisationsmöglichkeit.
Trainingsaufbau	Aufbautraining nach abgeschlossener Endurosaison (Zeitpunkt Oktober). Hochleistungstraining vor (ab Januar) und während (ab März) laufender Wettbewerbssaison.
Trainingsmethode	Aufbautraining in Dauermethode (Schwimmen, Mountain-Biking, Bergwandern) und extensiver Intervall-Methode (Aufwärmen, Stretching, Zirkel und Ausklangspiele), ergänzt durch Squashspiele. Hochleistungstraining in extensiver und intensiver Intervall-Methode (Ablauf wie beim Aufbautraining) und Wettkampfmethode (Fahrtraining).
Trainingsorganisation	Detaillierte Trainingspläne für alle zu trainierenden Fähigkeiten. Die Pläne sind gegliedert in Jahresgesamtplan, Makro- und Mikrozyklus- Pläne, Tages- und Stundenpläne. Zusätzlich Speiseplan und Negativliste für die dem Training grob unzuträglichen Dinge des Alltags.
Trainingsanalyse	Laufender Vergleich der Leistungsergebnisse durch Wettkampfbeobachtung und Protokollführung. Ergebnisanwendung nach Aufwertung im weiteren Training, evtl. zielgerichtete Korrektur und Anpassung des Jahresgesamtplans auch bei krankheits- oder verletzungsbedingten Trainingsausfällen. Permanente Überprüfung des Trainingszustands und Überwachung des Sportlers auf Anzeichen von Übertrainiertheit.

*(anhand einer Saisonvorbereitung des B-Lizenz Trainer Enduro/Cross Carl Boschen)

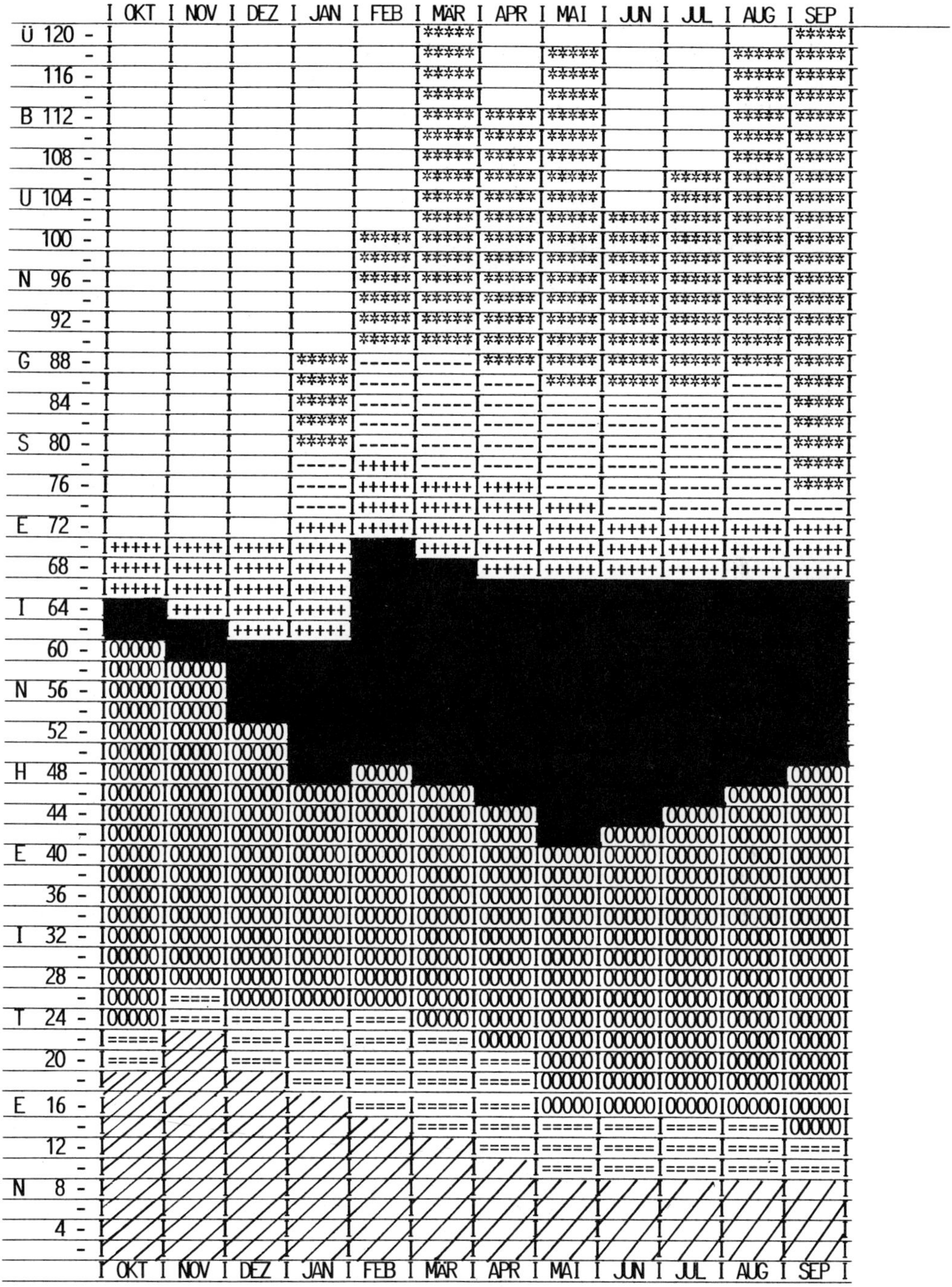

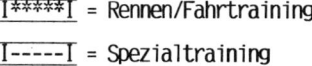

I OKT I NOV I DEZ I JAN I FEB I MÄR I APR I MAI I JUN I JUL I AUG I SEP I

(vertical axis labels, top to bottom): Ü 120, 116, B 112, 108, U 104, 100, N 96, 92, G 88, 84, S 80, 76, E 72, 68, I 64, 60, N 56, 52, H 48, 44, E 40, 36, I 32, 28, T 24, 20, E 16, 12, N 8, 4

I OKT I NOV I DEZ I JAN I FEB I MÄR I APR I MAI I JUN I JUL I AUG I SEP I

I*****I = Rennen/Fahrtraining   I000000I = aktive Erholung

I-----I = Spezialtraining   I=====I = Krafttraining

I+++++I = Ausdauertraining   ⊿⊿⊿ = Ballspiele

■■■ = Intervalltraining   1 U E = 0,5 Stunden

Monatsplan

A = Rennen/Fahrtraining   B = Spezialtraining
C = Ausdauertraining   D = Intervalltraining
E = Aktive Erholung   F = Krafttraining
G = Schwimmen, Squash   1 UE = 0,5 Stunden

Woche	Übungs-einheiten	Bemerkungen	Puls	Gewicht	Test
6.–12. 3.	A = 16	12. 3. DM-Lauf	82/175	75,3 kg	2,5 km
	B = 2	in Münster, 4. Platz			
	C = 4				
	D = 6	Tr.-Bestz. 1.41			
	E = 5	Langz.-Tr. 28 Rd.			
	F = 3				
	G = 4				
13.–19. 3.	A = 3		80/168	74,8 kg	2,6 km
	B = 2				
	C = 2				
	D = 6	Tr.-Bestz. 1.40			
	E = 7	Langz.-Tr. 29 Rd.			
	F = 2				
	G = 4				
20.–26. 3.	A = 33	25./26. 3. EM in	80/168	74,5 kg	2,6 km
	B = 4	CSSR, 6. Platz			
	C = 2				
	D = 2	Tr.-Bestz. entf.			
	E = 6	Langz.-Tr. entf.			
	F = 2				
	G = 2				
27. 3.–2. 4.	A = 3		78/162	74,3 kg	2,7 km
	B = 2				
	C = 2				
	D = 6	Tr.-Bestz. 1.38			
	E = 8	Langz.-Tr. 29 Rd.			
	F = 2				
	G = 3				

Gesamt-ÜE: 144

A = 56   B = 10   C = 10   D = 20
E = 26   F = 9   G = 13

Wochenplan 13.–19. 3.

A = Rennen/Fahrtraining   B = Spezialtraining
C = Ausdauertraining   D = Intervalltraining
E = Aktive Erholung   F = Krafttraining
G = Schwimmen, Squash   1 UE = 0,5 Stunden

Tag	Training	UE	Bemer-kungen	Puls	Gewicht
13. 3.	passive Erholung	–			
14. 3.	Aufwärmen/Stretching	1			
	extensives Intervall-training, »Bewegungs-schnelligkeit«	2	45/15	80/165	75,0 kg
	Fußballspiel	1			
	Schwimmen/Sauna	2			
15. 3.	aktive Erholung	4	Berg-wandern	80/—	74,5 kg
16. 3.	Aufwärmen/Stretching	1			
	extensives Intervalltr.	2	60/30	79/162	75,0 kg
	»Allgemeine Kondition«				
	Training Fahrtaktik	1			
17. 3.	aktive Erholung	4	Mountain-Biking	80/—	74,5 kg
18. 3.	Aufwärmen/Stretching	1			
	Intensives Intervalltr.	2	30/90	80/170	74,8 kg
	»Spez. Kraftausdauer«				
	Cooper-Test/Auslaufen	1	2,6 km		
19. 3.	Aufwärmen/Stretching	1			
	Wettkampftraining	1	1.41 = 100 %	80/175	74,5 kg
	»Moto Cross«				
	Training Fahrtechnik	1	Anliegerkurve		
	Spez. Ausdauertraining	2	2.04 = 80 %		
	»Fahren ohne V-Bremse«	2	29 Runden		
Gesamt-Übungseinheiten		27			

Trainingstag:

8.30	Aufstehen
9.00	Frühstück
9.45	Aufwärmteil: Lockerungsübungen in Form leichter Gymnastik, dynamisch und bewegungsintensiv, langsam steigernd
10.15–10.30	P A U S E
10.30–12.00	Kehre fahren, zuerst einfache Übungen in der Ebene, dann langsam den Schwierigkeitsgrad steigern. Kehre am Schräghang und Kehre bergauf/bergab. Gezielte Verbesserung der einzelnen Schwächen.
12.00–12.30	Duschen, Umziehen und Frischmachen, danach kurze Besprechung.
12.30–13.00	M I T T A G E S S E N
13.00–15.00	M I T T A G S R U H E
15.00–15.30	Reaktivierungsphase: lockeres Laufen, Stretching, Seilspringen mit mittlerer Intensität.
15.30–17.00	Sektionen fahren: konzentriertes Üben im Hinblick auf die individuellen Schwächen und die bevorstehenden Wettbewerbe (Besonderheiten kommender Trials berücksichtigen Felsen, Schlamm usw.)
17.00–18.15	P A U S E , evtl. mit Theorieteil
18.15–19.00	Konditionstraining mit trialspezifischen Belastungen (kurze Etappen in unwegsamen Gelände bergab laufen).
19.00–20.00	P A U S E mit Sauna und Massage
20.00	A B E N D E S S E N
20.30–21.00	Spiele und Unterhaltung

V. Technik der Geländemaschinen

Lassen wir einmal die Bahnmaschinen außer Acht und betrachten die Trial-, die Moto Cross- und die Enduromaschine, so läßt sich aus der Sicht des Technikers sagen, daß keine technische Veränderung bei dieser Maschinengattung mehr gebracht hat als die extreme Vergrößerung der Federwege.

Während, wie wir bereits wissen, die Maschinen, die bei Geländewettbewerben eingesetzt wurden, anfangs weitgehend identisch mit den normalen Straßenmaschinen waren und lediglich Geländereifen aufgezogen bekamen, sind die heutigen Geländemaschinen straßenzugelassene Moto Cross-Maschinen. Und daran ist schon zu sehen, wohin sich der Charakter der Gelände- bzw. Endurowettbewerbe verändert hat: es kommt nicht mehr auf das An- und Durchkommen an, sondern auf Geschwindigkeit. Wesentlich zu dieser Entwicklung hat die moderne Fahrwerkstechnik beigetragen, denn mehr als alle Modifikationen an den Motoren brachten die Fahrwerksveränderungen in Verbindung mit extrem geringem Gewicht.

Eine Bahnmaschine hat fast keinerlei Federung. Ihr Hinterrad ist ungefedert, der Federweg am Vorderrad beträgt 50 mm (ungedämpft). Sie braucht auch auf den meist glatten Sandbahnen keine. Anders eine Enduro- oder Crossmaschine. Hier sind große und kleine Hindernisse zu überwinden, wobei kleine Unebenheiten und tiefe und weite Sprünge jeweils gegensätzliche Anforderungen an das Federungssystem stellen.

Eine Holperpiste erfordert eine weiche, leicht ansprechende Federung und Dämpfung, die dann aber prompt bei den Sprüngen brutal durchschlägt (Abb. 30 / weiche Federung = gut bei Wellen und schlecht bei Sprüngen). Also setzt der Techniker auf harte Federn und Dämpfung und hat damit einen nicht kontrollierbaren Springbock, der zwar den Sprüngen gewachsen ist (kein Durchschlagen mehr), aber auf der wellblechartigen Piste unfahrbar ist (Abb. 29 / harte Federung = schlecht bei Wellen und gut bei Sprüngen). Anfang der 70er Jahre, als eine Teleskopgabel vorn und eine Hinterradschwinge mit zwei Federbeinen mit max. 100 mm Federweg das Maß der Dinge waren, begann man zunächst Federn mit progressiver Wicklung zu verwenden. Progression heißt in diesem Fall, daß die Feder weich anspricht und sich mit zunehmenden Einfedern verhärtet (weite Wicklung der Feder geht in immer engere

Bild 32: So sah eine »Enduro-Maschine« 1956 aus. Bis auf den hochgeleg-
ten Auspuff und Stollenreifen ist äußerlich an der Max nicht viel
verändert.

Wicklungen über). Um noch größere Federwege zu gewinnen, begann
man das Federbein schräg zu stellen. In Verbindung mit den progressiv
gewickelten Federn brachte das schon einige Verbesserungen. Dann
brachte Yamaha sein Cantilever-System auf den Markt (Abb. 28), eine
Schwingenkonstruktion, bei der sich ein Zentralfederbein am Lenkkopf
abstützt. Die Schwinge selbst bildet eine stabile Dreieckskonstruktion.

Abb. 28
Bei dem von der Firma Yamaha präsentierten »Cantilever«-System handelt es sich um eine komplette Schwingenkonstruktion.

Das Cantileversystem darf also nicht verwechselt werden mit einer normalen Moto-Cross-Federung, die über eine Hebelumlenkung mit der Schwinge verbunden ist. Dieses Hinterradfederungssystem setzte Yamaha nicht nur bei Moto Cross- Motorrädern ein, sondern auch bei der Werksmaschine von Agostini und der Trialmaschine von Mike Andrews (1974). Die Vorteile dieses Systems lagen klar auf der Hand: Vergrößerung des Federwegs, Progression, exakte Hinterradführung, geringe Temperaturen im Dämpferelement durch dessen großes Fassungsvermögen und große Einstellbreite. Hierdurch ließen sich weitere Vorteile im Hinblick auf Progression und Federweg erzielen.

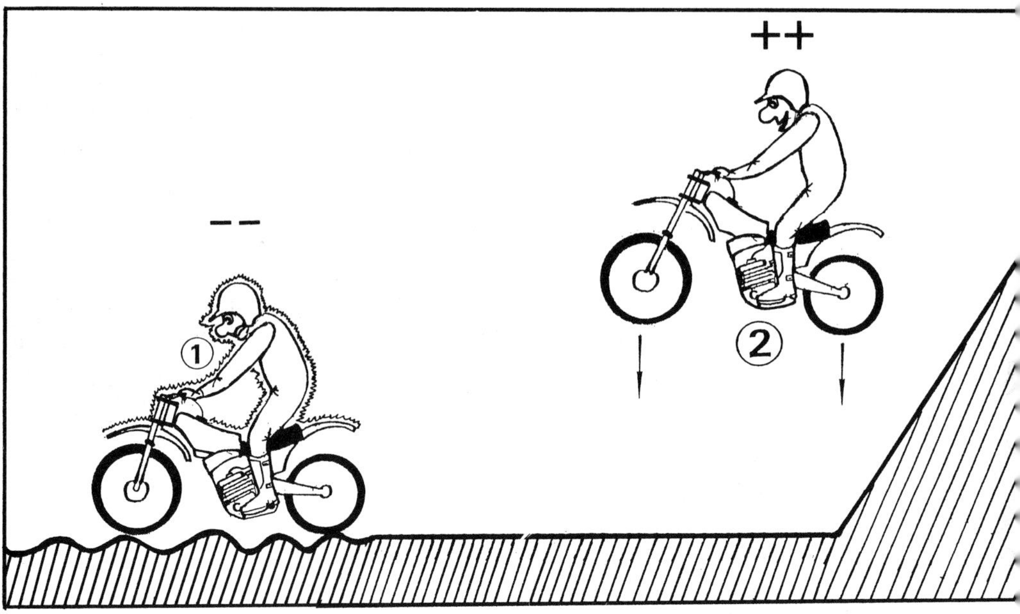

▼ *Abb. 30*
Abstimmung mit weichen Dämpfern
Schlecht bei Sprüngen, gut bei Wellen.

▲ *Abb. 29*
Abstimmung mit harten Dämpfern
Gut bei Sprüngen, schlecht bei Welle

»Hier wohnte der Mann, der einen 500er BMW-Motor mit 200 PS hatte!«

»Da hat gestern einer zum letzten Mal vergessen, sein Fernlicht auszumachen!«

»So leid es mir tut Paul, das mit der Zündung habe ich noch nicht gemacht.«

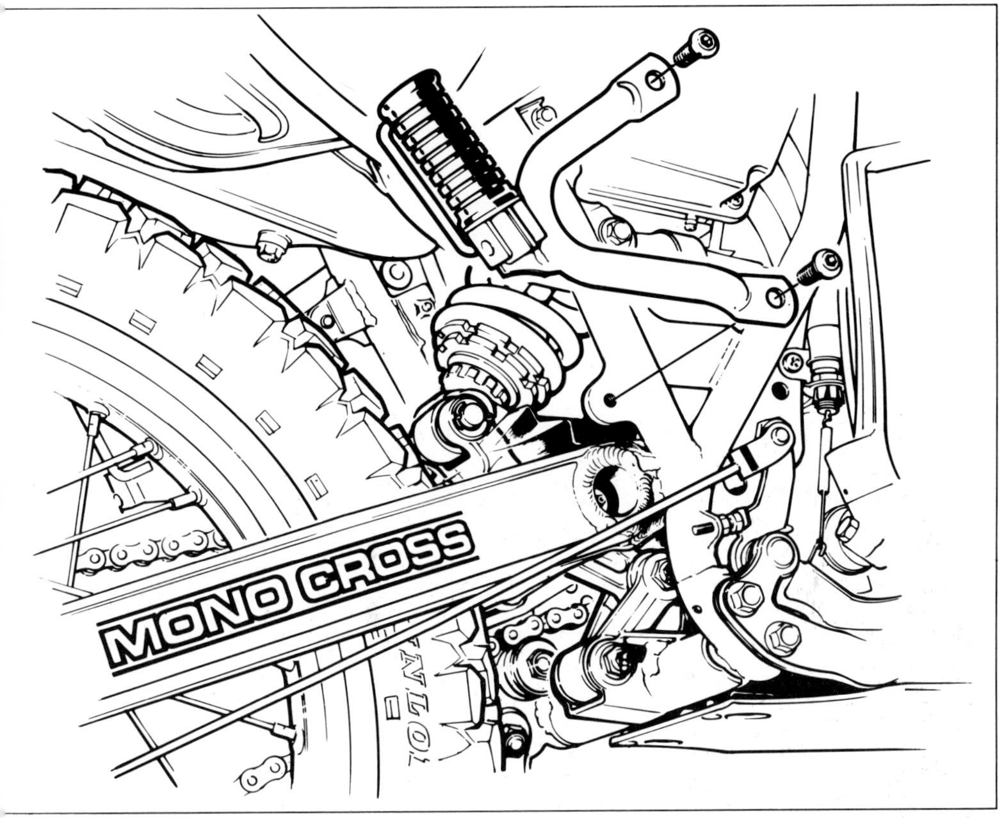

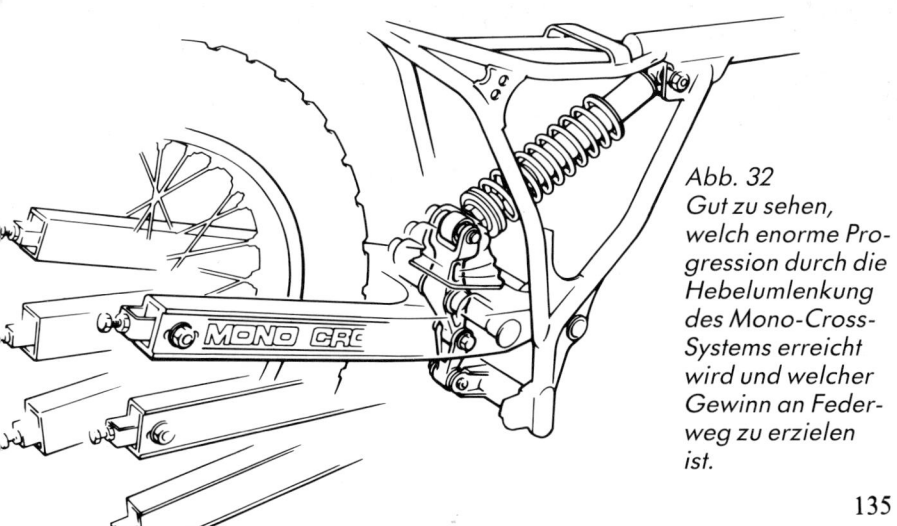

Abb. 31
Bei der »Mono Cross«-Federung handelt es sich lediglich um eine Hebelumlenkung der Federkräfte bei konventioneller Schwinge.

Abb. 32
Gut zu sehen, welch enorme Progression durch die Hebelumlenkung des Mono-Cross-Systems erreicht wird und welcher Gewinn an Federweg zu erzielen ist.

Den eigentlichen Durchbruch aber erzielten die Techniker mit Mono-Federbeinsystemen, die über verschiedenartige Hebelumlenksysteme, wie Zeta Link, Pro Link, Uni trak, Floating Systeme usw. mit der Hinterradschwinge verbunden sind (Abb. 31). Damit erreichte man ein gutes Ansprechverhalten, Progression und extreme Federwege bis zu 350 mm, mit denen moderne Geländemaschinen auch die größten Unebenheiten glattbügeln.

Auch Trialmaschinen wurden mit diesen Federungssystemen ausgerüstet, und bei ihnen kann man schon bei geringen Geschwindigkeiten die Wirkungsweise bemerken, wenn beim Überfahren eines festen Hindernisses kaum noch Reaktionen am Hinterrad auftreten. Wenn auch bei modernen Trialmaschinen die Federwege nicht so extrem sind wie bei Moto Cross- oder Enduro-Maschinen, so betragen sie heute doch auch schon bis zu 150 mm. Ebenso verhält es sich bei Geländemaschinen. Während eine Maschine mit 100 mm Federweg und zwei konventionellen Federbeinen mit sehr viel Können und körperlichem Einsatz über Wellen bewegt werden konnte, reagiert ein modernes Fahrwerk hierbei wesentlich harmloser. Natürlich hat das wiederum zur Folge, daß der Schwierigkeitsgrad der Strecken von den Veranstaltern vergrößert wird, letztes und extremes Beispiel ist das Stadion-Cross, womit fast alles wieder beim alten wäre. Spektakulärere Sprünge, extremere Wellenpisten als früher, all das resultiert aus dem nun besseren Material. Eine Maschine mit zwei Federbeinen würde bei solchen Anforderungen kapitulieren – mit dem Erfolg, daß das Maschinenheck von der Welle in die Höhe katapultiert wird und der Fahrer unkontrolliert auf dem Vorderrad dahinrodelt.

Trotz der vielen Hebel, Gelenke und Lagerstellen ist das moderne Hinterradfederungssystem eine sehr stabile Sache, die auch bei den Straßenmaschinen übernommen wurde. Im absoluten Grenzbereich reagieren die modernen Maschinen allerdings auch sehr viel bösartiger. Bedingt durch die großen Federwege, auch am Vorderrad, ergaben sich Stabilitätsprobleme. Die ausgefederte Gabel hat bei einer konventionellen Telegabel (Abb. 35) nur noch sehr schlechte Führungseigenschaften, das Vorderrad flattert. Dieser Nachteil des großen Federwegs ließ sich durch einen simplen Trick umgehen, indem man die Gabel umdrehte. Die Standrohre wurden in der Gabelbrücke geklemmt, die Tauchrohre mit dem Rad verbunden. Up-side-down Gabel heißt dieses Konstruktionsprinzip. Entgegen der weitverbreiteten Ansicht, daß dadurch die ungefederten Massen kleiner würden, tritt ein solcher positiver Effekt nicht auf – sowohl die konventionelle Telegabel wie die moderne Up-

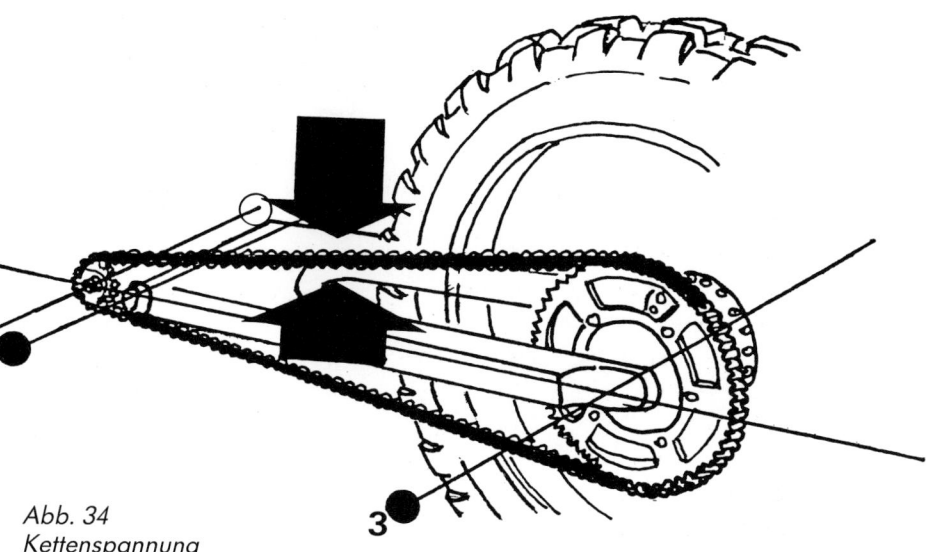

Abb. 34
Kettenspannung

Wenn wir die Kettenspannung kontrollieren, muß die Maschine so weit eingefedert werden, daß alle drei Achsen: 1 Getriebeausgangswelle, 2 Schwingenachse und 3 Hinterradachse, in einer gedachten Linie liegen.

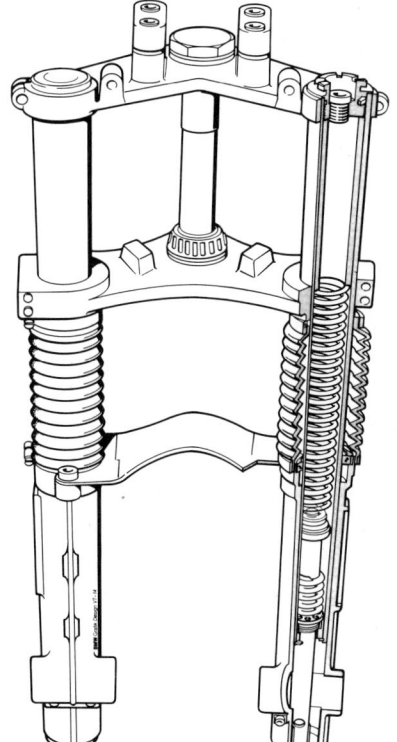

Abb. 35
Konventionelle Telegabel (BMW)

137

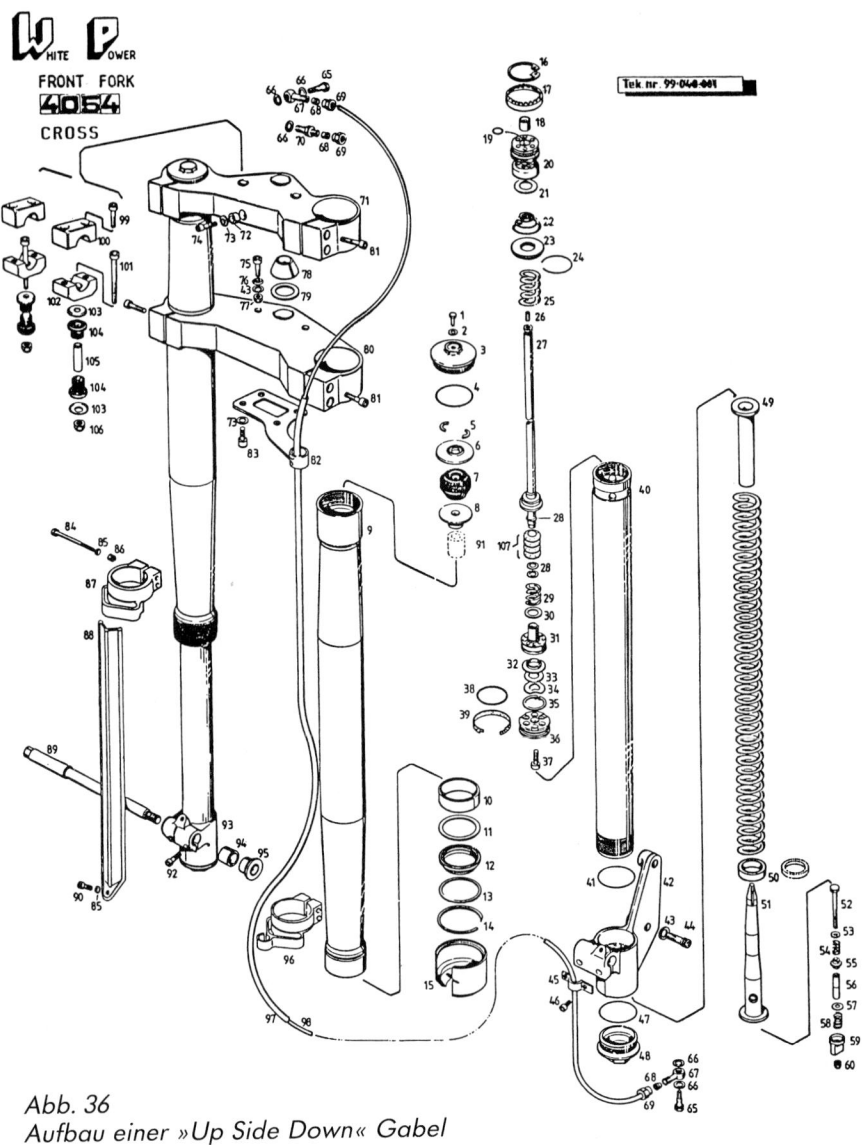

Abb. 36
Aufbau einer »Up Side Down« Gabel

side-down Gabel haben in etwa den gleichen Anteil an gefederten und ungefederten Massen. Dieses Konstruktionsprinzip ist deshalb auch in erster Linie nur bei Maschinen mit extremen Federwegen an der Vorder-

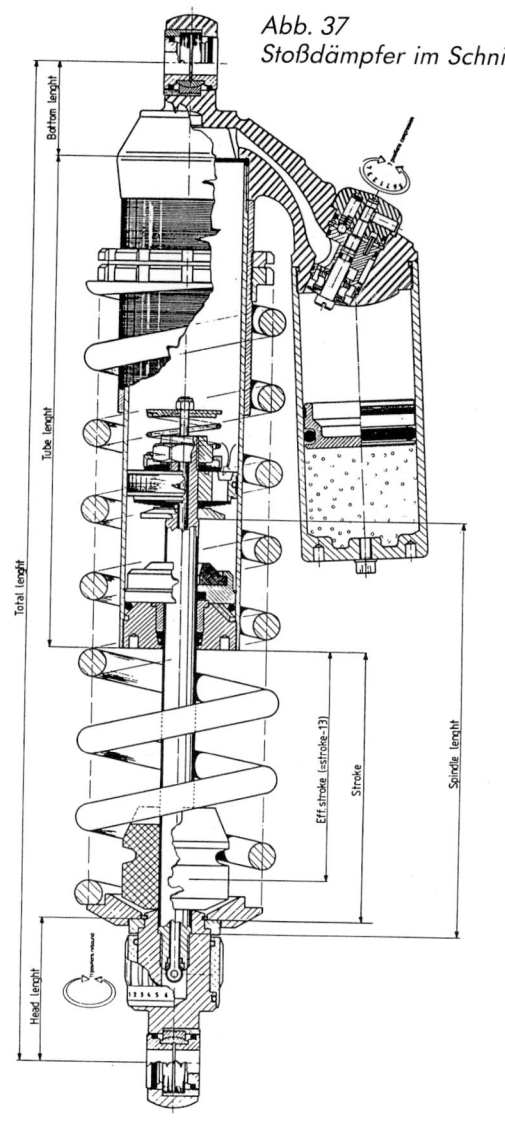

Abb. 37
Stoßdämpfer im Schnitt

radgabel sinnvoll, also Cross- und Enduromaschinen. Eine Moto Cross-Maschine aus dem Jahr 1963, wie die Matchless 500, ähnelt mehr einer Yamaha SR 500 als einer modernen Wettbewerbsmaschine für Cross- oder Enduro-Wettbewerbe. Das zeigt gut die Spannweite des technischen Fortschritts. Während sich bei Kettenmaschinen antriebsseitig keine allzu großen Probleme durch Vergrößerung der Federwege ergaben, war dies bei Kardanmaschinen ganz anders. War der Kardanantrieb

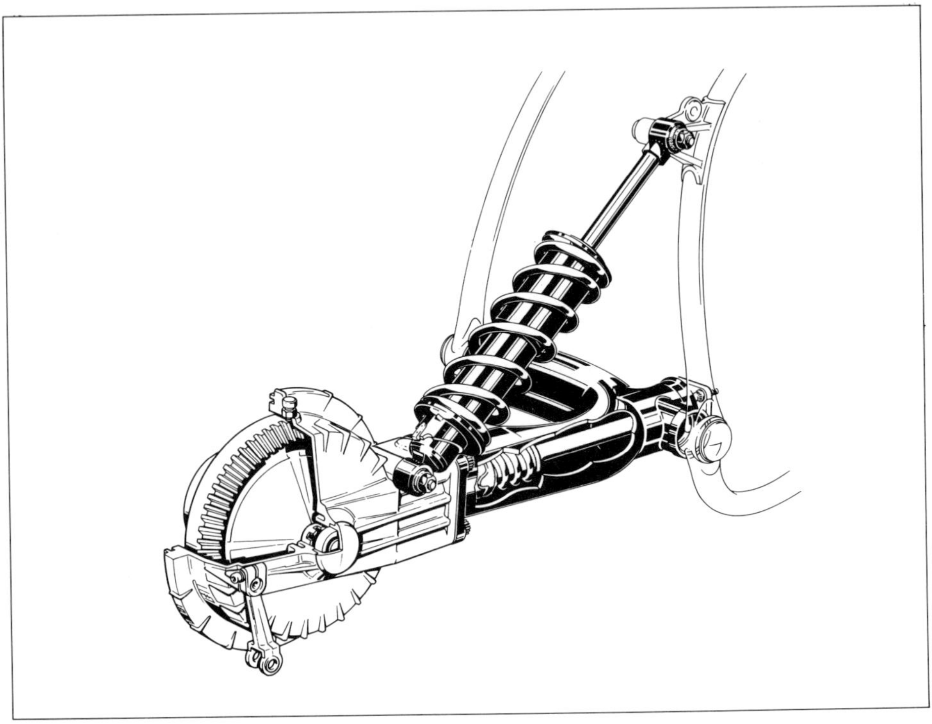

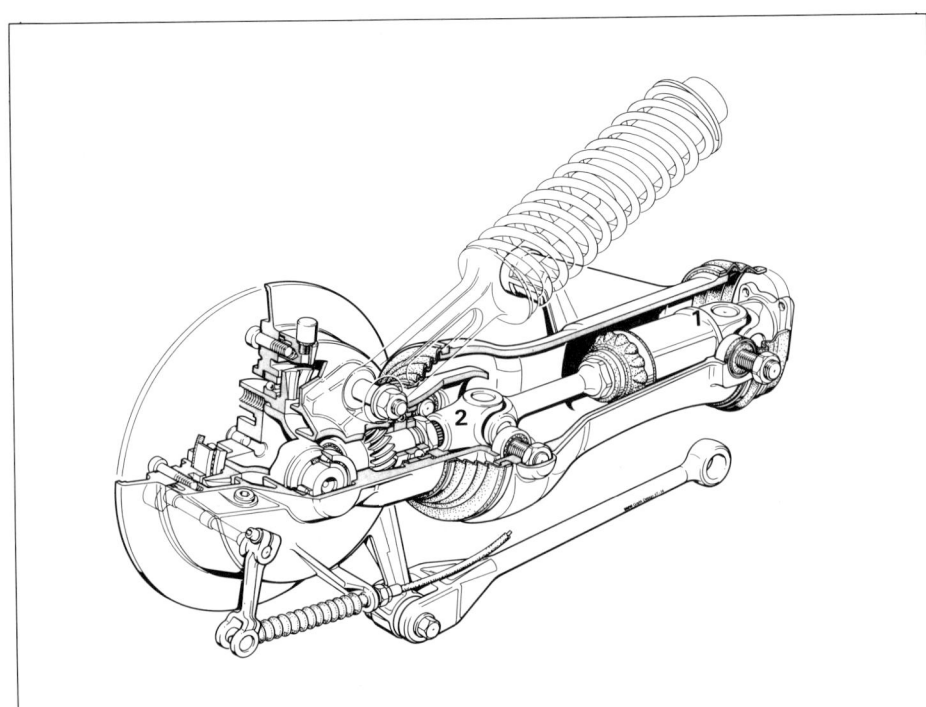

Abb. 38
Einarmschwinge der BMW R 80 G/S Monolever

Abb. 39
Doppelgelenkschwinge der BMW R 100 G/S Paralever
1+2 = Kardangelenke

bei Federwegen von 80 mm noch weitgehend reaktionsfrei, so zeigten sich bei stärkeren Modellen (R 75/R 100) der Marke BMW die Kräfte sehr deutlich. Unter dem Einfluß der Antriebskräfte entstehen Reaktionsmomente, die beim Gaszumachen zum Einfedern bzw. beim Gasgeben zum Ausfedern führen. Dieses Ausfedern, verbunden mit Verhärten der Federung bei Lastwechsel, das im Straßenbetrieb schon recht unangenehme Formen annehmen kann, verstärkt sich bei stärkeren Motoren und, was für die Geländefahrer entscheidend ist, bei Vergrößerung der Federwege. Bei einer großen Enduro wie der BMW R 100 G/S fällt beides zusammen, hohe Leistung und lange Federwege. Schon bei der R 80 G/S hatten sich die konzeptionellen Grenzen gezeigt, insbesondere bei all jenen, die ihre Maschine zur Tausender umgebaut hatten, um sie bei Langstreckenwettbewerben einzusetzen. Schon 1955 besaß die Werks-BMW RS, mit der Walter Zeller in der Straßenweltmeisterschaft fuhr, ein von Falkenhausen konstruiertes schwenkbar gelagertes Hinterachs-Antriebsgehäuse mit Momentabstützung.

Diese Idee erfuhr nun eine Wiederbelebung, wobei es, bedingt durch die Einarmschwinge, einer Modifikation bedurfte (Abb. 38). Da die Einarmschwinge werksintern bereits Monolever genannt wurde, nannte man die Neukonstruktion, eine einarmige Doppelgelenkschwinge, sinnigerweise Paralever. Sie besteht aus Aluminiumguß und ist deshalb kaum schwerer als ihre filigranere Vorgängerin aus Stahlrohr (Abb. 39). In ihrer Wirkungsweise entspricht die Paralever-Konstruktion einer Schwingenverlängerung. Bei der R 100 G/S müßte die Schwinge ca. 1700 mm lang sein, um die Reaktionskräfte des Antriebs zu kompensieren. Das wäre mehr als der Radstand der Maschine. Das aktuelle Paralever-System entspricht einer theoretischen Schwingenlänge von 1400 mm, was einen Ausgleich von 70 % gewährleistet. Die Anfahrmomente sind somit, ebenso wie die beim Bremsen entstehenden Kräfte, auf ein Minimum reduziert. Auch das unangenehme Stempeln des Hinterrads beim Bremsen mit der Hinterradbremse entfällt weitgehend.

1. MASCHINENWAHL

Geländesport mit Motorrädern ist ein weites Feld, entsprechend groß ist auch das Angebot an Spezialmaschinen. Läßt man die Bahnmaschinen außer Acht, so gibt es Spezialmaschinen für Rallyes, für Endurowettbewerbe, für Langstreckenrennen, wie z. B. Paris-Dakar, für Moto Cross-

Veranstaltungen und Trials. Trialmaschinen sind für langsames Fahren in extrem schwierigem Gelände gebaut. Sie werden in den Sektionen ausschließlich im Stehen gefahren und verfügen deshalb nur über das Fragment einer Sitzbank. Zur Teilnahme an Geschwindigkeitswettbewerben im Gelände sind sie denkbar ungeeignet, und wir können sie deshalb aus unseren Betrachtungen weitgehend aussparen. Dennoch: Trialfahren ist für den erfolgreichen Geländesportler eine optimale Vorbereitung auf den Wettbewerb. Lassen Sie sich diese Trainingsmöglichkeit nicht entgehen und schaffen Sie sich, wenn irgend möglich, eine Trialmaschine zu Trainingszwecken an. Die Geländemaschinen, die für uns von Interesse sind, lassen sich grob in drei Kategorien einteilen:

- reine Geländerennmaschinen ohne Straßenzulassung von 80 cm^3 bis 1000 cm^3
- Enduro- bzw. Geländemaschinen mit Sraßenzulassung, ebenfalls von 80 cm^3 bis 1000 cm^3
- Langstreckengeländemaschinen, Hubraum in den meisten Fällen ab 350 cm^3 aufwärts

In den 50er, Anfang der 60er Jahre dominierten die großvolumigen englischen Einzylindermaschinen mit 500 cm^3, sowohl beim Moto Cross als auch bei Gelände- und Trialveranstaltungen, man denke nur an die legendäre Ariel von Sammy Miller. Diese Viertaktdominanz wurde im Lauf der 60er Jahre von den leichten Zweitaktmotorrädern durchbrochen. Hercules und Zündapp kamen mit ultraleichten 50- und 75 cm^3-Motorrädern, die im harten Geländeeinsatz den 160 kg einer Triumph, BMW oder AJS überlegen waren. Vor allem aber setzte eine Entwicklung ein, die den Zweitakter, allein von der Motorleistung her favorisierte. Bedingt durch die immer perfektere Gestaltung des Resonanzauspuffs, bei dem die Auslaßströmung reflektiert und so ein Kompressor-Effekt erzielt wurde, in Verbindung mit dem konstruktionsbedingten geringen Gewicht des Zweitakters, entstanden leichte Maschinen mit extremen Leistungen. Heute ist es so, daß eine 500 cm^3 Moto Cross-Maschine in ihrer Wettbewerbsfähigkeit weniger von der absoluten Maximalleistung als vom Drehmomentverlauf und damit Leistungscharakteristik abhängig ist. Andererseits erlebten die großen Viertakter, wie z. B. die 1000 cm^3-BMW, durch die Langstreckenwettbewerbe eine Renaissance. Hierbei sind nämlich stundenlange Vollgasetappen notwendig, und die übersteht ein Viertakter auch heutzutage besser als ein vergleichbarer Hochleistungs-Zweitaktmotor. Für die Wahl des Geräts ist der eigene fahrerische Leistungsstand von entscheidender Bedeutung. Ein Anfänger fährt beispielsweise mit einer 500 cm^3 Moto Cross-

142

Bild 33: Zwei leichte Cross- und zwei schwere Enduromaschinen warten auf ihren Einsatz.

Maschine mit Sicherheit langsamer als mit einer 250 cm^3 oder gar 125 cm^3-Maschine. Warum? Nun – die geballten PS eines im Gelände eingesetzten Hochleistungszweitakters erfordern neben dem notwendigen fahrerischen Fingerspitzengefühl auch eine gehörige Portion Kraft und Kondition. Ansonsten ist es bald vorbei mit Mut und Angriffslust, und der Reiter ist schon froh, auf der Maschine sitzenzubleiben. Ein Konzeptvergleich der Zeitschrift »MOTORRAD« mit vier Cross-Maschinen, (einer Kawasaki KX 125, einer Suzuki RM 250, einer Yamaha YZ 490 und einer KTM 600 LC4 MX) zeigte das sehr deutlich.

	Kawasaki KX 125	Suzuki RM 250	Yamaha YZ 490	KTM 600 LC4 MX
Motor	2 Takt	2 Takt	2 Takt	4 Takt
Leistung kW (PS)	25 (34)	36 (49)	43 (59)	35 (48)
Gewicht kg	94	103	108	119
Leistungs-gewicht kg/PS	2.76	2.10	1.83	2.48

Es fuhren zwei Profis und zwei Amateure die Maschinen auf zwei unterschiedlichen Pisten. Einmal auf einer regulären Moto Cross-Strecke und einmal auf einer Stadion-Cross-Strecke. An den Zeiten ist eindeutig abzulesen, daß der Anfänger mit der leichten und auch leistungsschwachen Maschine weitaus besser bedient ist.

Moto Cross-Strecke

		Kawasaki KX 125	Suzuki RM 250	Yamaha YZ 490	KTM 600 LC4
Profi	1	2.22,2	2.22,8	2.25,1	2.27,0
	2	2.25,3	2.27,4	2.29,8	2.29,0
Amateur	1	2.34,3	2.34,6	2.50,5	2.38,3
	2	2.52,7	2.56,2	2.59,9	3.01,2

Vgl. MOTORRAD, Heft 12, Mai 1988, S. 144

Bei der Stadion-Cross-Strecke, wo der fahrtechnische Schwierigkeitsgrad, bedingt durch Doppelsprünge und Waschbrett, noch etwas höher liegt als beim Freiland Cross, ergeben sich teilweise noch extremere Differenzen. Nicht nur zwischen den Maschinentypen, sondern auch bei den Fahrern. Schon hier ist klar zu erkennen, daß beim Cross- und Endurosport die Leistung des Fahrers weit vor der Maschine rangiert.

Stadion-Cross-Strecke

		Kawasaki KX 125	Suzuki RM 250	Yamaha YZ 490	KTM 600 LC4
Profi	1	1.07,8	1.07,7	1.10,1	1.11,9
	2	1.08,8	1.08,1	1.11,1	1.12,3
Amateur	1	1.14,0	1.13,5	1.18,1	1.21,9
	2	1.29,2	1.27,6	1.33,3	1.36,0

Vgl. MOTORRAD, Heft 12, Mai 1988, S. 144

Die Profis, das zeigen vor allem die Zeiten mit der großen Yamaha, handhaben die leistungsstärkeren Maschinen weit besser als die Nachwuchsleute. Wie aus der Tabelle zu ersehen ist, bestehen zwischen den Amateuren und Profis bei gleicher Maschine Zeitunterschiede bis zu 24 Sekunden! Im Gegensatz dazu zeigt ein Vergleich zwischen zwei Suzukis, einer RM 125 C, Baujahr 1978 und einer RM 125 J Baujahr 1988, daß bei ein und demselben Fahrer nur eine Zeitdifferenz von 3,5 Sekunden pro Runde besteht. Trotz zehn Jahren Entwicklung, einer

144

Bild 1 Eddy auf dem Weg nach Dakar.

*Bild II Die Cantilever Schwingenkonstruktion einer Yamaha,
Vorreiter der modernen Federungssysteme.*

Bild III Allroundtalent: die 600er KTM.

Bild IV Auch beim Moto Cross erfolgreich. Eddy Hau im Sprung.

Bild V Aufbruch zu einer neuen Etappe.

Bild VI Startversuch unter den kritischen Blicken der Mechaniker.

Bild VII Begleitfahrzeug für ein Werksteam.

Bild VIII Zielsprung beim Stadion Cross.

Bild IX
Bei der Sprunghöhe können die Pferde schon lange nicht mehr konkurrieren!

Bild X
Start beim Hallen Cross.

*Bild XI
Fast schon ein biß-
chen Straßenrennen.*

*Bild XII
Moto Cross WM 125.
Im Flug beim hollän-
dischen GP John van
der Berk auf einer Ya-
maha.*

Bild XIII Start auf der Sandbahn.

Bild XIV Immer frisch sandgestrahlt: die Verfolger.

Monoshock-Hinterradfederung usw. nur klägliche 3,5 Sekunden, verglichen mit den 24 Sekunden, die durch unterschiedliche Fahrer bedingt sind (vgl. MOTORRAD, Heft 9, April 1988, S. 162 ff.).
Gerade im Geländesport sollte man zuerst einmal nach Fahrtechnik und Kondition sehen, bevor man die Technik für mangelhafte Ergebnisse verantwortlich macht. Primär ist der Mann, dann erst kommt die Maschine. Wer bei der Maschine anfängt, zäumt das Pferd von der falschen Seite auf. Egal also, ob man Enduroveranstaltungen oder Moto Cross fahren will, sollte die Kaufentsheidung auch im Hinblick auf das eigene Fahrkönnen getroffen werden. Einzig bei Langstreckenwettbewerben ist der Griff zum großvolumigen Viertakter der einzig richtige.

2. BMW R 100 GS

Schon Schorsch Maier trat mit dem von Max Friz ursprünglich entwickelten BMW Boxermotorrad sowohl auf der Isle of Man als auch bei der Sechstage-Fahrt erfolgreich an und bewies schon damals die Allround-Talente des Querläufers. Die R 100 GS steht voll in dieser Tradition. Als hubraumstärkste Enduro ist sie eine ideale Reisemaschine, mit entsprechenden Modifikationen als Rallyemaschine einsetzbar, und bildet die ideale Grundlage beim Aufbau für Langstreckenwettbewerbe wie Paris-Dakar. Fahrwerksseitig, durch die Paralever-Schwinge, einer Zwei-Gelenkkonstruktion, modifiziert, zeigt sie keine BMW-typische Kardanreaktion mehr. Der Federweg bietet mit 180 mm ausreichende Dämpfung, auch für den Einsatz im Gelände, wobei sehr schweres Gelände oder weite Sprünge die BMW konzeptionell überfordern. Für den Straßenbetrieb, vor allem bei heftigen Bremsmanövern, zeigt sich die Marzocchi-Telegabel mit 40 mm Standrohrdurchmesser und 225 mm Federweg ausreichend dimensioniert und entsprechend stabil. Mit nunmehr 1000 cm³ hat BMW das Boxerkonzept vernünftigerweise voll ausgeschöpft. Gegenüber der R 80 GS hat das Triebwerk eine um 9,2 mm größere Bohrung sowie zwei 40er Bing- Gleichdruckvergaser. Mit 60 PS verfügt die Maschine über ausreichend Leistung und kann längere Straßenetappen mit 180 km/h Dauertempo bei leicht gebücktem Fahrer mühelos absolvieren. Der am Scheinwerfer montierte Spoiler trägt wesentlich dazu bei, daß der Fahrer die hohe Geschwindigkeit, trotz des hohen Lenkers, relativ unverkrampft überstehen kann. Der auf der Brust lastende Winddruck ist nur noch minimal. Die Maschine ist

Bild 34: BMW die Langstreckenenduro

154

mit Sturzbügeln, Windschild und Oelkühler sowie Haupt- und Seiten-
ständern komplett ausgestattet. Auf winkligen Straßen, ungeteerten
Wegen, aber auch auf schnellen Landstraßenstücken fühlt man sich mit
dieser Maschine auf Anhieb wohl. Sie hat ausreichend Bodenfreiheit,
und wenn es kratzt, sind auch die Metzler- Reifen ziemlich am Ende.

Bei den Reifen gewöhnungsbedürftig ist das frühe »Wegbrechen« der
Stollen, was einem das Gefühl gibt, schon an der Grenze der Reifenhaft-
fähigkeit zu sein, was aber nicht der Fall ist. Doch daran hat man sich
rasch gewöhnt. Im Straßeneinsatz erfordert die Vorderradbremse hartes
Zupacken für gute Bremsleistungen, stellt aber von ihrer Auslegung her
für den Mischbetrieb Straße-Gelände einen guten Kompromiß dar. Die
Einarmschwinge mit dem sehr schräg stehenden Federbein verrichtet
ihre Aufgabe zur Zufriedenheit des Fahrers. Es scheint allerdings frag-
lich, ob bei dieser extremen Schrägstellung heftige Sprünge nicht auf die
Dauer mit Verbiegen des Federbeins quittiert werden. Unbeeinflußt von
den Antriebskräften arbeitet die Federung und steckt auch Beschleuni-
gungsvorgänge bei gleichzeitigen Bodenwellen klaglos weg. Einzig das
Ansprechverhalten bei kalter Dämpfung bringt eine kleine Schwäche
zutage: das Losbrechmoment liegt zu hoch. So kann es passieren, daß
der Fahrer bei welliger Fahrbahn regelrecht durchgeschüttelt wird. Der
Geradeauslauf der Maschine ist ausgezeichnet, und es gibt nicht viele
Enduros, die bei hoher Geschwindigkeit so viel Sicherheit vermitteln wie
die große BMW. Das gilt auch für die Stabilität der Gabel, die in erster
Linie auf die zusätzliche Gabelversteifung und die Vergrößerung der
Vorderachse auf 25 mm zurückzuführen ist.

Etwas mager ist die Instrumentierung, die sich auf den Tachometer
beschränkt. Der Drehzahlmesser kostet Aufpreis, ebenso wie die liefer-
bare Uhr. Mit 26 l effektivem Tankinhalt ergeben sich Reichweiten um
die 400 km. Störend allein der etwas hohe Verbrauch der Maschine, der
um die 6,5 l pendelt, aber eher nach oben als nach unten abweicht.

Im harten Geländeeinsatz ist das Wissen um die 210 kg Gewicht nicht
nur eine psychische Belastung. Die Maschine erfordert dann den ganzen
Mann, und selbst dem wird es mulmig bei dem Gedanken, wie er unter
der umgekippten Fuhre im Fall eines Falles wieder hervorkrabbeln soll.

Technische Daten	BMW R 100 GS
Motor:	Zweizylinder-Boxer, zwei Ventile pro Zylinder, untenliegende Nockenwelle, Stößel. Leistung 44 (60) kW (PS) bei 6500 U/min, Hubraum 980 cm³, Bohrung × Hub 94 × 70,6 mm, maximales Drehmoment 76 Nm bei 3750 U/min
Vergaser:	zwei 40 mm-Bing-Vergaser
Zündung:	kontaktlose Transistorzündung
Elektrik:	Lichtmaschine 280 Watt, Batterie 12 Volt 25 Ah, Elektrostarter
Zündkerze:	Champion N 9 YC
Kraftübertragung:	klauengeschaltetes Fünfganggetriebe, Einscheiben-Trockenkupplung, Kardanwelle.
Fahrwerk:	Doppelschleifen-Stahlrohrrahmen, Heckteil angeschraubt, Teleskopgabel mit 225 mm Federweg, BMW-Paralever-Schwinge mit 180 mm Federweg.
Bremsen:	►vorn: Einscheibenbremse mit 285 mm Durchmesser hinten: Trommelbremse mit 200 mm Durchmesser
Reifen:	vorn: 90//90-21 T, hinten: 130/80-17 T
Leergewicht:	fahrfertig 210 kg
Zuladung:	210 kg
Tankinhalt:	26 l, davon Reserve 4,7 l
Radstand:	1513 mm
Verbrauch:	6,5 l/100 km bleifreies Normalbenzin
V/max:	182 km/h
0–100 km/h:	5 s

Abb. 40:
Das neue Kreuz-
speichenrad der
BMW R 100 G/S

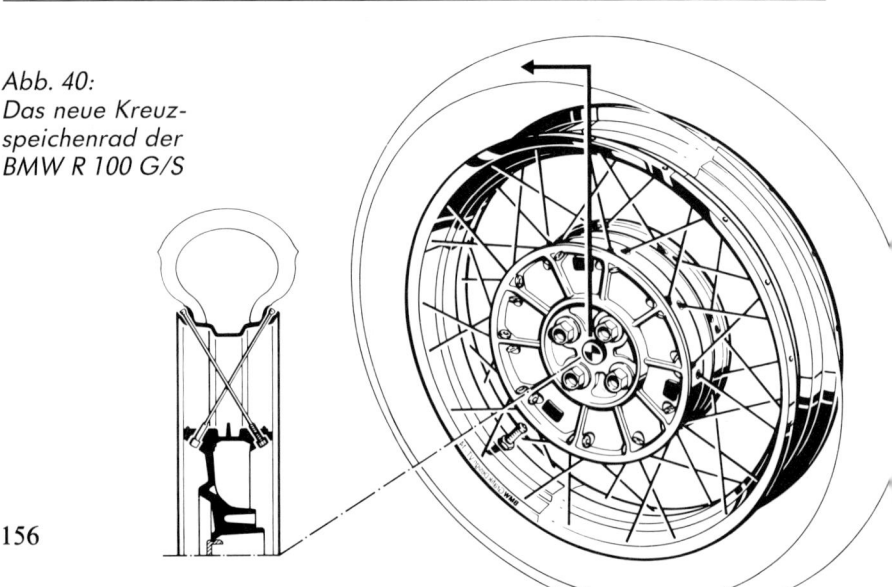

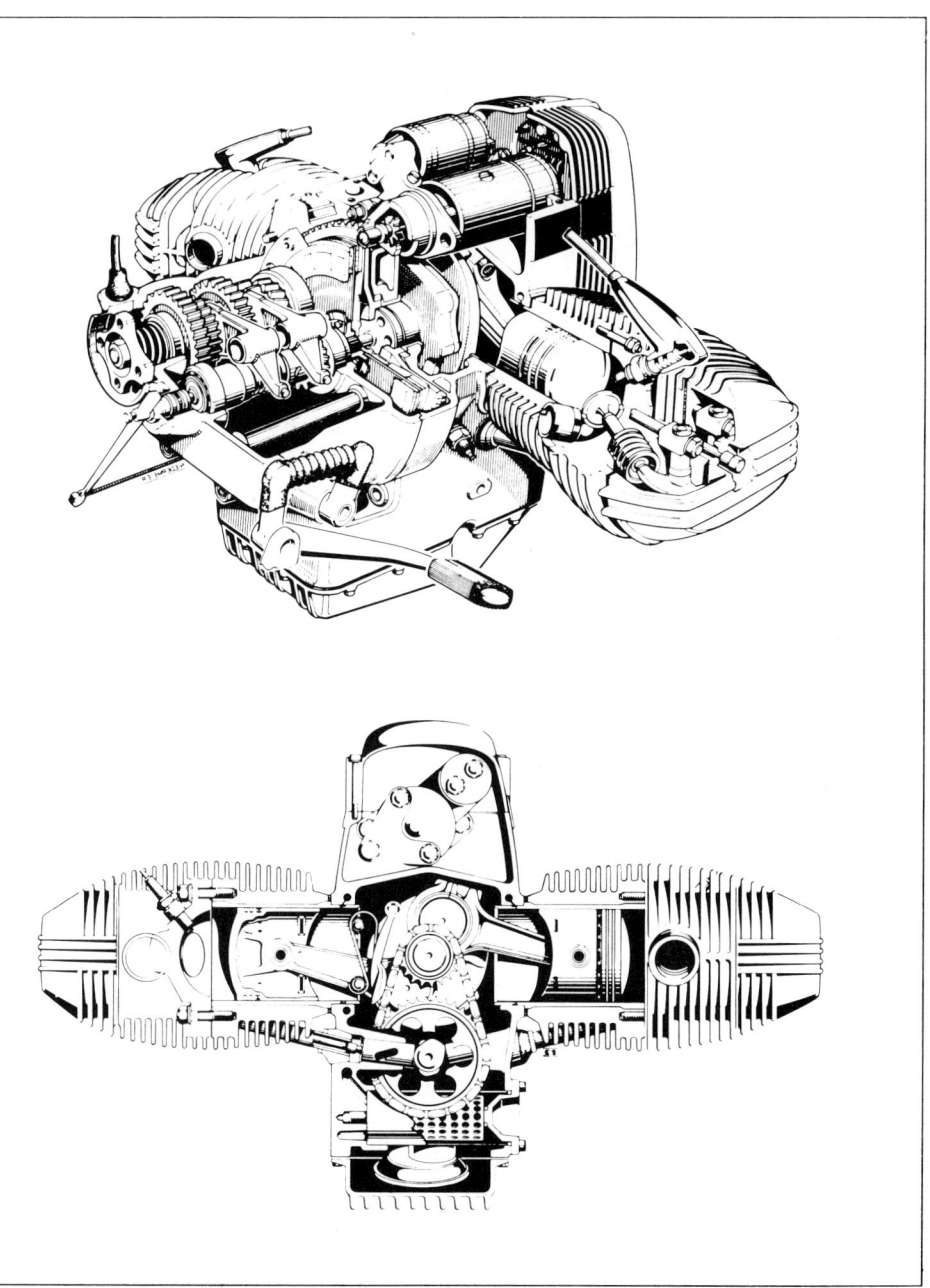

Abb. 41
Der berühmte Boxermotor der BMW
hier der der R 80 G/S

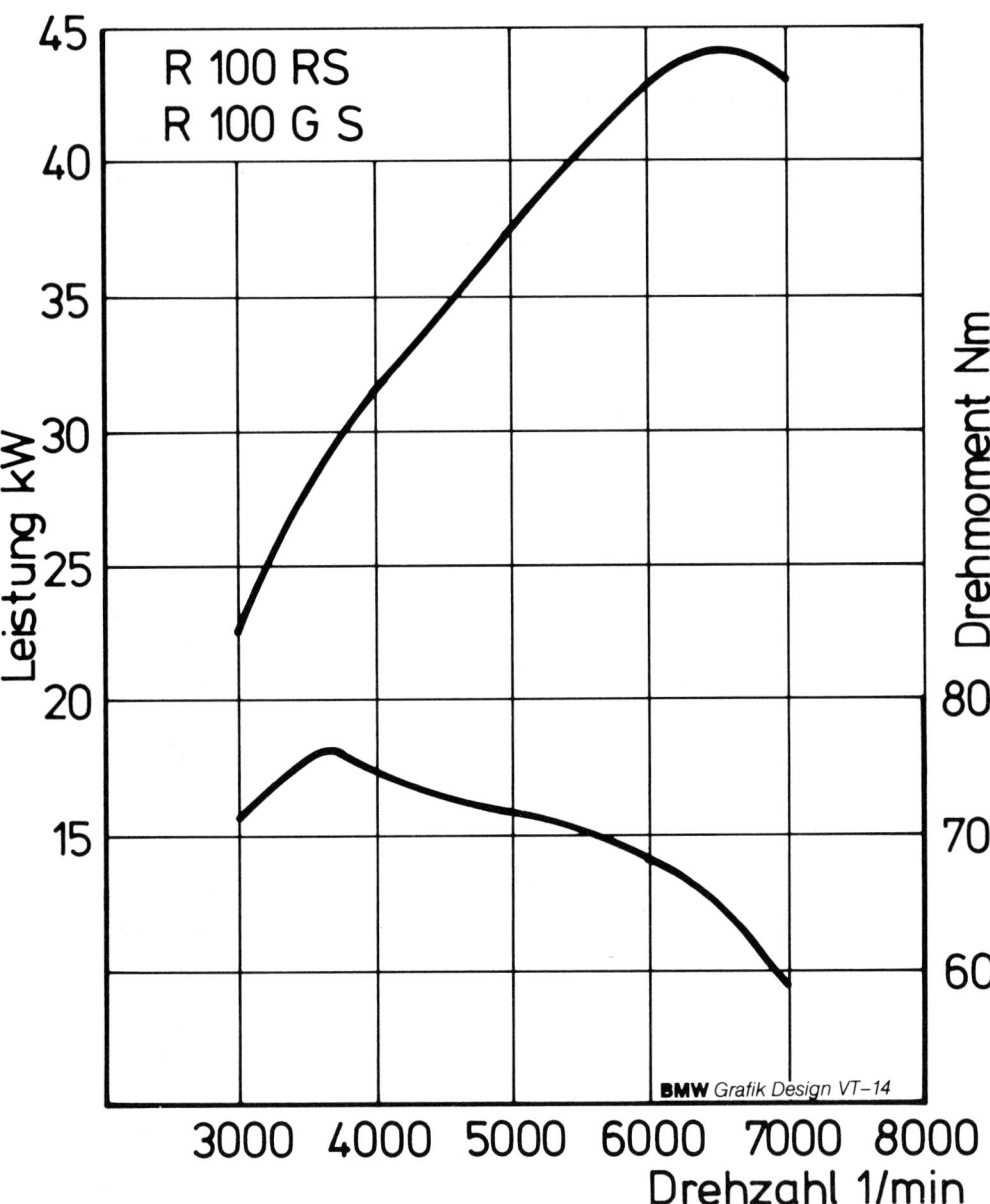

Drehmomentverlauf bei der R 100 G/S

3. FAHRBERICHT KTM 600 LC 4 ENDURO

Einer alten Motorradfahrerweisheit zufolge kann ein Motorrad nicht »einzylindrig und viertaktig« genug sein. Diesem Anspruch genügt die KTM voll und ganz. Ein wassergekühlter 600 cm³-Motor bildet das Herzstück dieser Edelenduro, die aussieht als hätte sie der amtierende Moto Cross- Weltmeister nach der erfolgreichen Zieldurchfahrt geparkt.

Ein schlanker Motor, bei dem das Gehäuse jedes Zahnrad und jede Welle eng umschließt. Ein Erbe der einstigen Zweitaktvergangenheit, denn die KTM ist ein Motorrad, bei dem der Zylinderkopf eines Viertakters auf Zylinder und Gehäuse eines modifizierten Zweitakters gesetzt wurde. 50 PS (37 kW) leistet dieser über Kette gesteuerte Vierventiler. Neben dem hohen Preis von fast 10 000 DM erinnert vieles an die super- exklusiven Rennräder, die mit Muskelkraft betrieben werden müssen: extrem geringes Gewicht für eine großvolumige Enduro (119 kg) und Zubehörteile von Herstellern, die höchsten Ansprüchen entsprechen.

Da ist zum einen die Up-Side-Down-Gabel von WHITE POWER mit 300 mm Federweg und ein Federelement derselben Firma, das über eine Pro-Lever-Anlenkung der Aluminium Schwinge satte 350 mm Federweg ermöglicht, zum anderen der aus Chrom-Molybdän-Stahlrohren gefertigte Rahmen. Gerade die Gabel trägt viel zur Fahrstabilität bei. Anders als bei Telegabeln mit ebenso großen Federwegen garantiert die Up-Side- Down-Gabel herkömmlicher Konzeption korrekte Vorderradführung auch bei ganz ausgefederter Gabel. So gerüstet wagt KTM den Wettstreit mit den auf dem Motorradmarkt so übermächtigen Japanern.

Vor dem eigentlichen Vergnügen aber gilt es, den großvolumigen Motor per Kickstarter zum Leben zu erwecken. Wenn alles stimmt, erwacht er spätestens nach dem dritten Tritt und bollert in dumpfen Tönen los, andernfalls... aber daran mag man als elektrostarter-verwöhnter Motorradfahrer gar nicht denken. Aufgestiegen thront man im Herrensitz weit oben, die Maschine mit breitem Aluminium-Lenker gut im Griff, und das ist auch gut so, denn jetzt ist es mit der Gemütlichkeit vorbei. Vehement zieht der Motor los, und ehe man sich's versieht, hat man den fünften Gang eingelegt. Die Stollenreifen sind mehr für den Geländeeinsatz bestimmt als für Straßenfahrt, und so umrundet man die ersten Kurven sehr wacklig. Die vordere Scheibenbremse läßt sich gut dosieren, ungewohnt das Einsacken des Vorderbaus, bei dem großen Federweg aber kein Wunder. Mit der Hinterradbremse läßt sich nur mäßige Verzögerung erzielen, auch wenn es, wie die Vorderradbremse,

Bild 35: Für Sport und Alltag geeignet: KTM 600 LC

eine Vierkolben-Bremse mit 200 mm Durchmesser ist. So suche ich nach den letzten im Odenwald verbliebenen Staubstraßen und werde in der Raubach und Grasellenbach fündig. Steile Sträßchen voller Schlaglöcher und Querrinnen, hier ist die KTM LC4 in ihrem wahren Element. Mit ihren riesigen Federwegen bügelt sie alle Unebenheiten aus und zwingt bei derlei Schwierigkeitsgrad den Fahrer noch nicht einmal, aufzustehen. Wer noch mit einer konventionellen Enduromaschine mit zwei Federbeinen solche Wege in Erinnerung hat, dem erscheint das erlebte Fahrverhalten kaum glaubhaft.

Klar, daß es da der Fahrer kaum erwarten kann, schweres Gelände unter die Stollen zu nehmen, und um nicht mit dem Gesetz in Konflikt zu kommen, empfiehlt es sich, eines der wenigen Übungsgelände aufzusuchen. Hier freilich ist die KTM in dem Umfeld, für das sie gebaut wurde. Waschbrettpisten bügelt sie glatt, Sprünge von 20 m absolviert sie souverän, butterweiche Landung inklusive.

Die Sitzbank ist weit über den Tank gezogen, so daß man eine Sitzposition einnehmen kann, die weit vorn liegt, kurveninneres Bein als Stützbein nach vorn gestreckt und die Maschine gedrückt. So lassen sich alle Kurvengemeinheiten im Gelände bewältigen. Der Motor hängt am Gas und das ist so gut zu dosieren, daß gezielte Querfahrt mit Gaseinsatz möglich ist.

Ein Motorrad für den motorsportbegeisterten jungen Mann, der im Alltagsbetrieb einige Unbequemlichkeiten auf sich nimmt, um am Wochenende beim Enduro- oder Rallyewettbewerb vorn dabei zu sein. Das Zeug dazu hat die KTM allemal. Sie zeigt wunderbar weiche Kraftentfaltung und läßt sich mit dem Gas in kontrolliertem Drift halten. Bedingt durch das gute Drehmoment des Motors kann man lange im großen Gang bleiben und ist nicht zu hektischer Schaltarbeit verdammt. Allein auf extremen Wellenpisten einer Moto Cross-Strecke zeigen sich die Grenzen des großen Einzylinders. Es liegt viel Gewicht auf dem Vorderbau, und entsprechens schwer es ist, diesen mit Motorkraft anzuheben. Hier sind kräftige Armmuskeln gefragt. Auch bei weiten und hohen Sprüngen kommt die KTM, bedingt durch das relativ hohe Gewicht von 119 kg, an die Leistungsgrenzen des Federungssystems. Häufig schlagen dann die Federelemente durch. Andererseits vermittelt gerade das Gewicht der Maschine bei welliger Strecke oder Schlaglochpiste ein angenehm sattes Fahrgefühl. Der Aufbau läßt sich nicht so rasch aus der Ruhe bringen, was für den Fahrer ein Plus an Fahrkomfort bedeutet.

Alles in allem stellt die KTM 600 LC4 ein harmonisches Motorrad dar, mit dem der Rallye-, aber auch Langstreckenpilot bestens bedient ist, und das sich trotzdem eine gehörige Portion Alltagstauglichkeit bewahrt hat.

Technische Daten	KTM 600 LC4 Enduro
Motor:	Einzyllinder, Viertakt, vier Ventile pro Zylinder, obenliegende Nockenwelle, mit Kette angetrieben, flüssigkeitsgekühlt Leistung 34,5 (47) kW (PS) bei 7500 U/min, Hubraum 552,9 cm³, Bohrung × Hub 95 × 78 mm, maximales Drehmoment 46 Nm bei 5200 U/min
Vergaser: Zündung: Elektrik: Zündkerze:	Dell'Orto PHM 38 kontaktlose Thyristor-Zündanlage Lichtmaschine 130 Watt, Batterie 12 Volt
Kraftübertragung: Fahrwerk: Bremsen:	Fünfgang, klauengeschaltet, Mehrscheibenkupplung im Ölbad, Kette ⅝ × ¼", Sekundärübersetzung 16:50 Zentralrohrrahmen, UP-Side-Down-Gabel mit 300 mm Federweg, Zentralfederbein mit Pro-Lever-Anlenkung 350 mm Federweg, Alu-Schwinge vorn: Einscheibenbremse mit 240 mm Durchmesser hinten: Scheibenbremse mit 200 mm Durchmesser
Reifen: Leergewicht: Tankinhalt: Radstand:	vorn: 3.00-21, hinten: 130/90-18 119 kg 9 l 1510 mm
Verbrauch: V/max: 0–100 km/h: Rundenzeit Moto Cross-Kurs:	4,5 l/100 km Super verbleit je nach Übersetzung bis 160 km/h 5,5 s 1.58 min

4. und 5. MOTO CROSS KTM 125/250

Moto Cross-Maschinen sind, anders als Enduromotorräder, reine Wettbewerbsmaschinen. Sie werden ausschließlich für Rennen gebaut und dort eingesetzt, während Enduromaschinen, mit Einschränkungen freilich, auch im Straßenverkehr bewegt werden. Wie auch bei Straßenmaschinen und Bahnmaschinen werden zwar Produktionsracer von allen Firmen angeboten, diese aber von den jeweiligen Fahrern deren Vorstellungen entsprechend umgerüstet und nach den individuellen Ansprüchen neu aufgebaut, zumindest von den Top-Piloten. Das ist auch bei den Werksmaschinen nicht anders, dort finden eben die entsprechenden Um- oder Neubauten zusammen mit den Ingenieuren und Mechanikern statt.

Gleiches gilt natürlich auch für Enduromaschinen, die ausschließlich im Wettbewerb bewegt werden. Je spezieller eine Maschine für Wettbewerbe konzipiert wurde, desto wichtiger werden Einstellung und Vorbereitung derselben. Die Einstellarbeit muß jeweils für jede Strecke neu vorgenommen werden. Sie bezieht sich auf die Vergasereinstellung (Düsenbestückung/Nadelstellung), Wahl der Sekundärübersetzung und Einstellung der Federelemente (Gabel und Federbein). Dieser Aufwand läßt sich natürlich vergrößern, indem man die Primärübersetzung ändert, Getriebezahnräder austauscht, eine andere Gabel einbaut und Schwinge und Federbein austauscht. Weiterhin ist die Wahl der richtigen Reifen von entscheidender Bedeutung. Heutzutage gibt es Reifen für harte und weiche Böden, sommerliche und winterliche Temperaturen, die ganz entscheidend zu besserem Fahrverhalten beitragen.

So kann man aus ein- und demselben Motorrad eine Siegermaschine oder aber auch eine lahme Krücke machen, je nachdem, wie gut man das Geschäft mir der Abstimmung beherrscht. Auch wenn man einen technisch begabten Menschen zu seinen Freunden zählen kann, der einem diese Arbeit abnimmt, so braucht er doch das Gespräch mit dem Fahrer, d.h. dieser muß ihm seine Eindrücke so schildern können, daß der Techniker die Maschine entsprechend verändern kann. Der Fahrer muß also ein Gefühl dafür besitzen, ob eine Veränderung positive oder negative Auswirkungen auf das Fahrverhalten der Maschine hat.

Wettbewerbsmaschinen verändern sich von Jahr zu Jahr, oft von Woche zu Woche, so daß wir uns hier darauf beschränken wollen, zwei typische Vertreter von Moto Cross-Maschinen vorzustellen, wie sie auch für den Anfänger interessant sind. Ganz bewußt wurden zwei in der Mitte liegende Klassen, mit jeweils 125 cm^3 und 250 cm^3, gewählt. Die

Bild 36: KTM 125 MX Moto Cross

125 cm^3-Klasse ist bei den Kleinen die Größte. Sie eignet sich sowohl für den fortgeschrittenen Nachwuchscrosser, um mit den stärkeren Maschinen vertraut zu werden, als auch für den Fahrer, der den Einstieg in den Moto Cross-Sport sucht.

Bei der Maschinenwahl gilt das eigene Fahrtalent als Maßstab. Der Beginner sollte eine Maschine wählen, die ein breites nutzbares Drehzahlband und weiche Übergänge hat. Das geht freilich zu Lasten der Spitzenleistung. In diese Kategorie gehört die 125 KTM nicht. Im mittleren Drehzahlbereich ist fast keine Leistung vorhanden, und die Maschine quält sich zu dem Punkt, an dem die Leistungsabgabe beginnt, die dann aber aus dem Vollen erfolgt. Jetzt geht, wie man so schön sagt, die Post ab, und zwar so vehement, daß der erschrockene Anfänger das

164

Bild 37:
KTM 250
MX Moto Cross

Gas schließt, um sich kurz darauf wieder dort zu finden, wo keine Leistung ist: im mittleren Drehzahlbereich.

Bei den Modellverbesserungen hat sich KTM bemüht, dieses extreme Ansprechverhalten zu mindern, unter anderem durch den Einsatz eines Flachschiebersvergasers. Das Resultat bei der neuen 125er: mehr Leistung im mittleren Drehzahlbereich, ohne an Bissigkeit bei hohen Drehzahlen zu verlieren. Für die Zukunft, und das gilt auch im Hinblick auf die 250 cm³-Maschinen, wird das Leistungsband der Maschinen noch breiter und in ihrer Kraftabgabe noch mehr in Richtung »Marke Gummiband« gehen als bisher. Das werden die Hersteller sowohl durch Einlaßmembranen erreichen, die direkt an das Gehäuse angeflanscht sind, als auch durch die unter dem Namen »power valve« bekannten Auslaßsteuerungen. Die 250er KTM mit verbessertem »power valve« und Keihin-Flachschiebervergaser, kommt diesem Ideal schon sehr nahe. Fast über die ganze Drehzahlbreite sorgt eine gleichmäßige,

165

kraftvolle Leistungsabgabe für schnelles Vorankommen. Motorisch fühlt sich mit ihr sowohl der Beginner als auch ein Top-Fahrer auf Anhieb wohl. Fahrwerkseitig sind 250- und 125 cm³-Maschinen weitgehend identisch.

Nachdem sich auch im Geländesport die Scheibenbremse durchgesetzt hat, ist es bei der neuen KTM gelungen, diese soweit zu optimieren, daß Dosierbarkeit und Bremswirkung in ausgewogenem Verhältnis zueinander stehen. Eine Schwingsattel-Einkolbenbremse mit 260 mm ∅ vorn, am Hinterrad tut eine 220 mm ∅ große Bremse ihren Dienst. Ebenfalls Einkolbenbremssattel, schwimmend gelagert und ohne Zuganker eingebaut, was schnelleren Radwechsel möglich macht. Die Schwinge ist nadelgelagert und stützt sich über eine Pro-Lever-Anlenkung am Rahmen ab. Federweg hinten bei der 250 cm³-Maschine 355 mm, bei der 125er sind es immerhin noch 345 mm.

Die Einstellmöglichkeiten am Fahrwerk sind bei beiden Maschinen reichhaltig. Beim hinteren Federbein sind sowohl Federvorspannung als auch die Zug- und Druckstufe der Federbeindämpfung verstellbar. Mehr als ± 8 mm sollte diese Einstellmöglichkeit nicht überschreiten, da sich sonst die Federeigenschaften verändern (Abb. 41a). Die Grundeistellung ist für ein Fahrergewicht von 70 kg vorgesehen. Vom Radstand her ist die 250er etwas länger als die kleine Schwester und glänzt deshalb mit etwas besserem Geradeauslauf und geringfügig schlechterer Handlich-

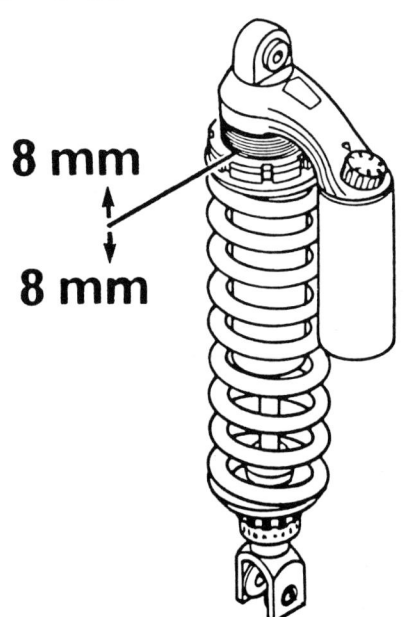

8 mm

8 mm

Abb. 41a
Grad der Federvorspannung

keit. Der Lenkkopfwinkel ist mit 62,5° bei beiden Maschinen identisch. In der Sitzhöhe ist die große KTM mit 965 mm geringfügig höher als die 125er mit 960 mm. Bedingt durch den enormen Federweggewinn sind Wellenpisten mit beiden Maschinen kein Problem. Der Trend der kommenden Jahre, wenn sich die Entwicklung so fortgesetzt, wird wohl sein vom 18 zum 19 Zoll Hinterrad überzugehen, da sich ein größeres Rad bei Wellen positiv auf das Fahrverhalten der Maschine auswirkt. Vor nicht allzu langer Zeit gab es noch Cross-Maschinen mit 17 Zoll-Hinterrad – man sieht, wie schnell sich technische Details ändern.

Beide Maschinen glänzen durch sehr gute Handlichkeit und Lenkprä-zision. Dieser Tugenden bedarf es bei Moto Cross-Maschinen, die auf verwinkelten Kursen Dienst tun müssen. Trotz der Vorzüge der 250er eignet sich die 125er gut zum Lernen, da sie präzises Fahren erforderlich macht und Fehler offenkundiger werden.

Technische Daten	KTM 125 MX Moto Cross
Motor:	Einzylinder-Zweitakt, flüssigkeitsgekühlt, Alu-Zylinder Nikasil-beschichtet mit Auslaßsteuerung Leistung 29,5 (40) kw (PS) bei 11 500 U/min Hubraum 124,8 cm³, Bohrung × Hub 54,25 × 54 mm
Vergaser:	Keihin-Flachschiebervergaser 38 mm ∅
Zündung:	Motoplat CDI kontaktlos
Zündkerze:	Bosch W09 CS (W370 S2S)
Kraftübertragung:	Sechsgang, klauengeschaltet, Mehrscheiben-kupplung im Ölbad, Kette ⅝ × ¼", Sekundär-übersetzung 13:50 Z
Fahrwerk:	Zentralrohrrahmen, Up-Side-Down-Gabel mit 300 mm Federweg, Zentralfederbein mit Pro-Lever -Anlenkung 345 mm Federweg, Alu-Schwinge.
Bremsen:	vorn: Einscheibenbremse mit 260 mm Durchmesser hinten: Scheibenbremse mit 220 mm Durchmesser
Reifen:	vorn: 90/90-21", hinten: 4.10-18"
Leergewicht:	88 kg
Tankinhalt:	8 l
Radstand:	1430 mm
Mischungsverhältnis:	1:30
V/max:	je nach Übersetzung und Einsatzbedingungen
0–100 km/h:	
Rundenzeit Moto Cross-Kurs:	2.01 min

Technische Daten	KTM 250 MX Moto Cross
Motor:	Einzylinder Zweitakt, flüssigkeitsgekühlt, Alu-Zylinder Nikasil-beschichtet mit Auslaßsteuerung Leistung 38,3 (52) kW (PS) bei 8300 U/min Hubraum 246,9 cm^3, Bohrung × Hub 67,5 × 69 mm
Vergaser: Zündung: Zündkerze:	Keihin-Flachschiebervergaser 38 mm $\varnothing$ KTM Digital Control II kontaktlos Bosch W2CS
Kraftübertragung: Fahrwerk: Bremsen:	Fünfgang, klauengeschaltet, Mehrscheibenkupplung im Ölbad, Kette $\frac{5}{8}$ × $\frac{1}{4}$″, Sekundärübersetzung 13:25 Z Zentralrohrrahmen, Up-Side-Down-Gabel mit 300 mm Federweg, Zentralfederbein mit Pro-Lever- Anlenkung 355 mm Federweg, Alu-Schwinge. vorn: Einscheibenbremse mit 260 mm Durchmesser hinten: Scheibenbremse mit 220 mm Durchmesser
Reifen: Leergewicht: Tankinhalt: Radstand:	vorn: 90/90-21″, hinten: 130/90-18″ 98 kg 9 l 1475 mm
Mischungsverhältnis: V/max: 0–100: Rundenzeit: Moto Cross-Kurs:	1:40 je nach Übersetzung und Einsatzbedingungen 1.57 min

168

VI. Die verschiedenen Geländesportarten

Die in diesem Buch beschriebenen Fahrtechniken sind speziell für Moto Cross-, Enduro-, Rallye- und Langstreckenwettbewerbe ausgelegt. Auf die Bahnfahrtechnik und die damit verbundenen Besonderheiten wird an anderer Stelle dieses Buches eingegangen. Der Trialsport muß ob seiner vielen fahrtechnischen Besonderheiten in diesem Rahmen ausgespart werden. Allen Wettbewerben zugrunde liegt, daß dabei schnell mit dem Motorrad im Gelände gefahren wird. Entsprechend sind auch die Maschinen, mit denen diese Sportarten betrieben werden. Ausnahme sind hierbei lediglich die ausgesprochenen Langstreckenveranstaltungen, da hier Haltbarkeit und große Reichweite der Maschine gefragt sind. Wie sich die verschiedenen Disziplinen im Detail unterscheiden, soll im folgenden erörtert werden.

1. Moto Cross

Wie wir schon gehört haben, ist Moto Cross eine relativ junge Motorradsportart, die erst nach dem Krieg den internationalen Durchbruch schaffte. Vereinfacht: es handelt sich bei Moto Cross um Motorradrennen auf einem abgesteckten Rundkurs. Bei der Anlage der Strecke werden die natürlichen Geländeformationen genutzt und/oder künstliche Hindernisse mit eingebaut. Der Start erfolgt als Massenstart, im Unterschied zum Straßenrennen stehen die Wettbewerber mit laufendem Motor in einer Reihe. Üblich ist heute die Verwendung eines Startgatters, das zu den Fahrern hin im Boden verschwindet. Dadurch vermeidet man Fehlstarts, denn fährt ein Fahrer zu früh an das Gatter, kann es nicht mehr nach unten kippen. Trainiert worden ist schon am Nachmittag des Vortages und/oder am Vormittag des Renntages. Das Training muß mindestens eine Stunde dauern, eine Stunde vor dem eigentlichen Rennen beendet sein, und der Fahrer muß mindestens fünf Runden gefahren sein, um zum Rennen zugelassen zu werden. Je nach Trainingszeit dürfen sich nun die Fahrer am Startgatter aufstellen, d. h. zuerst darf der Trainingsschnellste zum Startgatter, dann der Zweite

Bild 38: Konzentration am Start

Bild 39:
Ein Weltmeister macht sich bereit.
Heinz Kinigadner kurz vor dem
Start.

170

usw. An der Startlinie muß die Rennstrecke so breit sein, daß 30 Solofahrer oder 15 Gespanne nebeneinander Platz haben (1 m Platz für Solo, 2 m für Seitenwagen).

Die Weltmeisterschaft, wie auch die nationalen Meisterschaften, werden heute in drei Klassen ausgetragen, 500 cm^3, 250 cm^3 und 125 cm^3. Der Fahrer muß sich für eine Klasse verbindlich entscheiden.

Die Strecke muß deutlich ausgezeichnet werden und über eine mindestens einen Meter breite Sicherheitszone verfügen. Der Kurs muß mindestens 1,5 km lang sein, darf die 5 km aber auch nicht überschreiten. Mindestbreite 5 m, Mindesthöhe 3 m. Wichtig beim Moto Cross: die Durchschnittsgeschwindigkeit darf nicht mehr als 50 km/h betragen, sodaß eventuelle Hochgeschwindigkeitsgeraden im Vorhinein flachfallen. Bei der Anlage einer Moto Cross-Strecke hängt sehr viel von der vorhandenen Geländeformation ab. Je mehr Niveauunterschiede eine Landschaft aufweist, je größer die Unterschiede in der Bodenbeschaffenheit der Anlage sind, also Fels, Sand, Lehm usw., desto reizvoller läßt sich eine Strecke gestalten. Bei möglichst großem Schwierigkeitsgrad soll die Strecke nicht zu schnell sein, andererseits aber Überholen möglich machen und auch bei schlechtem Wetter noch befahrbar sein.

Die hier in stark schematisierter Form gezeichnete Moto Cross-Naturstrecke (Abb. 42) weist so ziemlich alle Schwierigkeitsgrade auf. Nach dem Start hat das Feld, immerhin 30 Maschinen, genügend Gelegenheit, sich auseinanderzuziehen. Die Gerade dürfen wir uns aber nicht so glatt vorstellen, wie es die Zeichnung suggeriert. Sie ist voller Wellen und Löcher, ähnlich einer Skipiste, die sich noch verstärken, wenn wir uns der ersten 180°-Kurve nähern (a). Wir können uns demnach erst im Kurveneinlauf setzen, nachdem wir kurz nach dem Start aus dem Sattel hochgegangen sind. Nach der Kurve wartet ein Sprung (b), der deshalb nicht so ohne ist, weil wir direkt nach der Landung das 90°-Eck anbremsen müssen. Als zusätzliche Gemeinheit geht es in zwei Stufen abwärts (c) und zwar so, daß sich das nicht in einem Satz erledigen läßt. Danach folgt gleich eine Steilauffahrt, die uns einen Sprung bergauf beschert. Dank des Hügels (e) keine leichte Aufgabe, denn bis dahin muß das Kapitel Sprung abgeschlossen sein. Die Auslegung des Sprungs richtet sich demnach nach dem gleich darauf zu fahrenden Huppel. Mit einem Sprung bergab fliegen wir auf eine enge Kurve zu. Auch hier muß das Timing für den Sprung so sein, daß für Anbremsen und Durchfahren der Kurve genügend Zeit bleibt. Bei (g) erwartet uns eine Steilabfahrt, die mit Löchern und Querrinnen gespickt ist. Hier gilt es, den Körper zurückzunehmen und das Vorderrad zu

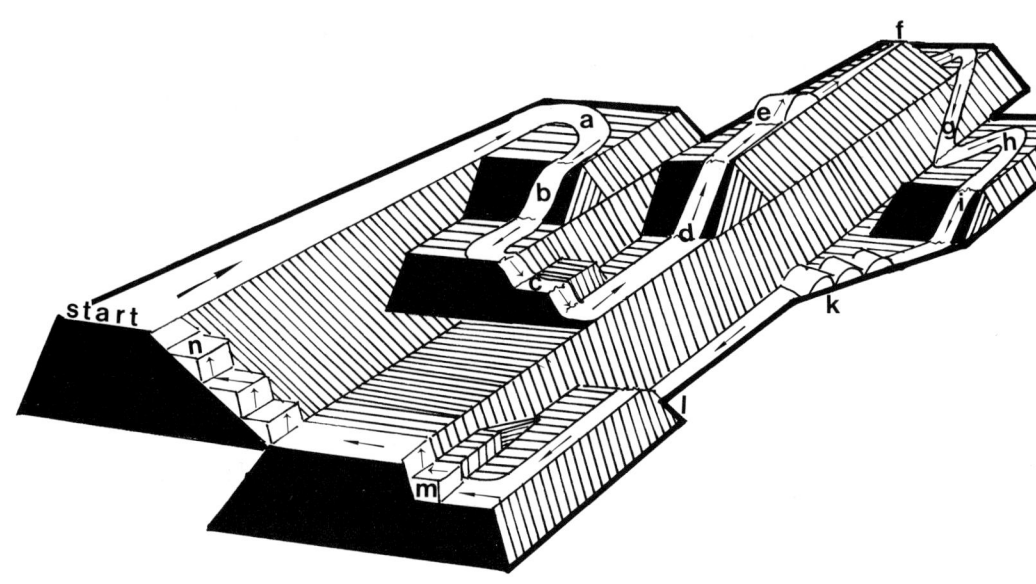

Abb. 42
Moto Cross-Naturstrecke mit eingezeichneten Höhenunterschieden.

entlasten. Nach einer erneuten Spitzkehre, die als Anlieger gefahren werden kann (h), kommen wir nach einer Bergab- Passage (i) zu Wellen (k), die konditionsschwachen Fahrern den Rest geben, bevor sich die Strecke mit einer Dreifachkombination an Gemeinheiten schließt. Zuerst der Sprung bergauf (l), der keinerlei Schwierigkeit bietet. Aber dann! Aus einer 90°-Kehre muß ein Doppelsprung bergauf gemeistert werden (m). Als wäre das noch nicht genug, folgt nun noch einmal dasselbe, aber als Dreifach-Sprung (n). Wer sich hierbei, bedingt durch die körperliche Erschöpfung, die sich aus einer schon gefahrenen Runde ergibt, verschätzt und mit Vollgas auf der Absatzkante landet, auf den wartet ein fulminanter Salto rückwärts. Das passiert schneller als man denkt, denn die leistungsstarken Zweitakter schwanken bei der Leistungsabgabe immer zwischen Allem und Nichts. Mit einem Satz landen wir dann auf der Start- und Zielgeraden, die es ja nun mit V/max zu überwinden gilt. Dabei sollten wir versuchen, uns ein wenig zu entspannen, was leichter gesagt als getan ist. Der Motor zieht mit aller Kraft los und uns damit fast die Arme aus dem Körper. Bedingt durch die Wellen und Huppel teilt das Fahrwerk Schläge aus, die es durch Kniebeugen zu kompensieren gilt. Bevor wir dreimal richtig durchgeatmet haben, ist die

172

Kurve da, und das Spiel beginnt von neuem. Nach den obligatorischen 40 min + 2 Runden ist da wohl jeder am Ende!

Es werden zwei Rennläufe gefahren, wobei die Dauer eines jeden 40 min beträgt (+ 2 Zusatzrunden). Zwischen beiden Läufen wird den Aktiven eine Pause von mindestens einer Stunde zugestanden. Je nach ihrer Plazierung erhalten die Fahrer Punkte nach einem bestimmten Schlüssel (1 = 15 P / 2 = 12 P / 3 = 10 P / 4 = 8 P / 5 = 6 P / 6 = 5 P / 7 = 4 P / 8 = 3 P / 9 = 2 P / 10 = 1 P). Alle anderen Fahrer, also ab Platz 11, gehen leer aus. Wurde anfänglich die Addition beider Läufe eines WM-Rennens dazu verwendet, das Klassement zu erstellen, so hat sich die FIM 1973 dazu entschlossen, beide Rennen selbständig zu werten und so die ganze Sache für das Publikum, aber auch für die Fahrer übersichtlicher zu machen. Fälle, daß ein Fahrer das erste Rennen gewann, im zweiten aber ausschied und nun sein Ranglistenplatz auf kompliziertem Weg berechnet werden mußte, gehörten damit der Vergangenheit an. Dazu kam, daß, nahm ein Fahrer nicht am ersten Lauf teil oder schied er aus, er beim zweiten keine Punkte erhalten konnte. So traten die betroffenen Cracks natürlich beim zweiten Lauf auch nicht mehr an. Die Dummen dabei waren in erster Linie die Zuschauer, die oft ihren Liebling so nicht mehr fahren sahen. Aber das ist jetzt vorbei, und ganz im Sinne eines einfachen Klassements wird diese nun durch die Reihenfolge des Einlaufs der Fahrer bestimmt. National gibt es die gleichen Klassen wie international, lediglich die 750 cm³-Viertaktklasse macht eine Ausnahme.

Bild 40: Nichts geht mehr!

Bild 41:
Statt Lehm und Sand
Holzgerüste beim Hallen
Cross.

175

Public Relation Zubehör für Stadion Crosser

Auch für Kinder und Jugendliche bietet Moto Cross ein geeignetes Betätigungsfeld. Für die 8jährigen gibt es beispielsweise eine 60 cm³-Clubklasse (2 Läufe à 10 min + 2 Runden), eine deutsche Jugend-Moto Cross-Meisterschaft (ab 12) für 80 cm³ Maschinen (1 Lauf à 10 min + 1 Lauf à 15 min + jeweils 2 Runden), und auch international gibt es mit der 125 cm³-Europameisterschaft für unter 21jährige (2 Läufe à 30 min + 2 Runden) eine Klasse unter dem Motto »dem Nachwuchs eine Chance«.

Dabei natürlich auch noch die Seitenwagen, die in diesem Buch, das von Solofahrtechniken handelt, leider unerwähnt bleiben müssen.

Eine weitere Variation des Moto Cross ist das Stadion-Cross. Hier wird die komplette Strecke aus künstlichen Hindernissen errichtet und, wie es der Name schon sagt, der Wettbewerb in einem Sportstadion durchgeführt (Abb. 43). Beim Hallen Cross haben wir ebenfalls künstliche Hindernisse, dazu kommt aber noch ein künstlicher, glatter Bodenbelag, so daß mit Straßenreifen gefahren werden muß. Statt Erdhügel und schwierigen Landschaftsformationen gilt es beim Hallen-Cross Holzhindernisse und Treppen zu überwinden. Durch diese wird der Schwierigkeitsgrad bestimmt. Bei beiden Varianten kommt es zu extremen Sprungkombinationen. Vor allem beim Stadion-Cross hat es schon folgenschwere Unfälle durch die sehr hohen und weiten Sprünge gegeben, vor allem dann, wenn ein Fahrer in einen anderen hineinsprang, denn in der Luft sind keine Korrekturen mehr möglich.

Die erste Stadion-Cross-Veranstaltung in Deutschland fand 1986 im Olympia-Reitstadion in München statt. Heimat dieser Sportart ist Amerika. Dort verfolgen mehr als 80 000 Besucher Veranstaltungen wie z.B. das Super-Cross im Los Angeles-Coloseum. Bei den eingesetzten Maschinen handelt es sich um 250 cm³-Motorräder mit ca. 50 PS Leistung. Die Laufdauer beim Stadion-Cross ist unterschiedlich und wesentlich kürzer als beim Freiland-Cross. Die Dauer der Finalläufe beträgt 12 min + 2 Runden, die der Qualifikations- und Hoffnungsläufe zwischen 6 und 8 min + 2 Runden. Daß beim Stadion-Cross die Gefahr besteht, daß die ganze Sache zu sehr in Richtung Show abdriftet, zeigen Regelungen wie die, nach der die Zuschauer die Möglichkeit haben, den letzten der 16 Finalteilnehmer unter ihren Lieblingen auszuwählen. Das hat mit fairem Sport nichts mehr zu tun und gehört in den Cirkus!

Bild 42: Extreme Sprünge werden beim Stadion Cross durch die künstlichen Hindernisse ermöglicht.

ZEITPLAN STADION-CROSS

9.30–10.30 Uhr Freies Training

11.00–12.00 Uhr Zeittraining

15.00–15.30 Uhr Begrüßung und Vorstellung der Fahrer

15.30–16.30 Uhr 4 Qualifikationsläufe à 8 min + 2 Runden

16.40–17.05 Uhr 2 Hoffnungsläufe à 6 min + 2 Runden

17.10–17.40 Uhr 2 Semifinalläufe à 8 min + 2 Runden

18.00–18.15 Uhr letzter Hoffnungslauf à 8 min + 2 Runden

18.20–18.40 Uhr Vorstellung der Finalisten

18.45–19.05 Uhr Finale = 12 min + 2 Runden

Schon bei der Terminplanung läßt sich eine sportwissenschaftliche Feststellung treffen. Im Gegensatz zum Freiland-Cross haben wir es beim Hallen-Cross mit einer ganz anderen Belastungsart für den Organismus zu tun. Während wir beim normalen Moto Cross eine aerobe Langzeitausdauer benötigen (Belastungsdauer über 30 min), handelt es sich beim Stadion-Cross um eine aerobe Kurzzeit-Ausdauer (Belastungsdauer 3–10 min), bis hin zur aeroben Mittelzeit-Ausdauer (Belastungsdauer 10–30 min). Diese kurze Belastungszeit ermöglicht hohe Belastungsintensität. Diese wiederum erfordert schnelle Energiebereitstellung. Darauf muß der Körper durch entsprechendes Intervalltraining vorbereitet werden. Wer vom Freiland-Cross kommt, hat also nicht nur Umstellungsprobleme mit der Fahrtechnik, sondern auch mit dem Organismus, der an diese Art der Belastung nicht oder nur unzureichend gewöhnt ist. Gleiches gilt auch für das Hallen-Cross.

Deshalb sollte der, der sich für die Teilnahme an beiden Veranstaltungstypen interessiert, sein Training vorher entsprechend modifizieren.

Anlage einer Stadion-Cross-Strecke (in Anlehnung an »Cross-Revue«, die offizielle Programmzeitschrift des Münchener Stadion-Cross 1988): Streckenlänge 750 m, 14 Sprungkombinationen, Erbauer Rolf Dieffenbach (Abb. 43).

1 = Zu überfahrende Wellen; wichtig der richtige Rhythmus
2 = Einfacher Sprung mit einer Flughöhe von ca. 5 m
3 = Wellen zur Tempodrosselung vor der Spitzkehre
4 = Sprunghügel; wichtig bei diesem Sprung ist, den Absprung so zu erwischen, daß genügend Höhe gewonnen wird, um den zweiten, höher liegenden Hügel auch noch zu überspringen
5 = Bremswelle
6 = unterschiedliche Wellen
7 = Sprunghügel, der eine Landung auf dem Vorderrad im abfallenden Streckenteil notwendig macht. Die Schwierigkeit hierbei besteht darin, daß gleichzeitig die Kurve angebremst werden muß
8 = Der Sprung beginnt mit einem Radius von 50 cm und steigt dann auf eine Höhe von 2 m
9 = Bremswellen
10 = Sprungkombination, die im ganzen übersprungen werden muß; bei einem fehlerhaften Absprung landet man im aufsteigenden Teil des zweiten Hügels.
11 = Bremswelle
12 = Zielsprung (hier wird das Rennen abgewunken)
13 = Bremswellen
14 = kleiner Sprung

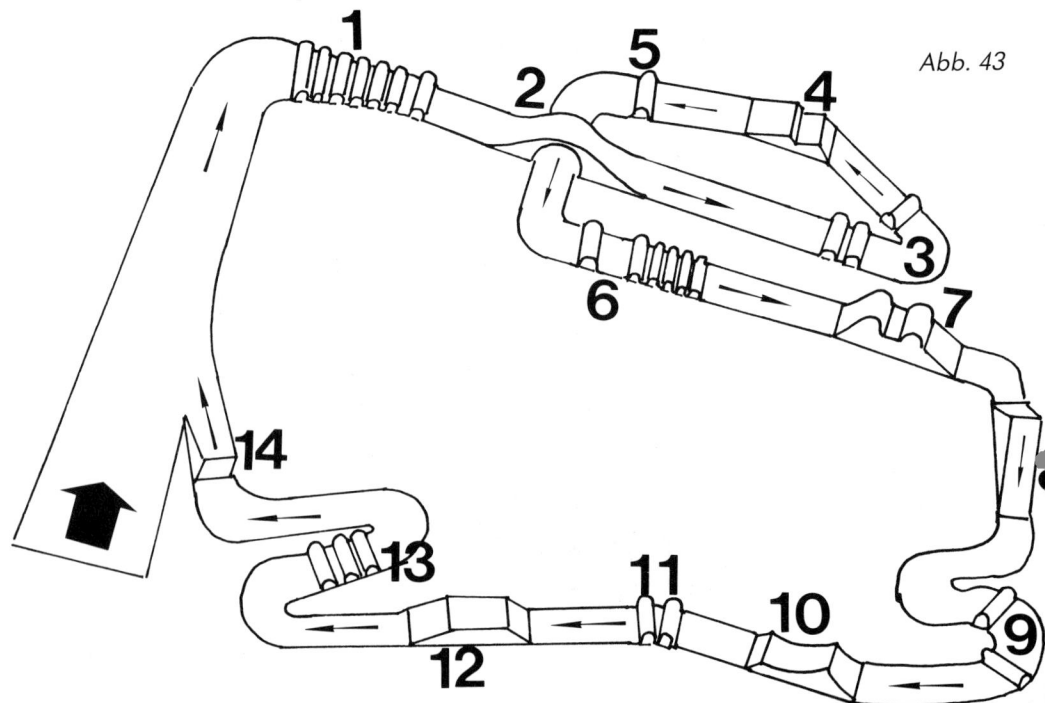

Abb. 43

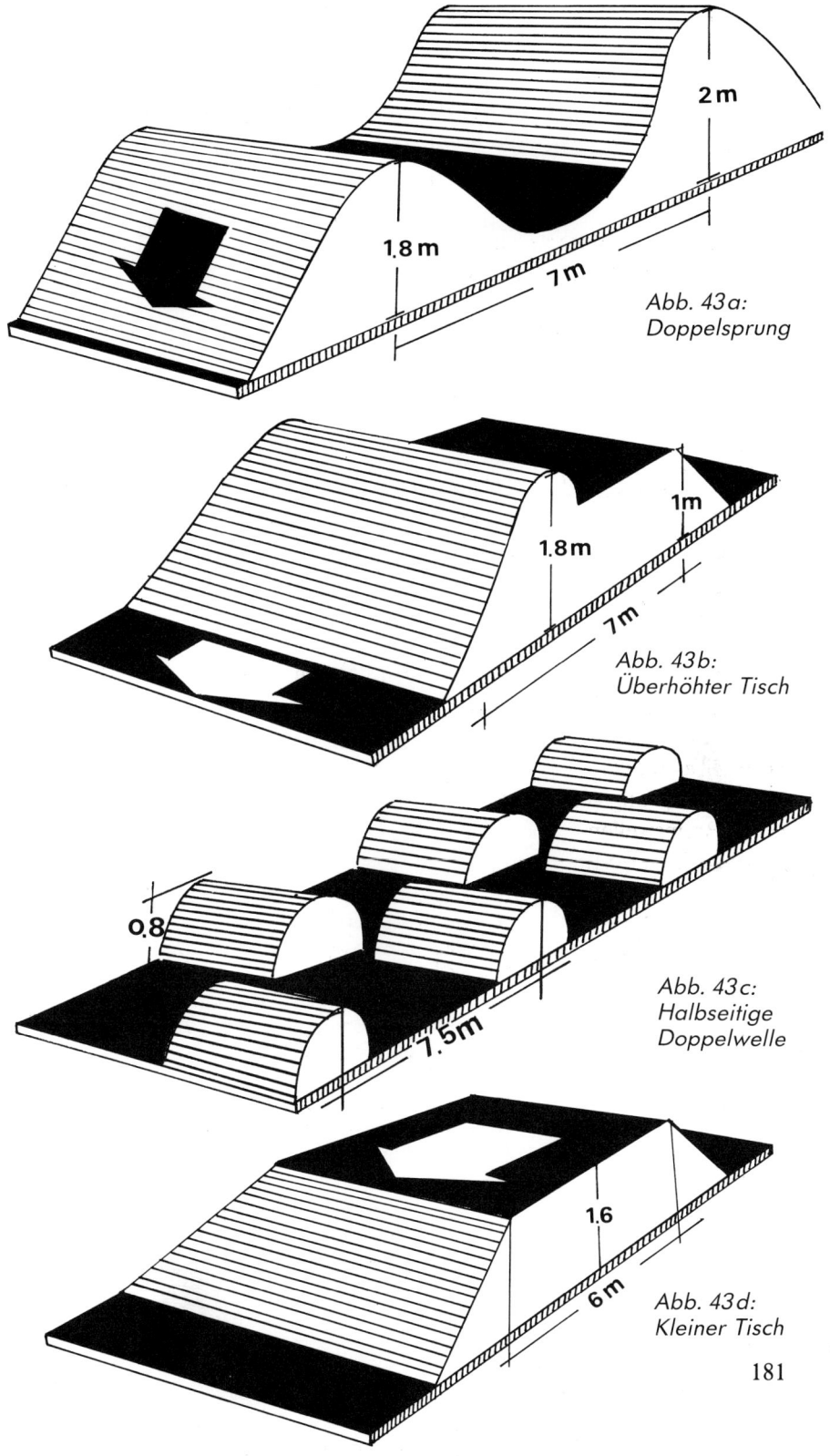

2 m

1,8 m

7 m

Abb. 43a:
Doppelsprung

1,8 m

1m

7m

Abb. 43b:
Überhöhter Tisch

0,8

7,5 m

Abb. 43c:
Halbseitige
Doppelwelle

1,6

6 m

Abb. 43d:
Kleiner Tisch

181

Alle Motocross-Weltmeister

125 cm³

1975	**Gaston Rahier**	Suzuki
1976	**Gaston Rahier**	Suzuki
1977	**Gaston Rahier**	Suzuki
1977	**Gaston Rahier**	Suzuki
1978	**Akira Watanabe**	Suzuki
1979	**Harry Everts**	Suzuki
1980	**Harry Everts**	Suzuki
1981	**Harry Everts**	Suzuki
1982	**Eric Geboers**	Suzuki
1983	**Eric Geboers**	Suzuki
1984	**Michele Rinaldi**	Suzuki
1985	**Pekka Vehkonen**	Suzuki
1986	**Dave Strijbos**	Cagiva
1987	**John van den Berk**	Honda
1988	**Jean-Michele Bayle**	Honda

250 cm³

1962	**Torsten Hallmann**	Husqvarna
1963	**Torsten Hallmann**	Husqvarna
1964	**Jol Robert**	CZ
1965	**Viktor Arbekow**	CZ
1966	**Torsten Hallmann**	Husqvarna
1967	**Torsten Hallmann**	Husqvarna
1968	**Jol Robert**	Suzuki
1969	**Jol Robert**	Suzuki
1970	**Jol Robert**	Suzuki
1971	**Jol Robert**	Suzuki
1972	**Jol Robert**	Suzuki
1973	**Hakan Anderson**	Yamaha
1974	**Gennadi Moiseev**	KTM
1975	**Harry Everts**	Husqvarna
1976	**Heikki Mikkola**	Husqvarna
1977	**Gennadi Moiseev**	KTM
1978	**Gennadi Moiseev**	KTM
1979	**Hakan Careqvist**	Husqvarna
1980	**Georges Jobé**	Suzuki
1981	**Neil Hudson**	Yamaha
1982	**Danny LaPort**	Yamaha
1983	**Georges Jobé**	Suzuki
1984	**Heinz Kinigadner**	KTM
1985	**Heinz Kinigadner**	KTM
1986	**Jacky Vimond**	Yamaha
1987	**Eric Geboers**	Honda
1988	**John van den Berk**	Yamaha

500 cm³

Year	Rider	Make
1957	Bill Nilsson	Crescent-AJS
1958	René Baeten	FN
1959	Sten Lundin	Monark
1960	Bill Nilsson	Husqvarna
1961	Sten Lundin	Lito
1962	Rolf Tibblin	Husqvarna
1963	Rolf Tibblin	Husqvarna
1964	Jeff Smith	BSA
1965	Jeff Smith	BSA
1966	Paul Friedrichs	CZ
1967	Paul Friedrichs	CZ
1968	Paul Friedrichs	CZ
1969	Bengt Aberg	Husqvarna
1970	Bengt Aberg	Husqvarna
1971	Roger de Coster	Suzuki
1972	Roger de Coster	Suzuki
1973	Roger de Coster	Suzuki
1974	Heikki Mikkola	Husqvarna
1975	Roger de Coster	Suzuki
1976	Roger de Coster	Suzuki
1977	Heikki Mikkola	Yamaha
1978	Heikki Mikkola	Yamaha
1979	Graham Noyce	Honda
1980	André Malherbe	Honda
1981	André Malherbe	Honda
1982	Brad Lackey	Yamaha
1983	Hakan Careqvist	Yamaha
1984	André Malherbe	Honda
1985	Dave Thorpe	Honda
1986	Dave Thorpe	Honda
1987	Georges Jobé	Honda
1988	Eric Geboers	Honda

6Seitenwagen

Year	Riders	Make
1980	Böhler / Müller	Yamaha
1981	Van Heugten / Kiggen	Yamaha
1982	Bollhalder / Büsser	Yamaha
1983	Bollhalder / Büsser	Yamaha
1984	Bechthold / Fuss	EML-Jumbo
1985	Bechthold / Fuss	EML-Jumbo
1986	Bechthold / Fuss	EML-Jumbo
1987	Bechthold / Fuss	EML-Jumbo
1988	Hüsser / Hüsser	VMC-KTM

»Werner war wieder beim Stadion Cross!«

RENNPROTOKOLL – MOTO CROSS

Rennstrecke:_____

Veranstalter:_____

Datum:_____
WITTERUNG
freies Training   naß   trocken
Pflichttraining   naß   trocken
Rennen   naß   trocken

Bodenverhältnisse:_____

Temperatur:_____Luftdruck:_____Luftfeuchtigkeit_____

Maschinentyp:_____

Reifen: Marke_____Nummer: vorn _____hinten _____
FAHRGESTELL
Reifendruck: vorn_____hinten _____

Gabel: Typ_____

Federvorspannung:_____Dämpfer/Zug-:_____Druckstufe:_____

Federbein: Typ _____

Federvorspannung:_____Dämpfer/Zug-:_____Druckstufe:_____
EINSTELLUNG MOTOR
Zündeinstellung:_____Zündkerze:_____

Vergaser: Typ_____

Hauptdüse:_____Leerlaufdüse:_____Schieber:_____

Luftschraube:_____Nadelstellung:_____Schwimmer:_____
4 Takter
Nockenwelle: Einlaß _____   Auslaß _____

Ventilspiel: Einlaß _____   Auslaß _____
2 Takter
Zylinder: Typ _____   Membrane _____

ÜBERSETZUNG   Getriebeausgang _____   Kettenrad _____
1.Gang:_____2.Gang:_____3.Gang:_____4.Gang:_____5.Gang:_____6.Gang:___
TRAININGSZEITEN
Freies Training: ☐ ☐ ☐ ☐ ☐ ☐ ☐ ☐ ☐ ☐ ☐ ☐

Pflichttraining: ☐ ☐ ☐ ☐ ☐ ☐ ☐ ☐ ☐ ☐ ☐ ☐
Rennen
Zeiten:_____

Rundenpositionen: ○ ○ ○ ○ ○ ○ ○ ○ ○ ○

○ ○ ○ ○ ○ ○ ○ ○ ○ ○

CHECKLISTE

① **Flüssigkeiten**   oK   überprüfen

1. Motoröl . . . . —O————O—
2. Getriebeöl . . . . —O————O—
3. Kettenschmierung . . . . —O————O—
4. Kühlflüssigkeit . . . . —O————O—
5. Bremsflüssigkeit . . . . —O————O—
6. Gabelöl . . . . —O————O—

② **Fahrgestell**

1. Lenkkopflager angezogen . . . . —O————O—
2. Schwingenlager angezogen . . . . —O————O—
3. Verlegung Schläuche/Züge . . . . —O————O—
4. Schrauben nachziehen . . . . —O————O—
5. Muttern nachziehen . . . . —O————O—
6. Federeinstellung . . . .
   a) Gabel . . . . —O————O—
   b) Federbein . . . . —O————O—
7. Spurkontrolle . . . . —O————O—

③ **Motor**

1. Zylinderkopfschrauben . . . . —O————O—
2. Zündzeitpunkt . . . . —O————O—
3. Kühlsystem dicht . . . . —O————O—
4. Befestigungsschrauben . . . . —O————O—

186

④ **Räder/Reifen/Bremsen**

1. Reifendruck
   a) vorn . . . . —O————O—
   b) hinten . . . .—O————O—
2. Räder laufen leicht. . . . .—O————O—
3. Räder wuchtig . . . .—O————O—
4. Höhen- bzw. Seitenschlag . . . .—O————O—
5. Bremsbeläge
   a) vorn . . . .—O————O—
   b) hinten . . . .—O————O—
6. Hebeleinstellung
   a) Handbremse . . . .—O————O—
   b) Fußbremse . . . .—O————O—

⑤ **Kraftstoff** . . . .
   —O————O—

⑥ **Bordwerkzeug** . . . .
   —O————O—

⑦ **Ersatzteile** . . . .
   —O————O—

Sonstiges . . . .
   —O————O—

. . . .
   —O————O—

. . . .
   —O————O—

Weitere Spielarten des Cross-Sports sind beispielsweise Strandrennen, die, wie schon der Name sagt, an Küstensträngen arrangiert werden. Da diese Rennen in tiefem Sand durchgeführt werden, ist eine besondere Fahrtechnik nötig, und es haben sich Spezialisten für diese Art des Hochgeschwindigkeits-Moto Cross herausgebildet. Tiefer Sand erwartet die Teilnehmer, wenn es durch die Dünen geht. Hier geht es darum, das Einwühlen der Maschine zu verhindern und möglichst flott durch den bodenlosen Sand zu kommen, was durch entsprechende Auffahrten erschwert wird. Am Strand selbst ist der Sand relativ fest, und es kann sehr schnell gefahren werden.

Berühmte Sandschlachten finden in Scheveningen, Holland und Le Touquet in Frankreich statt. Starterzahlen von über 600 Teilnehmern, die alle zur gleichen Zeit losgelassen werden, sind keine Seltenheit.

Der Durchführungsmodus dieser Veranstaltungen ist unterschiedlich. Oft werden bis zu drei Wertungsläufe gefahren. Diese Veranstaltungen haben oft ausgeprägten Volksfestcharakter.

Eine weitere Spielart des Moto Cross findet sich bei den Amerikanern. TT oder »steeple-chase« sind Wettbewerbe, die auf Moto Cross-ähnlichen Strecken mit umgebauten »dirt-track-Maschinen gefahren werden. Diese Maschinen sind schwer, bis zu 160 kg und haben bis 900 cm³. Im Unterschied zu den Bahnmaschinen sind vorn und hinten Bremsen montiert.

»Hill climbing« stellt eine weitere amerikanische Spezialität dar. Es kommt dabei darauf an, einen, zumeist sehr steilen Berg möglichst weit hochzufahren. Publikumswirksam sind die Purzelbäume derer, die es nicht schaffen, und das sind die meisten. Nicht umsonst hat ein Berg, an dem dieser Wettbewerb in den Staaten ausgetragen wird, den makabren Namen »Witwenmacher«.

Doch kehren wir in unseren Betrachtungen ins gute alte Europa zurück und wenden uns der ältesten Motorradsportart zu, dem Geländefahren oder, wie man heute zu sagen pflegt, dem Endurosport.

2. ENDURO

Endurofahren ist eine Querfeldeinrallye mit Prüfungen, die die Spreu vom Weizen trennen. Insofern ist es garnicht so einfach, eine allgemein und für alle Zeiten gültige Definition des Reglements zu geben. Wie wir schon gehört haben, gab es in den 50er und 60er Jahren Trialprüfungen oder vor nicht allzu langer Zeit Brems- und Beschleunigungsprüfungen. Übriggeblieben sind davon nur noch die reine Beschleunigunsprüfung über 200 m, die Cross-Prüfung und das bei der Sechstage-Fahrt übliche Schlußrennen. Dabei sind gerade Bremsprüfungen eine gute Sache, um das Fahrkönnen der Aktiven auf die Probe zu stellen, denn wer sich verschätzt oder verbremst, erhält zu der benötigten Zeit einen Zuschlag, der sich nach der Länge der überfahrenen Strecke richtet. Wie man sich den Ablauf stark vereinfacht und schematisiert vorstellen kann, zeigt die Zeichnung (Abb. 44). Für die Strecke, die es zu bewältigen gilt, ist eine Sollzeit vorgegeben. Ihre Einhaltung wird durch Zeitkontrollen überwacht. Diese Zeiten sind so ausgelegt, daß ein Fahrer, der sich nicht verfährt, oder der eine technische Panne hat, sie gut einhalten kann. Zumeist gibt es A- und B-Zeiten, die je nach Wetterlage verlangt werden. Klar, daß bei Regen die Zeiten nicht denen bei Trockenheit entsprechen können. Die Entscheidung fällt dann in einer Cross- oder Bergprüfung. Im Gegensatz zum Moto Cross darf aber vorher nicht trainiert werden, auch liegen Start und Ziel nicht zusammen. Ganz klar, daß dieses Reglement die Moto Cross Charakteristik der eingesetzten Maschinen favorisiert. Schon ab 16 Jahren kann mit dieser Sportart bei den 80 cm^3-Maschinen begonnen werden (C-Lizenz). Gefahren werden bei Ein-Tagesveranstaltung mindestens 150 km. Beim OMK-Enduro-Mannschaftspokal und der Deutschen Enduromeisterschaft (B-, A-, und I- Lizenz) wird mit 80 cm^3, 125 cm^3, 250 cm^3 und 500 cm^3-Zweitaktmaschinen und 350 cm^3 und 500 cm^3-Viertaktmaschinen gefahren, dazu kommen noch die Seitenwagen. Zweitagesveranstaltungen sind ab der Enduro-Europameisterschaft obligatorisch, bei der Mannschaftswelt- meisterschaft, den »Six Days« sind es, wie der Name schon sagt, sechs Tage und zwischen 1200 und 1600 km. Um ein weiteres Betätigungsfeld für den Nachwuchs zu schaffen, gibt es die sogenannten »gemischten Rallyes«. Die Motorräder fahren hierbei bei einer Auto- Rallye mit, d. h. auf vorwiegend asphaltierten Streckenabschnitten. Entscheidend sind dann die Wertungsprüfungen. Diese werden auf abgesperrten Strek- ken nach Zeitwertung gefahren. Bei diesem Veranstaltungstypus kann mit weitgehend serienmäßigen Straßen-Enduros mitgefahren werden, z. B. der BMW R 100 G/S. Im Enduro-Sport gibt es hohe Starterzahlen mit oft über 300 Teilnehmern. Da man immer neues Terrain befährt, ist es ratsam, nie an die absolute Grenze des fahrerischen Vermögens zu gehen, da immer mit Eventualitäten in Form von Hindernissen aller Art gerechnet werden muß. Die Krone des Geländesports war und ist nach wie vor die Sechstage-Fahrt. Sie ist in erster Linie ein Mannschaftswett-

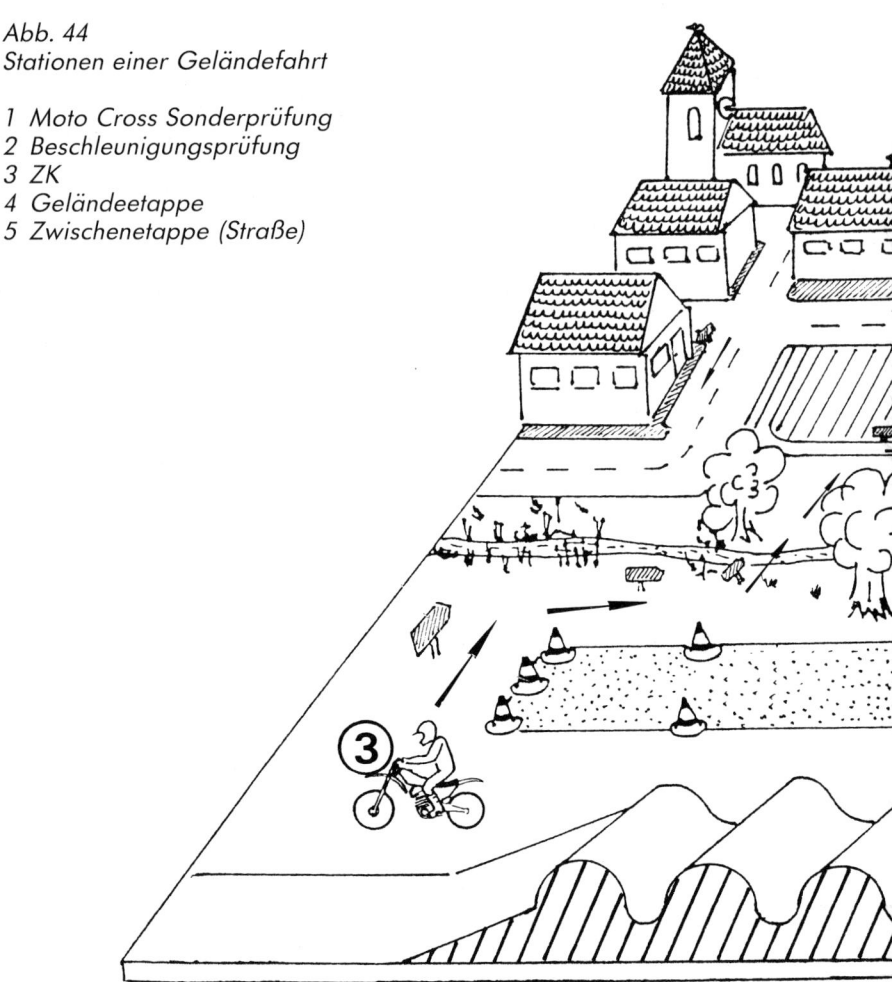

Abb. 44
Stationen einer Geländefahrt

1 Moto Cross Sonderprüfung
2 Beschleunigungsprüfung
3 ZK
4 Geländeetappe
5 Zwischenetappe (Straße)

bewerb und wird seit 1913 ausgetragen. Das Land, deren Trophy Mannschaft gewonnen hat, ist berechtigt, die Veranstaltung im darauf folgenden Jahr durchzuführen. Jedoch nicht zweimal direkt hintereinander und nicht mehr als zweimal im Ablauf von 5 Jahren. Gewinner des Wettbewerbs ist die Mannschaft, bestehend aus 6 Fahrern, von denen die meisten den Wettbewerb in Wertung beenden. Besteht bei zwei Mannschaften Punktegleichstand, wird der Punktestand der beiden

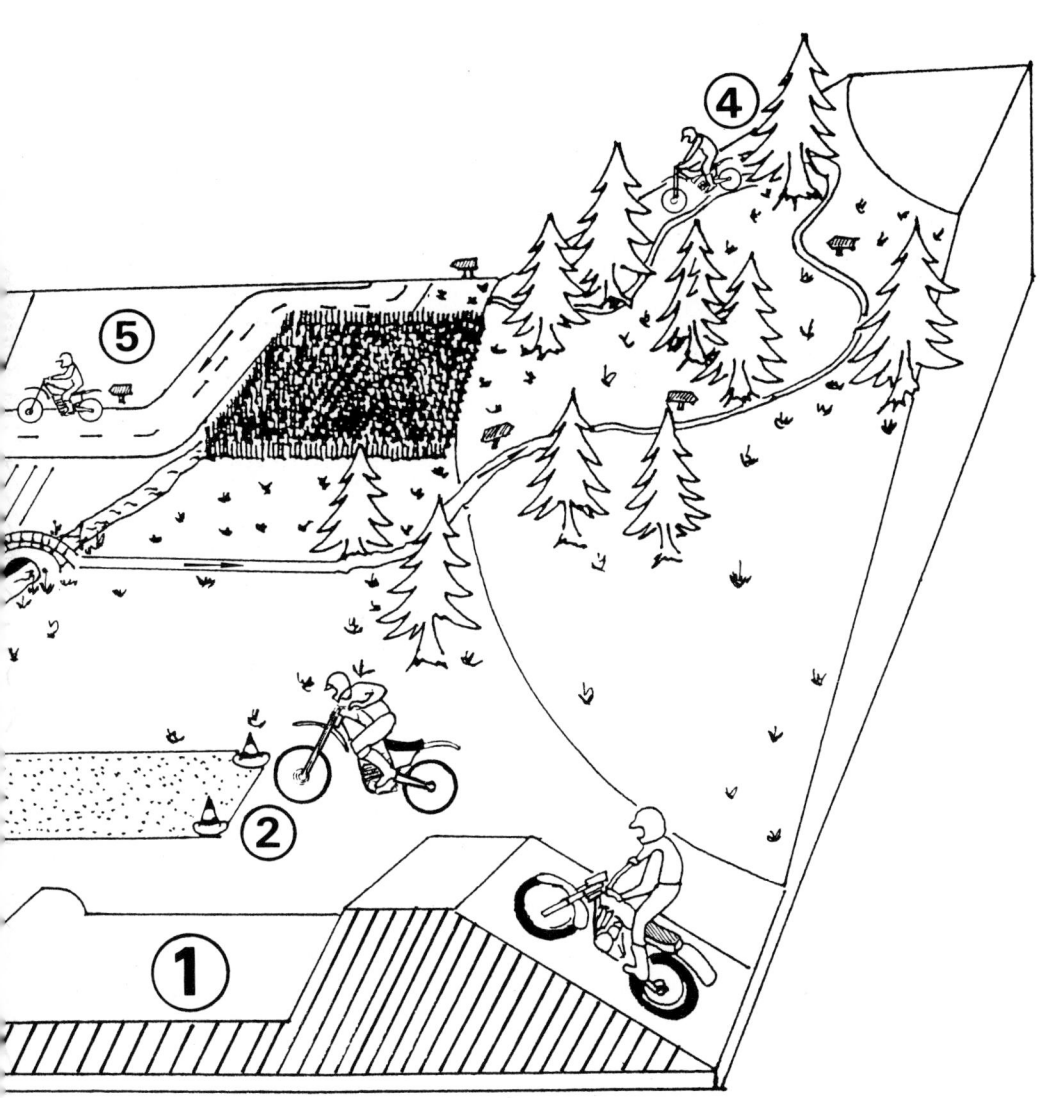

ersten Fahrer von der Gesamtpunktzahl der Mannschaft subtrahiert. Reicht das immer noch nicht, um den Sieger zu ermitteln, werden die beiden nächst Plazierten noch in dieses Verfahren miteinbezogen. Ganz schön kompliziert. Vor allem, was glauben Sie, was alles unternommen wird, wenn ein Fahrer der Trophymannschaft mit Maschinenschaden auszuscheiden droht! Da werden »Jungfrauen zersägt«, was nichts anderes heißt als beispielsweise einen markierten Rahmen so auszuwechseln,

Bild 43: So sehen Alpensträßchen aus, die für das Endurowandern so reizvoll sind.

Bild 44: Auch mit einer schweren Enduro läßt sich beherzt fahren, wie Eddy Hau demonstriert.

Bild 45: ZK, damals wie heute das gleiche Bild. Hier 1952 bei der DMV Zweitage-Fahrt.

Bild 46: Eine Max auf Abwegen bei der Internationalen »Six-days« in Gottwaldov.

Bild 47: Ein Idyll aus vergangenen Zeiten für den Geländesportfreund. 1952 irgendwo in Oberhessen.

Bild 48: Vergleichsweise gemütlich: der Start bei einer Enduroveranstaltung.

daß er vor den gestrengen Augen der Kommissare bestehen kann. Daneben gibt es noch verschiedene andere Preise. So die Silbervase, die für vier Fahrer eines Landes unter 23 Jahren ausgeschrieben ist, den Clubmannschaftspreis, den Fabrikmannschaftspreis und natürlich die Medaillen für die Einzelfahrer: Gold für alle, deren Gesamtpunktzahl nicht mehr als 10% über der des Klassensiegers liegt, bei Silber müssen es weniger als 40% sein und alle, die noch in der Sollzeit ankommen, erhalten Bronze.

Bei einem Moto Cross-Rennen ist die Wertung ganz einfach. Alle fahren zusammen los, und die Wertung erfolgt nach dem Zieleinlauf der Akteure. Ganz anders sieht das bei einer Enduroveranstaltung aus. Da ist der, den man als Zuschauer als ersten zu sehen bekommt, beileibe nicht der Tabellenführer. Die Fahrer haben nämlich ganz unterschiedliche Startzeiten und auch Zeitvorgaben. Klar, daß eine 125 cm³-

Maschine mehr Zeit zur Verfügung bekommt als eine Hubraumstärkere. So läßt sich der Stand für den Zuschauer nur an der Kontrolltafel der Rennleitung ablesen, und er muß sich darauf beschränken, wenn er an irgend einer Ecke der Veranstaltung zuschaut, Einsatz und Fahrkönnen der Akteure zu bewundern.

Der Aktive bekommt freilich ebensowenig vom Verlauf der Gesamtlage mit. Er muß sich darauf konzentrieren, seine Zeitvorgaben genau einzuhalten und pünktlich an den dafür vorgesehenen Kontrollstellen seine Kontrollkarte abzustempeln. Dieses Dokument, plus der darin eingetragenen Stempel, ist der Beleg über die eigene Position während der Veranstaltung. Für jeden Tag werden die Fahrzeiten festgelegt, wobei es A- und B-Zeiten gibt (siehe Abb. 45 / Spalte Fahrzeiten in Minuten). Je nach Wetterlage und Streckenverhältnissen werden dann die schnelleren oder langsameren Zeiten von den Aktiven verlangt. Die Fahrer erhalten einen detaillierten Plan über ihre Ankunftszeiten (Abb. 46).

Als Beispiel nehmen wir die Sechstage-Fahrt von 1979, die in Neunkirchen/Siegerland stattfand. Wie aus der Abb. 45 zu ersehen, sind in der Spalte »ORT« die Zeitkontrollen, wie Höllenkopf, Dillenburg usw. sowie die Sonderprüfungen angegeben. CP = Cross Prüfung, also ein Zeitfahren, und BP = Bremsprüfung und/oder Beschleunigungsprüfung. In der Rubrik »Art der ZK« ist zu ersehen, ob auch getankt werden kann. Die Kilometerangaben werden in zwei Spalten gemacht. Einmal ist es die km-Angabe zwischen den einzelnen Kontrollen (Einzel), zum anderen ist es die km-Angabe der Gesamtfahrstrecke (Total). Die Zeit, die zwischen den einzelnen Kontrollpunkten gebraucht werden darf, ist in der Spalte »Fahrzeit in Minuten« abzulesen.

Nehmen wir einmal den Teilnehmer, der am Anfang unserer Liste (Abb. 46) steht, die Startnummer 129. Für ihn beginnt die Veranstaltung um 7.46, das ist die Zeit bei der er am Stegskopf losfährt. Der Fahrer der Startnummer 129 fährt eine Maschine mit über 100 cm³, gefordert sind A-Zeiten, er darf also bis zur ZK 1 am Höllenkopf 38 min brauchen. Ankunftszeit wäre, wie auch aus der Tabelle zu ersehen, demnach 8.24.

Zumeist sind die Zeiten so großzügig bemessen, daß sie zu schaffen sind, wenn keine technischen Probleme auftreten. Zudem gibt es noch eine Karenzzeit, in unserem Fall eine Minute, um die die vorgeschriebene Zeit überschritten werden darf. Gestempelt werden muß freilich zur vorgesehenen Zeit, so daß der ganz Schnelle seine Zeitguthaben abwarten muß. Nach dem Stempeln geht es gleich zur Cross-Prüfung und danach erst weiter.

54. Internationale Sechstagefahrt 1979

vom 10. bis 15. September 1979 in Neunkirchen/Siegerland.

2. Tag

	Strecke -- Roads — Routes			
I Sehr gut / Very good / Trée bonnes	**II** Gut / Good / Bonnes	**III** Mittelmäßig / Mediocre / Mediocree	**IV** Schlecht / Bad / Mauvais

 Zeitkontrolle / Time Check / Contrôle horaire

 Tank-kontrolle / Petrol / Essence

CP/BP Sonder-prüfung / Special Test / Epreuves speciales

Start-Nr.	Ort	Art der ZK	Kilometer		Fahrzeit in Minuten				Schwierigkeits-grad
					Plan A		Plan B		
			Einzel	Total	bis 75ccm	ab 100ccm	bis 75ccm	ab 100ccm	
—	Start Stegskopf	⊤	—	—	—	—	—	—	
1	Höllenkopf	🕐	19,5	—	39	38	42	41	IV / II
—	CP	—	(4,0)	—	—	—	—	—	
2	Oberdresselndorf	🕐	17,5	37	28	26	31	29	I / III / IV
3	Dillenburg	🕐 ⊤	17	54	30	28	33	31	II / I / IV
4	Hörbach	🕐	14	68	23	21	25	23	III / II / IV
5	Seilhofen	🕐	12	80	23	22	25	24	III / II / IV
6	Rennerod	🕐 ⊤	13,5	93,5	23	22	25	24	III / I / IV
7	Nisterau	🕐	16,5	110	27	26	30	29	III / II / IV
8	Derschen	🕐	12,5	122,5	19	18	21	20	III / I / IV
9	Wache Stegskopf	🕐	18	140,5	32	31	34	33	IV / II / III
10	Ziel Stegskopf	🕐 ⊤	0,5	141	7	7	7	7	I
—	BP	—	—	—	—	—	—	—	
11	Höllenkopf	🕐	19,5	160,5	39	38	42	41	IV / II
—	CP	—	(4,0)	—	—	—	—	—	
12	Oberdresselndorf	🕐	17,5	178	28	26	31	29	I / III / IV
13	Dillenburg	🕐 ⊤	17	195	30	28	33	31	II / I / IV
14	Hörbach	🕐	14	209	23	21	25	23	III / I / IV
15	Seilhofen	🕐	12	221	23	22	25	24	III / II / IV
16	Rennerod	🕐 ⊤	13,5	234,5	23	22	25	24	III / I / IV
17	Nisterau	🕐	16,5	251	27	26	30	29	III / II / IV
18	Derschen	🕐	12,5	263,5	19	18	21	20	III / I / IV
19	Wache Stegskopf	🕐	18	281,5	32	31	34	33	IV / II / III
20	Ziel Stegskopf	🕐 ⊤	0,5	282	10	10	10	10	I

Abb. 45

FAHRPLAN: 2.TAG

A-ZEIT / A-ZEIT

1. RUNDE / 2. RUNDE

START-NR.:	START-ZEIT	ZK 1	ZK 2	ZK 3	ZK 4	ZK 5	ZK 6	ZK 7	ZK 8	ZK 9	ZK10
129 130 131 132	7:46	8:24	8:50	9:18	9:39	10:01	10:23	10:49	11:07	11:38	11:45
		12:23	12:49	13:17	13:38	14:00	14:22	14:48	15:06	15:37	15:47
133 134 135 136	7:47	8:25	8:51	9:19	9:40	10:02	10:24	10:50	11:08	11:39	11:46
		12:24	12:50	13:18	13:39	14:01	14:23	14:49	15:07	15:38	15:48
137 138 139 140	7:48	8:26	8:52	9:20	9:41	10:03	10:25	10:51	11:09	11:40	11:47
		12:25	12:51	13:19	13:40	14:02	14:24	14:50	15:08	15:39	15:49
141 142 143 144	7:49	8:27	8:53	9:21	9:42	10:04	10:26	10:52	11:10	11:41	11:48
		12:26	12:52	13:20	13:41	14:03	14:25	14:51	15:09	15:40	15:50
145 146 147 148	7:50	8:28	8:54	9:22	9:43	10:05	10:27	10:53	11:11	11:42	11:49
		12:27	12:53	13:21	13:42	14:04	14:26	14:52	15:10	15:41	15:51
149 150 151 152	7:51	8:29	8:55	9:23	9:44	10:06	10:28	10:54	11:12	11:43	11:50
		12:28	12:54	13:22	13:43	14:05	14:27	14:53	15:11	15:42	15:52
153 154 155 156	7:52	8:30	8:56	9:24	9:45	10:07	10:29	10:55	11:13	11:44	11:51
		12:29	12:55	13:23	13:44	14:06	14:28	14:54	15:12	15:43	15:53
157 158 159 160	7:53	8:31	8:57	9:25	9:46	10:08	10:30	10:56	11:14	11:45	11:52
		12:30	12:56	13:24	13:45	14:07	14:29	14:55	15:13	15:44	15:54
161 162 170 171	7:54	8:32	8:58	9:26	9:47	10:09	10:31	10:57	11:15	11:46	11:53
		12:31	12:57	13:25	13:46	14:08	14:30	14:56	15:14	15:45	15:55
172 173 174 175	7:55	8:33	8:59	9:27	9:48	10:10	10:32	10:58	11:16	11:47	11:54
		12:32	12:58	13:26	13:47	14:09	14:31	14:57	15:15	15:46	15:56
176 177 178 179	7:56	8:34	9:00	9:28	9:49	10:11	10:33	10:59	11:17	11:48	11:55
		12:33	12:59	13:27	13:48	14:10	14:32	14:58	15:16	15:47	15:57
180 181 182 183	7:57	8:35	9:01	9:29	9:50	10:12	10:34	11:00	11:18	11:49	11:56
		12:34	13:00	13:28	13:49	14:11	14:33	14:59	15:17	15:48	15:58
184 185 186 187	7:58	8:36	9:02	9:30	9:51	10:13	10:35	11:01	11:19	11:50	11:57
		12:35	13:01	13:29	13:50	14:12	14:34	15:00	15:18	15:49	15:59
188 189 190 191	7:59	8:37	9:03	9:31	9:52	10:14	10:36	11:02	11:20	11:51	11:58
		12:36	13:02	13:30	13:51	14:13	14:35	15:01	15:19	15:50	16:00
192 193 194 195	8:00	8:38	9:04	9:32	9:53	10:15	10:37	11:03	11:21	11:52	11:59
		12:37	13:03	13:31	13:52	14:14	14:36	15:02	15:20	15:51	16:01
196 197 198 199	8:01	8:39	9:05	9:33	9:54	10:16	10:38	11:04	11:22	11:53	12:00
		12:38	13:04	13:32	13:53	14:15	14:37	15:03	15:21	15:52	16:02
200 201 202 203	8:02	8:40	9:06	9:34	9:55	10:17	10:39	11:05	11:23	11:54	12:01
		12:39	13:05	13:33	13:54	14:16	14:38	15:04	15:22	15:53	16:03
204 205 206 207	8:03	8:41	9:07	9:35	9:56	10:18	10:40	11:06	11:24	11:55	12:02
		12:40	13:06	13:34	13:55	14:17	14:39	15:05	15:23	15:54	16:04
208 209 210 211	8:04	8:42	9:08	9:36	9:57	10:19	10:41	11:07	11:25	11:56	12:03
		12:41	13:07	13:35	13:56	14:18	14:40	15:06	15:24	15:56	16:05
212 213 214 215	8:05	8:43	9:09	9:37	9:58	10:20	10:42	11:08	11:26	11:57	12:04
		12:42	13:08	13:36	13:57	14:19	14:41	15:07	15:25	15:56	16:06
216 217 218 219	8:06	8:44	9:10	9:38	9:59	10:21	10:43	11:09	11:27	11:58	12:05
		12:43	13:09	13:37	13:58	14:20	14:42	15:08	15:26	15:57	16:07
220 221 222 223	8:07	8:45	9:11	9:39	10:00	10:22	10:44	11:10	11:28	11:59	12:06
		12:44	13:10	13:38	13:59	14:21	14:43	15:09	15:27	15:58	16:08
224 225 226 227	8:08	8:46	9:12	9:40	10:01	10:23	10:45	11:11	11:29	12:00	12:07
		12:45	13:11	13:39	14:00	14:22	14:44	15:10	15:28	15:59	16:09
228 229 230 231	8:09	8:47	9:13	9:41	10:02	10:24	10:46	11:12	11:30	12:01	12:08
		12:46	13:12	13:40	14:01	14:23	14:45	15:11	15:29	16:00	16:10
232 233 234 235	8:10	8:48	9:14	9:42	10:03	10:25	10:47	11:13	11:31	12:02	12:09
		12:47	13:13	13:41	14:02	14:24	14:46	15:12	15:30	16:01	16:11
236 237 238 239	8:11	8:49	9:15	9:43	10:04	10:26	10:48	11:14	11:32	12:03	12:10
		12:48	13:14	13:42	14:03	14:25	14:47	15:13	15:31	16:02	16:12
240 241 242 243	8:12	8:50	9:16	9:44	10:05	10:27	10:49	11:15	11:33	12:04	12:11
		12:49	13:15	13:43	14:04	14:26	14:48	15:14	15:32	16:03	16:13

DFB DATA-SPORT KG / STEINKIRCHNER STR.8 / 8032 GRAEFELFING / TEL. (089) 85436001

Abb. 46

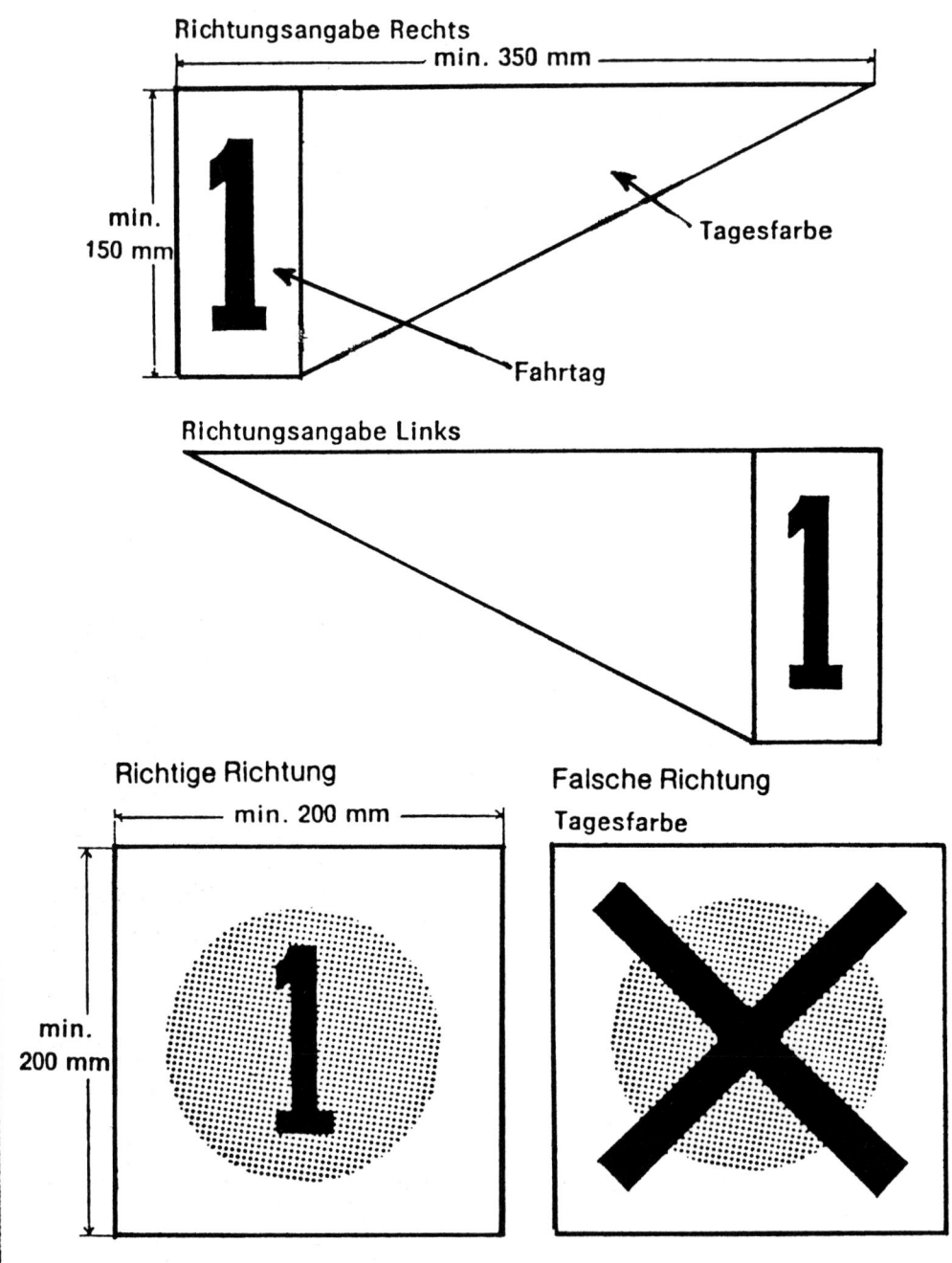

Richtungsangabe Rechts

min. 350 mm

min. 150 mm

Tagesfarbe

Fahrtag

Richtungsangabe Links

Richtige Richtung

min. 200 mm

min. 200 mm

Falsche Richtung

Tagesfarbe

Bei Pannen an der Maschine, die vor Ort zu reparieren sind, andernfalls ist man sowieso draußen, können diese Zeiten knapp werden, oder man kommt zu spät an die Kontrolle. In diesem Fall setzt es Strafpunkte, die man bis zum bitteren Ende behält. Die wiegen so schwer, daß auch die besten Sonderprüfungszeiten dieses Manko nicht mehr wettmachen können. Mit dem Gewinnen ist es aus!

Hält die Maschine und ist der Fahrer konditionell fit genug, stellen die Zeiten zwischen den einzelnen Kontrollpunkten keine Probleme dar, so daß sich die Veranstaltung bei den jeweiligen Sonderprüfungen entscheidet. Verfahren kann man sich freilich auch, was aber bei der Art der Beschilderung (Abb. 47) nur den ganz Aufgeregten passiert. Trotzdem kommt so etwas immer wieder vor, und es hat schon ganz ekelhafte Unfälle gegeben, wenn sich zwei Fahrer begegnet sind – der eine in der richtigen Richtung unterwegs, der andere in der falschen.

Bild 49: Rennmäßiges Fahren auch bei manchen Zwischenstrecken notwendig.

Bild 50: Cross-Sonderprüfung. Hier fällt zumeist die Entscheidung.

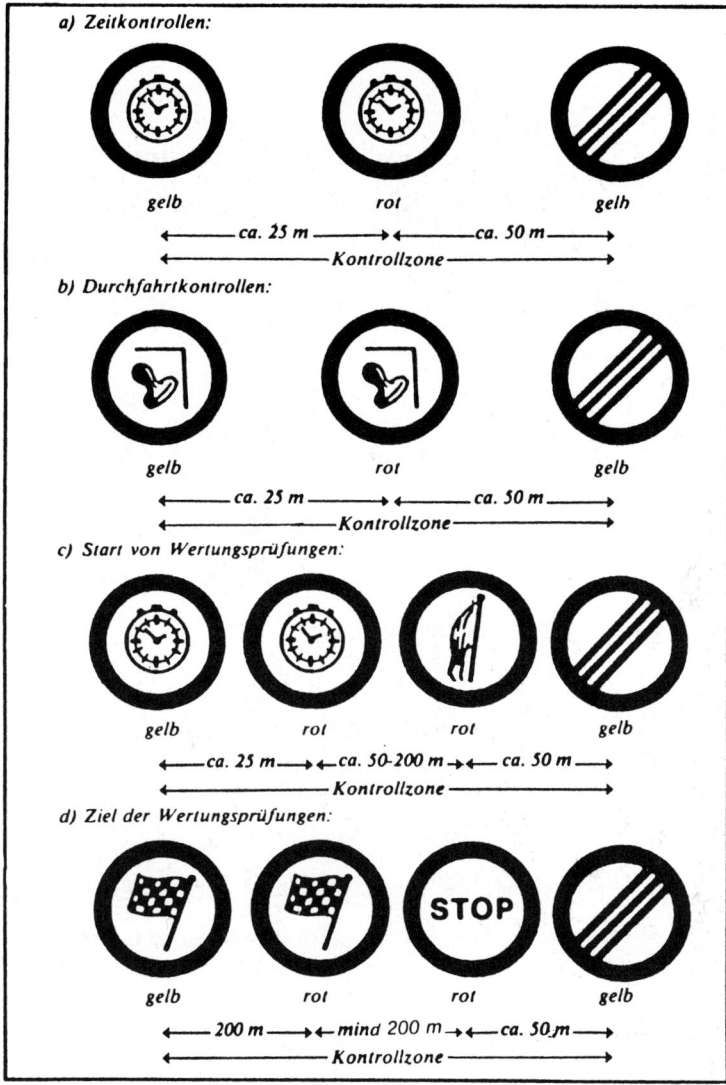

Heute werden aus Gründen des Naturschutzes die ganz tollen Strecken der früheren Jahre querfeldein nicht mehr genehmigt, so daß die Veranstaltungen, was die Strecke anbelangt, etwas trist geraten. Als Höhepunkt bleibt nurmehr die Cross-Prüfung, Leider! Isny im Allgäu mit seiner Dreitage-Fahrt oder die Sechstage-Fahrt in Garmisch wird es wohl in alter Form nicht mehr geben, und selbst im motorsportfreundlichen Italien mit der Valli Bergamasche stehen die Zeichen auf Sturm. Wohl mit ein Grund, warum die Geländefahrt klassischen Zuschnitts immer mehr von Langstreckenrallyes abgelöst werden.

Bild 51/52:
Zur Ausrüstung eines Cross-
und Endurofahrers gehört
auch ein Anhänger (hier ein
Typ für drei Motorräder).

VERANSTALTUNGSPROTOKOLL – ENDURO

Veranstalter:_____

Dauer der Veranstaltung:_____

Streckenlänge:_____

Datum:_____

Witterung/Bodenverhältnisse

1. Tag:_____ 2. Tag:_____ 3. Tag:_____

4. Tag:_____ 5. Tag:_____ 6. Tag:_____

Temperatur/Luftdruck/Luftfeuchtigkeit

1. Tag:____ /____ /____ 2. Tag:____ /____ /____ 3. Tag:____ /____ /____

4. Tag:____ /____ /____ 5. Tag:____ /____ /____ 6. Tag:____ /____ /____

Maschinentyp:_____

Reifen: Marke/Nummer/vorn/hinten:

1. Tag:____ /____ /____ 2. Tag:____ /____ /____ 3. Tag:____ /____ /____

4. Tag:____ /____ /____ 5. Tag:____ /____ /____ 6. Tag:____ /____ /____

Fahrgestell

Reifendruck: vorn/hinten:

1. Tag:____ /____ 2. Tag:____ /____ 3. Tag:____ /____ /____

4. Tag:____ /____ 5. Tag:____ /____ 6. Tag:____ /____ /____

Gabel: Typ———————————————————————————————
Federvorspannung: Dämpfer/Zug-/Druckstufe:

1. Tag:___ /___ /___   2. Tag:___ /___ /___   3. Tag:___ /___ /___

4. Tag:___ /___ /___   5. Tag:___ /___ /___   6. Tag:___ /___ /___

Federbein: Typ——————————————————————————————
Federvorspannung: Dämpfer/Zug-/Druckstufe:

1. Tag:___ /___ /___   2. Tag:___ /___ /___   3. Tag:___ /___ /___

4. Tag:___ /___ /___   5. Tag:___ /___ /___   6. Tag:___ /___ /___

Einstellung Motor
Zündeinstellung:————————————   Zündkerze:————————————

Vergaser: Typ ——————————————————————————————

Hauptdüse:————————   Leerlaufdüse:————————   Schieber:————————

Luftschraube:————————   Nadeleinstellung:———   Schwimmer:————————

4 Takter
Nockenwelle: Einlaß————————————   Auslaß————————————

Ventilspiel: Einlaß————————————   Auslaß————————————

2 Takter
Zylinder: Typ————————————   Membrane————————————

Übersetzung   Getriebeausgang/Kettenrad

1. Tag:___ /___   2. Tag:___ /___   3. Tag:___ /___ /___

4. Tag:___ /___   5. Tag:___ /___   6. Tag:___ /___/___

206

Sonderprüfungszeiten: 1/_____ 2/_____ 3/_____

4/_____ 5/_____ 6/_____ 7/_____

Defekte _____

_____

_____

Ausfallursache _____

_____

3. RALLYE

War es früher in erster Linie die Sechstage-Fahrt, die geländebegeisterte Fahrer anzog, so sind es heute die Rallye Paris-Dakar oder ähnliche Veranstaltungen. Man hört immer wieder von schlimmen Unfällen und Überforderungen der Teilnehmer, und das hat einen schlichten Grund: die Rallye Paris-Dakar wird von der OMK als touristische Veranstaltung bewertet. Im Klartext hießt das, jeder, der genügend Geld hat, die Teilnahmekosten und das Motorrad zu bezahlen, kann mitmachen. Während ein Sechstagefahrer über eine internationale Fahrerlizenz verfügen muß, die er sich über die Teilnahme an nationalen Veranstaltungen »verdient«, können touristische Veranstaltungen von allen wahrgenommen werden, die sich selbst dafür für fähig halten. Die internationale Fahrerlizenz ist ein Befähigungsnachweis für die Qualität des jeweiligen Fahrers, denn er erhält diese nur, wenn er entsprechende Erfolge nachweisen kann.

So hat der Rallyeveranstalter das Problem, daß er nicht weiß, wie gut die Leute sind, die bei seiner Veranstaltung an den Start gehen. Andererseits aber zahlen diese Fahrer das zumeist sehr hohe Startgeld, und darauf möchte der jeweilige Organisator nicht verzichten. Was also tun? Im Fall der Paris-Dakar läßt der Veranstalter kurz nach dem Start in Paris, also noch auf französischem Boden, beinharte Sonderprüfungen fahren, in der Hoffnung, so die Spreu vom Weizen zu trennen. Diese

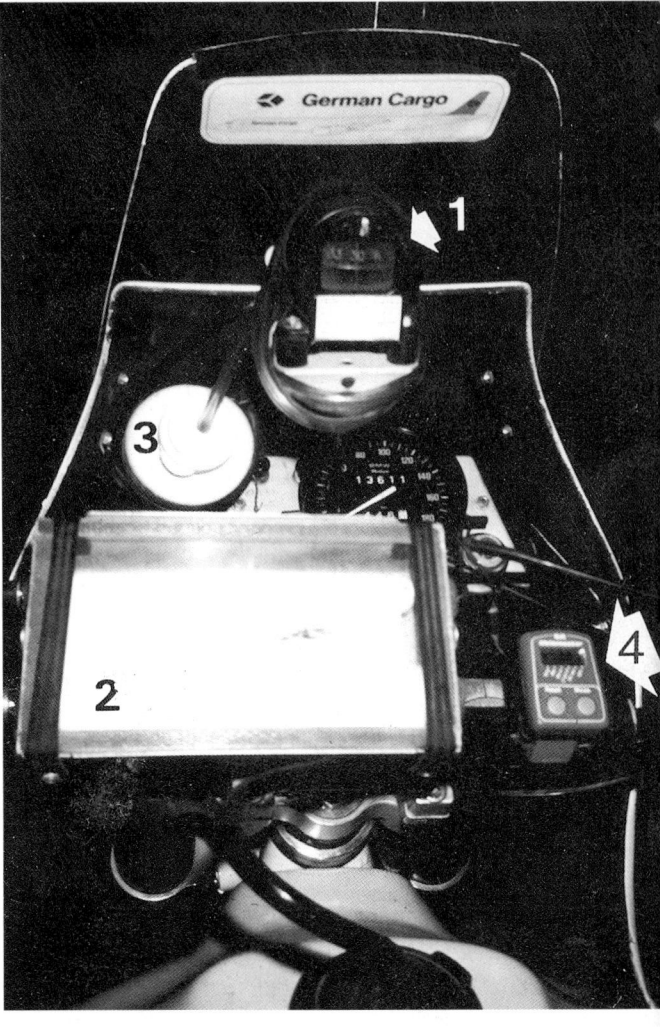

Bild 53: Das Cockpit einer Rallyemaschine: 1 = Kompaß, 2 = road book (in aufgerolltem Zustand), 3 = Trinkwasser, 4 = Stoppuhr.

Praxis setzt sich dann auch auf afrikanischen Boden fort, denn es ist immer noch billiger, die ausgefallenen Teilnehmer aus Algerien zurückzufliegen als aus der Tenére-Wüste. Wobei zu vermerken wäre, daß die Fahrer, die im Besitz der internationalen Lizenz ihrer jeweiligen Föderation sind, die am Anfang stehenden Sonderprüfungsetappen keinesfalls als zu schwer empfinden.

Bei den Autos ist das übrigens nicht anders. Wenn sie an der Rallye Monte Carlo teilnehmen wollen, bedarf es einer internationalen Lizenz, nicht aber bei Paris-Dakar. Hier muß man den nationalen und internationalen Sportbehörden den Vorwurf machen, eine Entwicklung im Geländesport regelrecht verschlafen zu haben. Jeder, der sich mit großer Begeisterung dieser Prüfung mit dem Motorrad unterziehen will, sollte

Bild 54: Wohl dem, der in einem Team fährt und so in den Genuß einer
eigenen Servicemannschaft kommt.

Bild 55: Etappenstart

sich ernsthaft fragen, ob Mensch und Maschine solchen Anforderungen überhaupt gewachsen sind. Wie? Nun, durch den Kontakt mit bereits erfahrenen Geländesportlern auf deren Trainingsgelände oder der Teilnahme an kleinen Eintagesveranstaltungen. Hierbei zeigt sich sehr rasch, wie groß die fahrerischen Unterschiede im Verhältnis zu den guten Leuten sind und welche Schwachpunkte es noch auszumerzen gilt. Vor allem: Sie wissen danach, wo Sie stehen.

Ich will Ihnen keinesfalls den Mut nehmen, mitzutun. Es hat schon Leute gegeben, die ihr erstes Rennen auf Anhieb gewannen, andere, die keiner kannte und die auf einmal in der internationalen Spitze mitmischten, vielleicht gehören Sie ja auch zu dieser Gruppe. Probieren Sie das aber lieber bei der Kleinkirchheimer Geländefahrt aus als bei Paris-Dakar. Natürlich ist ja auch noch der olympische Gedanke des Dabeiseins, aber der sollte ja wohl nicht soweit gehen, Leib und Leben zu riskieren. Denken Sie immer daran, daß Sie gegen Weltklasseleute aus dem Moto Cross- und Geländesport antreten müssen, für deren Können der Wettbewerb ausgelegt ist. Wann immer Sie sich mit dem Gedanken der Teilnahme an der Rallye tragen, so denken Sie nicht daran, wie Sie am Neujahrsmorgen in Paris von der Startrampe fahren und ein Bad in der begeisterten Menge nehmen, denken Sie an das Hügelgelände zwischen Silet und Timéiaouine, wenn Sie dort mit gebrochenem Arm und zerbeulter Maschine liegen und darauf hoffen, daß Ihr Notrufsender funktioniert. Das haben Sie bedacht? Na, dann nichts wie auf, Hals und Beinbruch und auf ein Wiedersehen in Dakar.

Das A und O einer Rallye sind Kompaß und roadbook. Können Sie mit diesen beiden Hilfsmitteln nicht umgehen, so ist eine Rallyeteilnahme wie russisches Roulett. Der Orientierungslauf, bei dem sich die Läufer querfeldein nach dem Kompaß bewegen, ist somit ein ideales Training für den Rallyeteilnehmer. Er stärkt die Kondition und die Fähigkeit, sich nach dem Kompaß zu bewegen. Das können Sie auch allein machen, mit oder ohne Motorrad. Vor der Rallye aber ist es ein absolutes Muß, sich mit dem Kompaß vertraut zu machen und das nicht im Sessel, sondern in der freien Natur. Sich auf ein Gefühl zu verlassen, hat keinen Sinn, da der Mensch nicht, wie beispielsweise Vögel oder Bienen, über ein Sensorium verfügt, das ihm die Orientierung anhand der Himmelsrichtungen möglich macht. Bei der technischen Abnahme muß jeder Teilnehmer demonstrieren, daß er das Navigationshandwerk mit dem Kompaß beherrscht.

Der nächste Gesichtspunkt ist das genaue Studium des roadbooks. Selbst erfahrene alte Hasen haben da schon den gravierenden Fehler

Bild 56: Ein Exot. Die Vierzylinder 750 cm³-Yamaha Paris-Dakar.

Bild 57: Als Privatfahrer muß man nicht nur sein Zelt aufbauen, sondern auch an der Maschine schrauben. Im Bild Richard Schalber.

gemacht, die Sache auf die leichte Schulter zu nehmen. So fuhr Herbert Schek, ein in Ehren ergrauter Allround-Motorradfahrer und Geländespezialist, ohne genaue Kenntnis des roadbook-Inhalts los. Aufgrund seiner langjährigen Erfahrung verlor er zwar nicht die Orientierung, als aber eine Düne kam, überfuhr er sie auf der linken Seite, dort, wo sie senkrecht abfiel. Im roadbook stand »in der Mitte überfahren«, denn dort ging es ganz moderat abwärts. Im roadbook sind also nicht nur die Streckenführung und deren Anlage festgelegt, sondern auch die Gemeinheiten in Form von extremen Geländekonturen, Sprüngen, Absätzen und Gräben (Abb. 51).

Während der Autofahrer durch seinen Beifahrer immer rechtzeitig auf auftauchende Schwierigkeiten vorbereitet wird, Fahren und Navigieren also verteilte Rollen sind, muß der Motorradfahrer diese beiden Aufgaben in Personalunion durchführen. Um das realisieren zu können, bedarf es einer speziellen Vorrichtung, einer Art Mäusekino. Dazu werden die Blätter des roadbooks zusammengeklebt, aufgerollt und in ein Kästchen untergebracht. So können sie entweder manuell oder mittels eines kleinen Elektromotors weitergedreht werden (Bild 53) Da es aber alles andere als einfach ist, bei full speed in unwegsamen Gelände zu fahren und gleichzeitig den Aufschrieb zu lesen, empfiehlt es sich, die wesentlichen Teile auswendig zu lernen. Da sich zudem, was hier und da vorkommt, Fehler bei der Anfertigung des roadbooks einschleichen können, ist eine Kontrolle anhand von entsprechenden Karten ein Vorteil. Ist man erst einmal im Eifer des Gefechts kilometerweit vom rechten Pfad abgewichen, wird es auch für die Suchmannschaft im Hubschrauber schwierig. Dann geht es oft nur noch um das nackte Überleben. Das Motorrad, das in den meisten Fällen mit viel Geld, Arbeit und Zeit aufgebaut wurde, verkümmert zur Nebensache, was soviel heißt, das es schlicht und einfach dort zurückgelassen wird, wo man liegenblieb. Doch wenn man zwei Tage und Nächte in Hitze und Kälte in der Einsamkeit verbracht hat, schmerzt das, zumindest im Augenblick der Rettung, wenig!

So gewinnt die Fähigkeit zu Navigieren für den Piloten eines Motorrads bei Langstrecken- oder Wüstenrallyes eine besondere Bedeutung. Als Privatfahrer muß er neben den technischen Arbeiten an der Maschine am Abend jedes Tages auch noch den Aufschrieb für den nächsten Tag überarbeiten und benutzungsgerecht im Mäusekino verstauen.

Eine weitere Schwierigkeit besteht für die meisten Fahrer darin, daß die meisten roadbooks in französischer Sprache abgefaßt sind (Abb. 50).

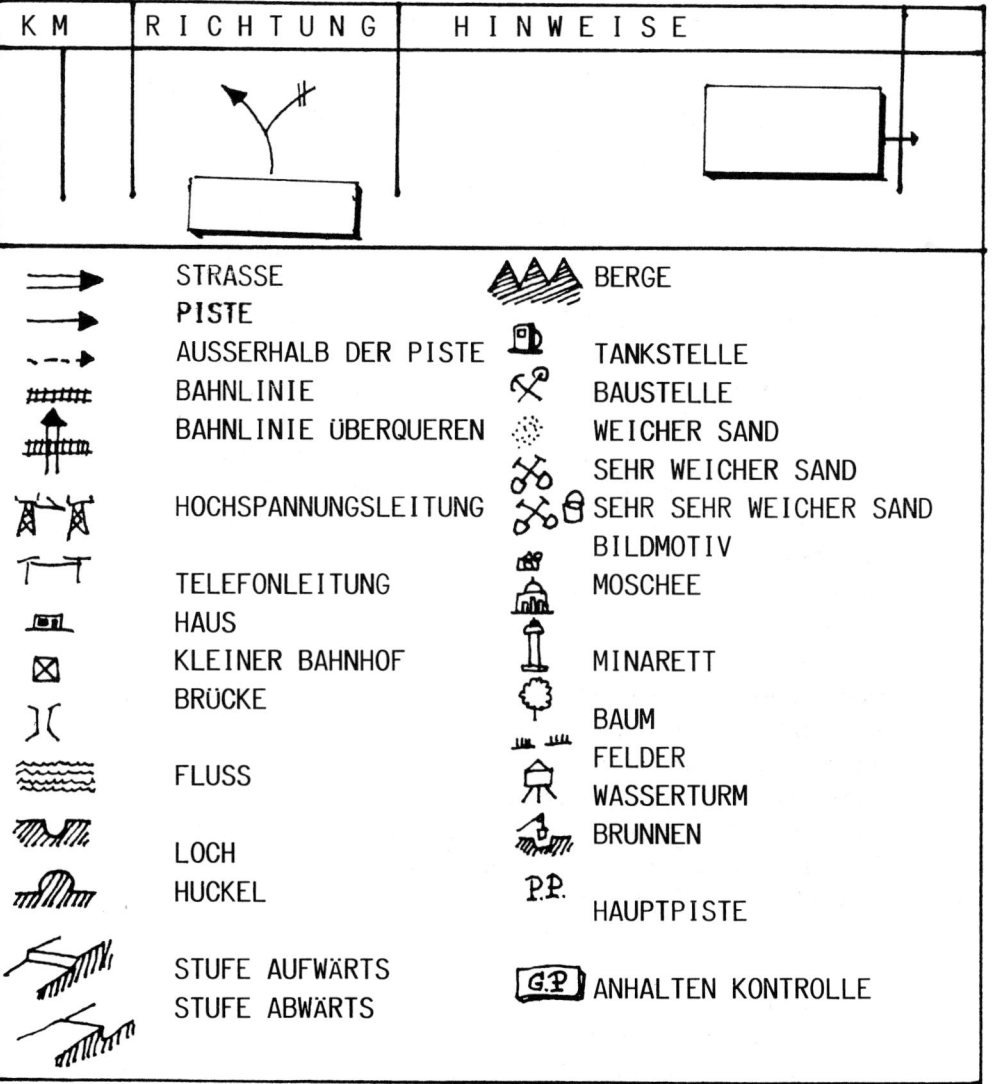

K M	R I C H T U N G	H I N W E I S E

STRASSE
PISTE
AUSSERHALB DER PISTE
BAHNLINIE
BAHNLINIE ÜBERQUEREN

HOCHSPANNUNGSLEITUNG

TELEFONLEITUNG
HAUS
KLEINER BAHNHOF
BRÜCKE

FLUSS

LOCH
HUCKEL

STUFE AUFWÄRTS
STUFE ABWÄRTS

BERGE

TANKSTELLE
BAUSTELLE
WEICHER SAND
SEHR WEICHER SAND
SEHR SEHR WEICHER SAND
BILDMOTIV
MOSCHEE

MINARETT

BAUM
FELDER
WASSERTURM
BRUNNEN

HAUPTPISTE

ANHALTEN KONTROLLE

Abb. 49: Kommentar zum Roadbook Pharaonen-Rallye

So gilt es, sich einen Wortstamm anzueignen, um wenigstens die wesentlichen Teile des roadbooks zu verstehen. Auch die morgendlichen Fahrerbesprechungen finden in französischer Sprache statt, und es kann tödlich sein, dabei eine Information nicht mitzubekommen. Hoffen Sie nicht darauf, daß ein wohlmeinender Mitstreiter Sie eventuell darauf

aufmerksam macht. Hier denkt fast jeder ausschließlich zuerst an sich selbst.

Das roadbook ist nichts anderes als eine Kartographie der Strecke. Es stehen Dinge darin, die der Veranstalter, was den Streckenverlauf anbelangt, für charakteristisch hält (Abb. 49). Das muß sich unbedingt mit Ihrer Wahrnehmung decken. Lernen Sie deshalb die Umgebung mit den Augen des Veranstalters zu sehen. Jedes roadbook einer Veranstaltung unterscheidet sich von dem einer anderen. In den in diesem Buch dokumentierten Auszügen der Pharaonen-Rallye und der Rallye Paris-Dakar läßt sich sehr schön sehen, wie unterschiedlich allein die Symbolik beider Bücher ist.

Sehen wir uns das roadbook der Pharaonen-Rallye einmal etwas genauer an. Die erste Zwischenetappe (Abb. 50), Le Sphinx-Mykerinos, beträgt lediglich 1,7 km. In der ganz rechten Spalte befinden sich die Gesamtkilometer (1,7–0 km) in abnehmender, in der linken äußeren Spalte in ansteigender Folge (0–1,7 km). Des weiteren finden wir auf der linken Seite die Länge der jeweiligen Abschnitte (z. B. 0,35 km), gleich daneben sehen wir die Streckenzeichnung des betreffenden Streckenstücks. Besonderheiten dieser Etappen werden noch einmal in schriftlicher Form aufgeführt. Dazu gehören auch Botschaften des Veranstalters an die Fahrer wie: »Ruh Dich gut aus – morgen wird es hart...!«.

◄

Bild 58: Große Sprünge sind auch mit einer Langstreckenmaschine möglich.

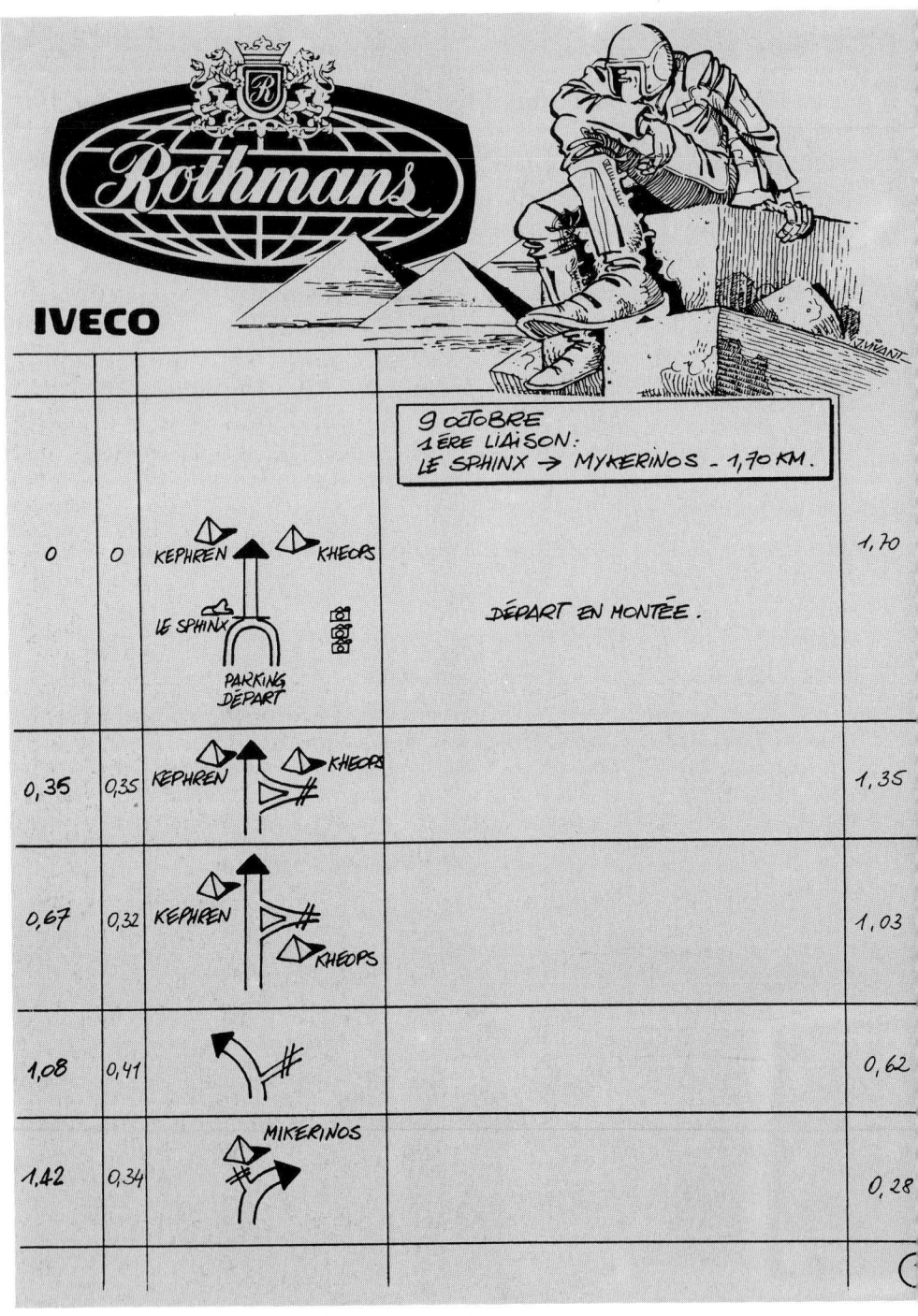

IVECO

			9 OCTOBRE 1ÈRE LIAISON: LE SPHINX → MYKERINOS - 1,70 KM.
0	0	KEPHREN ⬆ KHEOPS LE SPHINX PARKING DÉPART	DÉPART EN MONTÉE.
0,35	0,35	KEPHREN ⬆ KHEOPS	1,35
0,67	0,32	KEPHREN ⬆ KHEOPS	1,03
1,08	0,41		0,62
1,42	0,34	MIKERINOS	0,28

Abb. 50 (1)

216

1,70	0,28	PARKING ← / MYKERINOS	DÉPART DE LA SPÉCIALE DANS ≃ 100m	0
0		CAP 175	9 OCTOBRE / 1ÈRE SPÉCIALE. / SPÉCIALE DES GRANDES PYRAMIDES / 23 KM. DÉPART DANS L'ALIGNEMENT DE MYKERINOS DROIT SUR LES RUINES DE SAHARA CITY, EN HAUTEUR —	23
2,08	2,08		LE LONG DU VIEUX GOUDRON CASSÉ —	20,92
2,40	0,32		≃ 10 m SUR L'ASPHALTE —	20,6
3,10	0,7			19,9
3,22	0,12			19,78
4,10	0,88			18,9
4,55	0,45	180M / 80M	COUPEZ L'ASPHALTE — über die Teerstraße	18,45
5,37	0,82		TRAVERSEZ LA DOUBLE RANGÉE DE PYLONES — PUIS DROIT SUR LA RANGÉE UNIQUE — unter der elektrischen Doppelleitung herfahren.	17,63 ②

Abb. 50 (2)

5,58	0,21	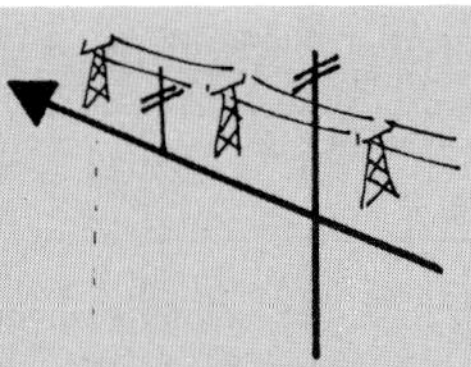	... EN SUIVANT LA RANGÉE DE PYLONES _ PFEILER	17,42
≃6	0,42		SUR ≃ 5 KM _ Hedel auf ca. 5 km	17
8,65	2,65	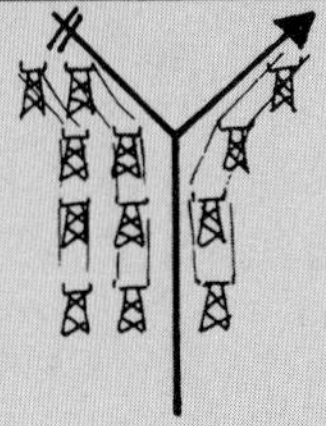	LE LONG DE LA RANGÉE UNIQUE DE PYLONES _	14,35
≃13	4,35		VOUS DOUBLEZ LA PYRAMIDE EN ESCALIER DE SAKKARA À L'HORIZON, ET APERCEVEZ DAHSAR DANS LE LOINTAIN	10
15,50	2,5	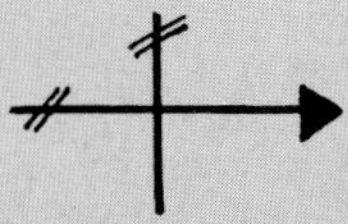	QUITTEZ LES PYLONES ET SUIVEZ LES POTEAUX DE FER _ die Pfeiler verlassen - Eisenstäben folgen	7,5
23/0	7,5	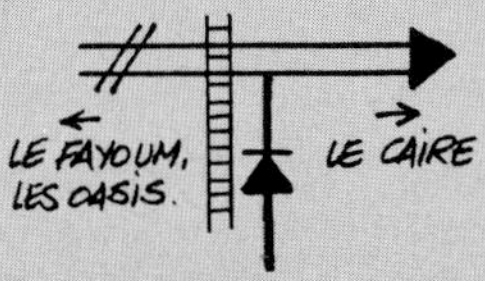	ARRIVÉE _ - ZIEL 100M AVANT LA ROUTE, À CÔTE DU PASSAGE À NIVEAU _ 100 m vor der Straße.	0
5,93		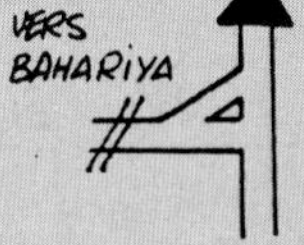	RETOUR AU MENA HOUSE OBEROI _15,22KM DANGER: ROUTE À DOUBLE VOIE EN TRAVAUX, FORTE CIRCULATION _ ACHTUNG: DOPPELSPUR, STARKER VERKEHR	15,22
12,68	6,75	 SUPER GAZ-OIL		2,54

③

Abb. 50 (3)

218

14.07	1,39	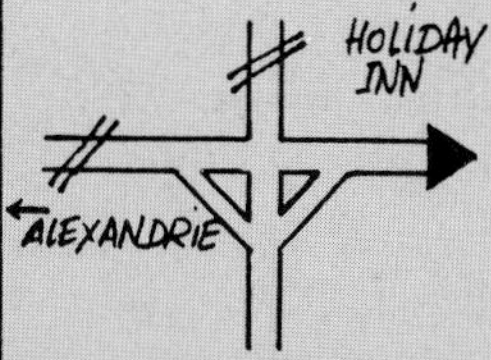 HOLIDAY INN · ALEXANDRIE			1,15
15.12	1,05				0,1
15.22	0,1	 MENA HOUSE OBEROI	C'EST FINI POUR AUJOURD'HUI. REPOSEZ-VOUS BIEN, DEMAIN CE SERA DUR _ RUH DICH GUT AUS - MORGEN WIRD'S HART...!		0

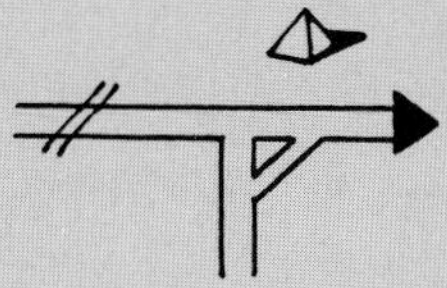

④

Abb. 50 (4)

7ᵉ RALLYE PARIS-DAKAR vsd OLYMPIA

AGADEZ
GAO

km	1242	type	MARATHON	page	33

kmt	kmp		
19,60	2,40	TRES MOU EN ORNI. ENTREE DE PAYS	
20,20	0,60	TVS VILL.	
20,40	0,20	LAISSER PT MAISON A D. TD. ⟶ PUITS, SUR D. ASSEC ET SVE A D.	
20,77	0,37	LAISSER PUITS SUR G. ET TD.	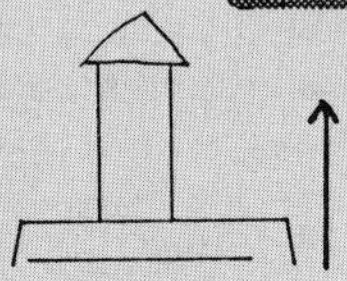
21,60	0,83	EMP. DEVIATION POSS. SUR SOL DUR, c W	
22,55	0,95	2 PISTES IDEM, MOU	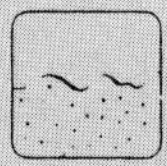
23,70	1,15	PT BUTTE, SABLON, TD	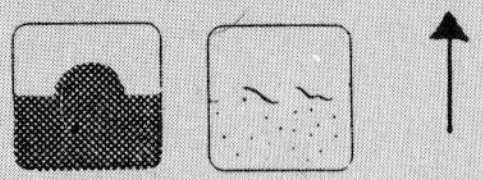
25,35	1,64	2 PISTES IDEM, ⟶ SVE A G. GR CREVASSES	

220

Abb. 51 Paris-Dakar Roadbook

7ᵉ RALLYE PARIS-DAKAR vsd OLYMPIA

aerospatiale	AFRICATOURS	AIR AFRIQUE	AGADEZ
Cartier	Texaco Rose	Poulain	GAO
Samsonite	SOS ASSISTANCE	TEXACO	
L'EQUIPE	Bull	MITSUBISHI MOTORS	
	THOMSON	NORMA	

| km | 1242 | type | MARATHON | page | 32 |

kmt	kmp		
6,80	0,25	EMP. EN MARCHE	
7,70	0,90	EMP. EN MARCHE	
7,86	0,16	DEVIATION POUR MARCHE EMP.	
8,85	0,99	SABLON	
9,65	0,80	ORNI. MOU	
11,30	1,65	P.V. SABLON EN PT ORNI.	
13	1,70	TJS TRACE SABLON UNIQUE, HP POSS. MVS, PIEGES, TROUS ET CREVASSES	hp.
17,20	4,20	TJS ORNI. MOU SABLON	

221

4. BAHN

Bahnrennen haben eine lange Tradition. Als in den Roaring Twenties in Australien, so die Legende, ein lokales Motorradrennen auf einem Grasring ausgetragen wurde, fielen alle in der ersten Kurve auf die Nase, weil sie sich in der Fußraste im Boden verhakt hatten. Daraufhin wurde die kurveninnere Fußraste abmontiert und das Rennen neu gestartet: das erste Grasbahnrennen war geboren.

Bei Bahnrennen wird grundsätzlich nur links herum gefahren. Es gibt unterschiedliche Bodenbeläge, Gras, Sand, Asche, Eis und bei Hallenveranstaltungen auch Parkettböden. Früher gab es auch Bahnrennen auf Asphalt- bzw. Betonbahnen, »Nudeltopf« genannt. Diese hatten allerdings überhöhte Kurven und gefahren wurde wie auf der Straße, also ohne Drift. Daneben sind die Bahnen unterschiedlich lang. Die größten Bahnen finden sich bei Gras- und Langbahnen, ihre Länge beträgt zwischen 450 und 1300 m. Speedway- und Eisspeedwaybahnen haben lediglich eine Länge von 285 und 400 m. Für Juniorenwettbewerbe gibt es in den nordischen und angelsächsischen Ländern noch kürzere Bahnen, kleine Ovale von 160 m Länge.

Bis auf das Eisspeedway-Rennen zeichnen sich alle Bahnrennen durch das faszinierende Driften mit dem Zweirad aus. Auf Eis verwenden die Aktiven 28 mm lange Spikes, die sich tief ins Eis bohren und so Schrägfahrt möglich machen. Durch den Verzahnungseffekt, der durch die Stahlstifte erreicht wird, können Schräglagen von über 60° erreicht werden. Die Fahrtechnik ähnelt der auf einem normalen Motorrad. Die Maschine wird durch Lenken in die der Kurve entgegengesetzte Richtung in Schräglage gebracht, und zwar so abrupt, daß das Knie sofort Bodenkontakt hat. Zum Schutz des linken Knies montierten die Fahrer zumeist Teile eines alten Reifens als Protektor.

Ebenso wie alle anderen Bahnmaschinen verfügen auch die Eisspeedway-Maschinen über keinerlei Bremsanlage. Verzögert wird durch Gaswegnehmen und die darauf einsetzende Bremswirkung der großvolumigen Einzylinder-Viertaktmotoren.

Mittlerweile gibt es eine weitere Variante der Eisbahnrennen, bei der nur kleine Spikes, ähnlich denen der Autoreifen, verwendet werden. Die Haftung dieser Spikes ist weit geringer als die der langen, und so ergibt sich eine Fahrtechnik wie beim Speedway, also extremes Querstellen der Maschine und Durchfahren der Kurve im Drift.

Bild 59: Auch bei Sandbahnrennen hat es der Aktive nicht mit einer topf-
ebenen Bahn zu tun.

Bild 60: Stürze, so spektakulär sie auch aussehen mögen, verlaufen auf
der Bahn zumeist harmlos.

Abb. 52   Bahnmaschine

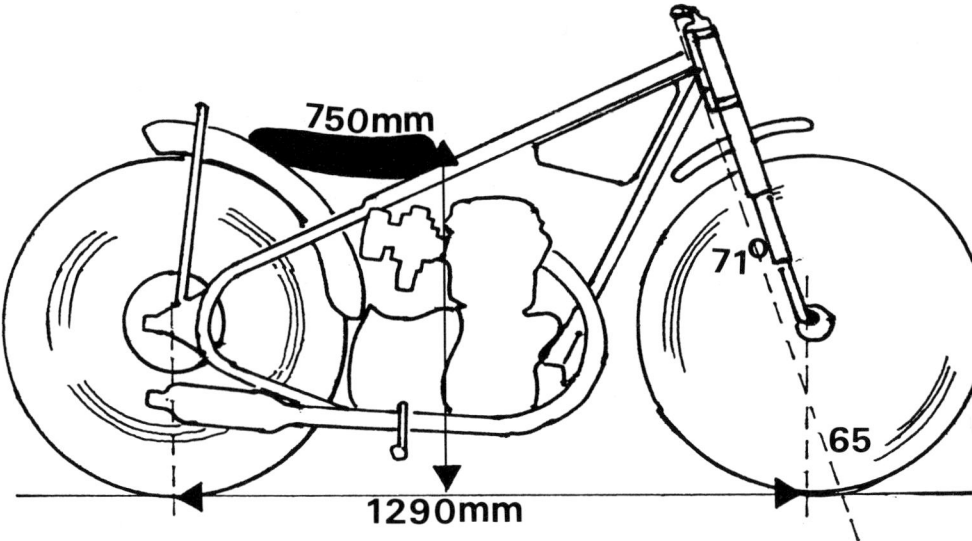

In der Abbildung der Typ einer Speedway-Maschine. Das Hinterrad ist ungefedert, das Vorderrad besitzt keinen Dämpfer. Der Lenkwinkel beträgt 71°, der Nachlauf ca. 65 mm. Wichtig für die spezielle Fahrtechnik der Maschine ist die geringe Sitzhöhe.

Abb. 53
Maximale Schräglagen werden beim Eisspeedway realisiert. Bei guten Voraussetzungen über 60°.

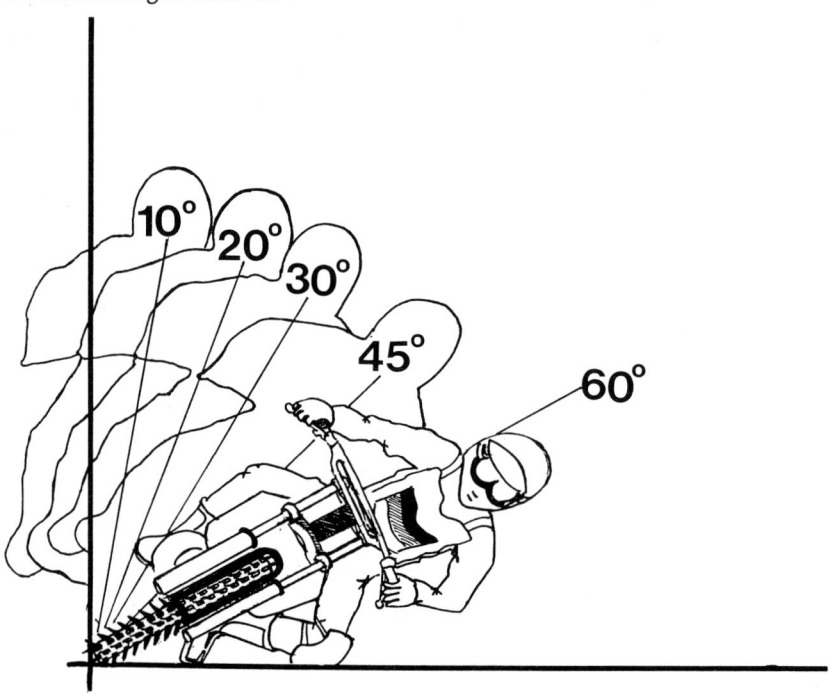

Abb. 54
Fahrerhaltung beim Eis-
speedway in der Kurve.

Beim Speedway werden bei relativ geringen Geschwindigkeiten ca. 50 km/h in der Kurve die extremsten Driftwinkel gefahren (Abb. 55a). Das Vorderrad ist dabei oft bis zum Lenkeranschlag entgegen der Kurvenrichtung eingeschlagen. Bei Langbahnrennen liegen die Kurvengeschwindigkeiten höher, so um die 100 km/h, und die Driftwinkel sind entsprechend reduziert, dafür ist die Schräglage der Maschine deutlich größer als beim Speedway (Abb. 55b). Auch auf Langbahnen, die oft eine V/max von bis zu 180 km/h erlauben, besitzen die Maschinen keine Bremsen.

Vor allem wegen der geringeren Geschwindigkeit eignet sich Speedway besser für den jugendlichen Anfänger. Ein Beginn ist ab 14 Jahren möglich. Die dabei verwendeten Maschinen haben 500 cm³, dürfen nur zwei Ventile besitzen und sind durch einen Vergaser mit 26 mm Durchlaß in der Leistung gedrosselt. Wie auch beim Enduro/Moto Cross bietet der ADAC-Sport Bahnsportlehrgänge an.

Im Gegensatz zu der Langbahn-Maschine hat die Speedway-Maschine gar keine Hinterradfederung, und ihr Nachlauf ist geringer, schön an der steilen Stellung der Vorderradgabel zu sehen. Sie ist somit wesentlich handlicher als ihr Pendant von der Langbahn, das bei den höheren Geschwindigkeiten natürlich spurstabil bleiben muß.

Für den OMK-Pokal, für Bahnrennen und den OMK-Speedway-Mannschaftspokal sind 500 cm³-Maschinen entweder mit zwei Ventilen

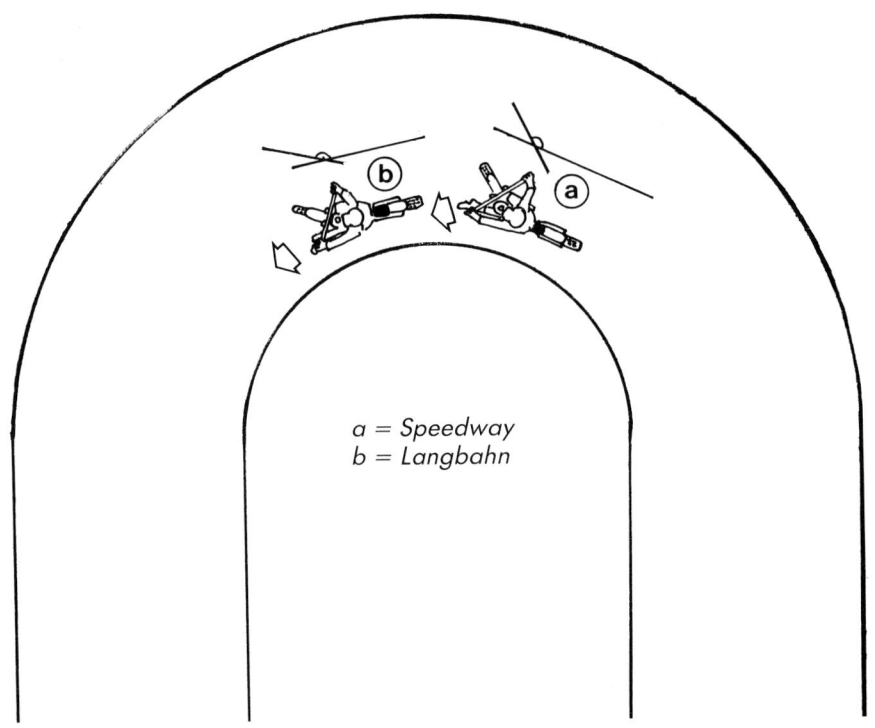

a = Speedway
b = Langbahn

Abb. 55
Driftwinkel der Maschinen bei verschiedenen Bahntypen

und einem 36 mm-Vergaser oder aber mit vier Ventilen und einem 36 mm-Vergaser gestattet.

International gibt es eine Speedway- und Grasbahneuropameisterschaft sowie Weltmeisterschaften bei Speedway, Langbahn und Eisspeedway. England ist die Heimat des Speedway-Sports. Es gibt eine Liga mit drei verschiedenen Divisionen, und von dem Speedway-Controll-Board wird der Sport professionell kontrolliert und vermarktet. Im Wembley Stadion sind oft über 90 000 Zuschauer, die bei den Ligakämpfen zuschauen. Eine solche Resonanz hat die deutsche Speedway-Bundesliga natürlich nicht. Dennoch ist die Speedway-Mannschaftsmeisterschaft eine feste Institution im Motorsportkalender.

Beim Speedway, das, wie wir wissen, auf den kurzen Bahnen gefahren wird, starten vier Fahrer nebeneinander, wie bei allen Bahnrennen mit laufendem Motor. Gefahren werden vier Runden, das dauert nicht

226

länger als eineinhalb Minuten. Punkte gibt es für den Ersten 3, für den Zweiten 2, für den Dritten 1, der Letzte geht leer aus. Es werden insgesamt etwa 18 Läufe gefahren und für den Sieg die Punkte addiert.

Bei Sand- und Grasbahnrennen können die Starterzahlen größer sein, es fahren dann acht oder bei entsprechend großen Bahnen noch mehr Teilnehmer in einem Lauf. Gestartet wird auf der Bahn mit einem Startband, das nach oben wegschnellt; wer es zerreißt, wird disqualifiziert. Wer zuerst die Nase in der Kurve hat, besitzt natürlich einen unbestreitbaren Vorteil gegenüber seinen Mitbewerbern. Die Kurvenlinie entspricht in etwa der Ideallinie bei Asphalt (Abb. 56i). Es existiert aber noch eine Variante einer Kurvenlinie, die vor allem dann zum tragen kommt, wenn die Bahn innen schlecht geworden ist und einen kontrollierten Drift nicht mehr zuläßt. Sie entspricht in etwa dem äußeren Krümmungsradius der Bahn (Abb. 56a).

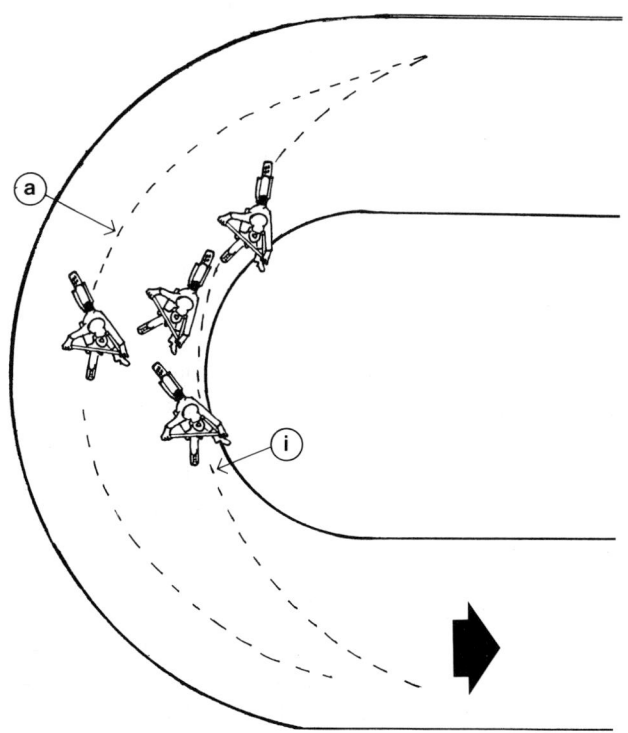

Abb. 56

Als bei der Eisspeedway-WM 1987 das Eis der Kurveninnenseite immer schlechter wurde, wählte einer der favorisierten Russen diese Linie. Er hatte nun zwar einen längeren Weg zurückzulegen, konnte aber schneller in der Kurve fahren und kam deshalb auch mit mehr Tempo auf die kurze Gerade. Dieses Tempoplus sicherte ihm letztlich den entscheidenden Laufsieg. Im innerrussischen Duell gingen beide Fahrer Schulter an Schulter in die letzte Kurve, der eine zog nach innen, der andere blieb außen. Mit unerhörtem Tempo zog der Fahrer auf der Außenbahn durch die Kurve, der Innenbahnfahrer mußte heftig mit der Maschine kämpfen, die, bedingt durch das schlechte Eis, hüpfte und sprang. So kam er, trotz des deutlich kürzeren Weges gleichzeitig mit dem Kontrahenten am Kurvenausgang an. Die beiden berührten sich, die Menge schrie auf, alle rechneten mit einem Sturz, der aber nicht erfolgte, und der auf der Außenbahn fahrende Russe konnte dank des Tempoüberschusses die Führung an sich reißen.

4.1 Fahrtechnik

Viele Jahre ist es immer schon so gewesen, daß sich der Bahn-Novize ein Motorrad kaufte, mit sehr gemischten Gefühlen bei einem Wettbewerb meldete, Trainingsmöglichkeiten gab's ja keine, und sich ins Getümmel stürzte. Die Drifttechnik kannte er nur vom Zuschauen und Hörensagen, und so fuhren seine Mitbewerber erst einmal Kreise um ihn. Nach drei weiteren, in ähnlich deprimierender Weise abgelaufenen Wochenenden fiel dann der Groschen, und er begann mitzuhalten. Heutzutage hat es der Anfänger schon besser, denn es warten Schulen und Trainer auf ihn, die die ersten Gehversuche erleichtern helfen.

Fahrtechnisch gibt es bei Bahnrennen zwei Besonderheiten:

1. den Start
2. die Kurvenfahrt

Zu 1.

Speedway-Maschinen haben nur einen Getriebegang, Maschinen für Langbahnen deren zwei. Der erste wird aber nur zum Start gebraucht. Nach dem Start wird der zweite Gang mittels eines Gummizuges eingelegt. Der Start bei Bahnrennen, vor allem bei Speedway, ist eine entscheidende Sache; er sollte deshalb trainiert werden. Dieses Training kann sowohl allein als auch in Gruppen erfolgen. Sie können sich dazu auch einmal einem Moto Cross- oder Endurofahrer auf die Bahn holen und zusammen mit diesem um die Wette beschleunigen.

Start

Der Fahrer kann mit einer Bahnmaschine einen optimalen Start durchführen, indem er

    a) sich mit dem linken Bein abstützt, das rechte auf der Fußraste hat

    b) den Oberkörper über den Lenker bringt

    c) die Arme sind angewinkelt, die Ellenbogen zeigen nach außen

    d) den Motor auf Drehzahl hält

    e) ohne Schleifenlassen einkuppelt

    f) den spin am Hinterrad durch Gas und Gewichtsverlagerung so dosiert, daß optimaler Vortrieb erfolgt.

Zwei Dinge können beim Start passieren, die den optimalen Startvorgang vereiteln können: die Drehzahl fällt nach dem Einkuppeln ab, und die Maschine steigt vorn hoch. Beide Male hatten wir zu wenig spin am Hinterrad, d. h. in beiden Fällen greift das Rad. In dem einen, wenn der Motor abstirbt, reicht dessen Kraft nicht aus, das Drehzahlniveau zu halten. Im anderen Fall hat der Motor die Kraft, aber mit dem negativen Nebeneffekt, daß die Maschine durch das Aufsteigen nur noch schwer zu kontrollieren ist. Dieses sensible Zusammenspiel von Gasgeben und Gewichtsverlagerung muß deshalb immer wieder trainiert werden. Je realistischer dieses Starttraining ist, indem z. B. andere Fahrer, deren Maschinen auch für Lärm sorgen, mitmachen, desto effektiver ist es für die Rennpraxis.

Zu 2.:

Die Kurvenfahrt auf der Bahn ist ein mehr oder minder starker Drift (ausgenommen Eisspeedway), der sich in drei Phasen (Abb. 60) unterteilen läßt. In der ersten Phase winkeln wir die Maschine aus der Geradeausfahrt kommend in die Kurve und zwar so lange, bis das Hinterrad zu Rutschen anfängt. Dann steuern wir gegen (Phase 2), wobei wir durch gleichzeitiges Gasgeben das weitere Abdriften des Hinterrads ermöglichen. Mit dem Driftwinkel (stärker, schwächer) können wir die Maschine abbremsen. Der Driftwinkel selbst kann durch die Geschwindigkeit und Gasschieberstellung gesteuert werden. Im letzten Kurvendrittel versuchen wir die Maschine zu stabilisieren (Phase 3), um mit möglichst viel Schwung auf die Gerade zu kommen.

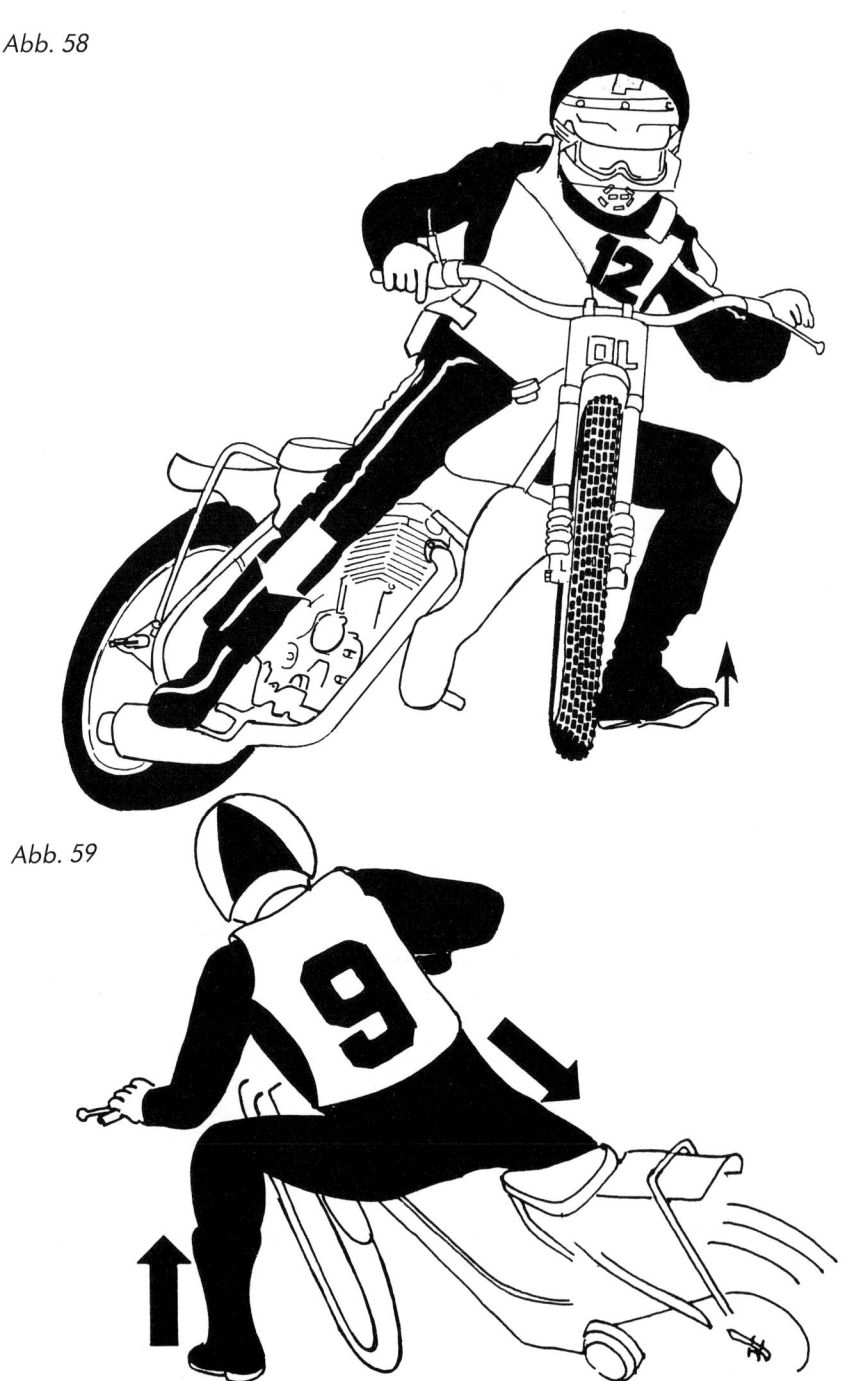

Abb. 58

Abb. 59

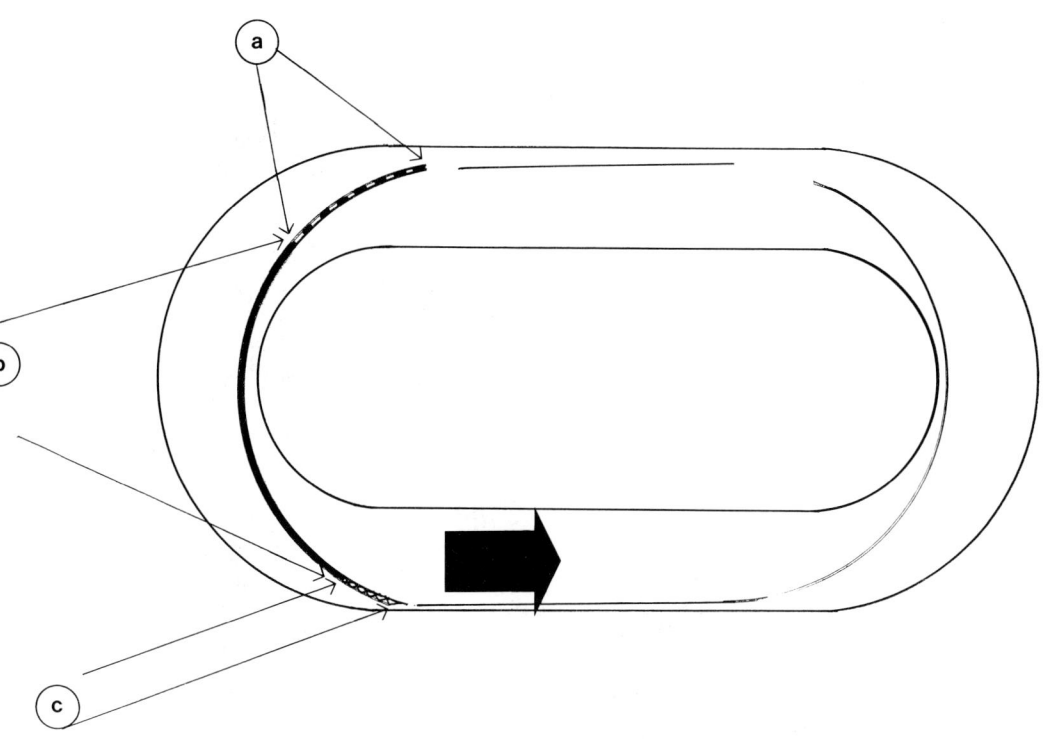

Abb. 60
Phasen einer Kurvenfahrt

Kurvenfahrt

Der Fahrer kann mit einer Bahnmaschine die Kurven im Drift nehmen, indem er:

- a) die Maschine durch eine Lenkbewegung entgegen der Kurvenrichtung in die Kurve abwinkelt
- b) das Körpergewicht auf das rechte angewinkelte Bein verlagert (Abb. 58)
- c) den Stützfuß nach vorn streckt und nicht den Boden berührt (Abb. 60)
- d) den Oberkörper gerade läßt, die Arme sind angewinkelt
- e) gegensteuert, wenn das Hinterrad die Haftung verliert und das Abdriften durch Gasgeben kontrolliert
- f) den Drift durch Geradestellen der Maschine am Kurvenausgang beendet.

Da die Trainingsdauer mit einer Bahnmaschine, allein schon von der geringen Tankkapazität her begrenzt ist, empfiehlt es sich, systematisch vorzugehen. Es hat keinen Sinn, immer ganze Runden zu fahren. Das erschöpft zu stark, so daß sich der Fahrer nicht mehr auf das Wesentliche konzentrieren kann: den Drift. Trainieren Sie deshalb die Kurve als Station, d. h. Sie starten vor der Kurve, durchfahren diese und kehren dann wieder zu Ihrem Ausgangspunkt zurück. Wie Sie der Abb. 61 entnehmen können, beginnen wir mit dem Losfahren fast am Kurveneingang. Damit wird vermieden, daß uns das Herz in die Hose rutscht, wenn wir ohne Bremsen, aber mit gewaltigem Braß auf die Kurve zukommen. Dann denkt nämlich keiner mehr ans Driften, sondern nur noch daran, wie er heil um die Ecke kommt.

Wenn Sie bei Punkt 1 losfahren, beschleunigen Sie die Maschine voll, und winkeln Sie sie dabei ab, dann verliert das Hinterrad recht früh die Haftung, und Sie begeben sich in einen gut zu kontrollierenden Drift. Wenn es Ihnen gelingt, von dieser Position aus die Maschine in einem kontrollierten Drift durch die Kurve zu ziehen, verlegen Sie Ihren Startpunkt weiter nach hinten (Abb. 61 / Punkt 2). Jetzt haben Sie schon ein kleines Stück Geradeausfahrt, bevor es in die Kurve geht. Trainieren Sie auch von diesem Punkt aus so lange, bis der Drift sitzt. Klappt alles, geht es nun zum Punkt 3, wo sich das Procedere wiederholt. Letzte Station ist dann die Startlinie, von dort aus kann die Startübung mit der Übung »Kurve als Sektion« verknüpft werden. Als weiterführendes Trainingsprogramm sollten Sie dann zum Punkt 1 zurückkehren, von dort die erste Kurve durchfahren und die zweite miteinbeziehen. Nach dem Durchfahren der zweiten Kurve kehren Sie gemächlich zum Startplatz (Punkt 1) zurück, und die Übung beginnt von vorn. Erst wenn

Abb. 61
Stationen der Driftübungen

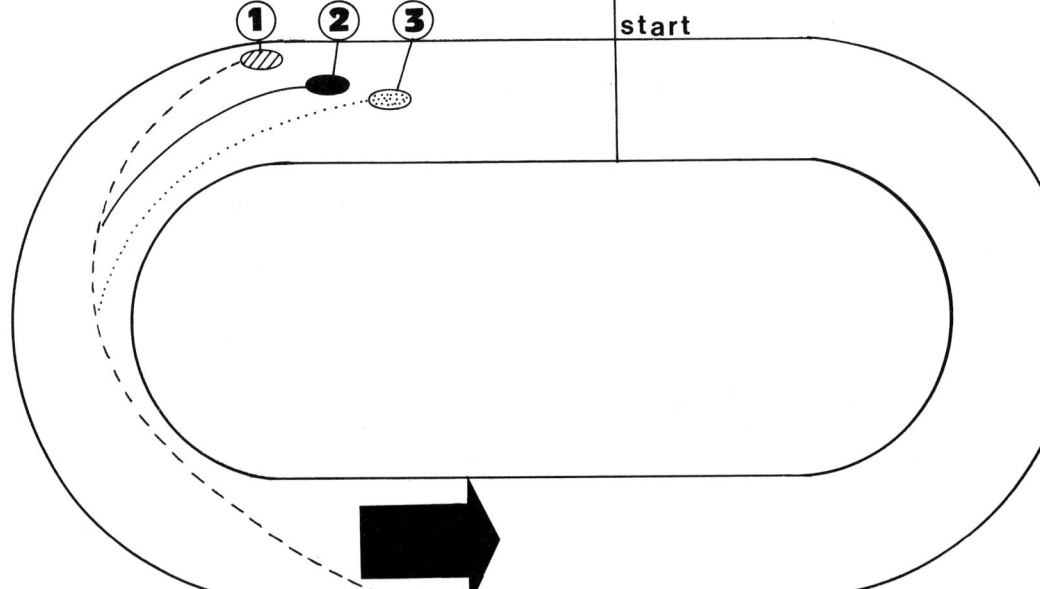

alles klappt, sollten Sie einige zusammenhängende Runden fahren. Als Lernerfolgskontrolle wird, neben der richtigen Haltung, die Sie von einem erfahrenen Beobachter überprüfen lassen sollten, die Zeit genommen und zwar jeweils für die in Angriff zu nehmenden Sektion.

Während in Europa der Bahnsport ausschließlich mit Einzylindermaschinen, vorzugsweise mit 500 cm³-JAP- oder Eigenbaumotoren durchgeführt wird, verwenden die Amerikaner bei ihrer Variante des Bahnsports, dem dirt track, Mehrzylinder-Maschinen mit 750 cm³, vorzugsweise Zweizylinder-Maschinen der Marke Harley Davidson. Kenny Roberts, der als »Number 1« in Amerika, bei dem dort üblichen Motorrad-Mehrkampf natürlich auch dirt track fuhr, setzte sogar einmal den Vierzylinder-Zweitaktmotor der Straßenrennmaschine auf der Bahn ein. Da es sich bei den amerikanischen Bahnen zumeist um asphaltierte Bahnen mit dünner Sandauflage handelt, kommt es im Rennverlauf zu interessanten Variationen des Fahrstils. Zu Beginn haben wir den normalen Drift auf dem rutschigen Untergrund. Wenn sich aber im Laufe des Rennens der Sand zur Seite gefahren hat und der griffige Asphalt zum Vorschein kommt, gerät das Fahren zu einer Mischung zwischen kurzen Drifts und Schräglagefahren, ähnlich dem Fahren auf der Straße. Nicht zuletzt deshalb beherrschen die amerikanischen Straßencracks den Drift mit der Straßenrennmaschine so perfekt. Das Rüstzeug dazu haben sie sich auf der Bahn geholt. Das gehört zum amerikanischen System, den Meister zu ermitteln. Denn entgegen den europäischen Bräuchen, jeder Motorradsportart auch ihren eigenen Meister zu gönnen, kennen die Amerikaner nur den Meister aller Klassen, die »number one«. Die Wettbewerbe setzen sich aus folgenden Disziplinen zusammen:

● Straßenrennen
● dem »short track« (400 m Bahn mit Maschinen, die einen Hubraum von maximal 360 cm³ (Einzylinder) und maximal 250 cm³ (Zweizylinder) haben
● dem »dirt track« über eine halbe oder ganze Meile; maximal 750 cm³-Maschinen
● dem »TT steeple-chase« auf einer Rundstrecke von ca. 2 km Länge; mit Motorrädern mit maximal 900 cm³ und um die 160 kg; von der Anlage unserem Moto Cross vergleichbar

Diese Art des Wettbewerbs erfordert sowohl eine breite Palette an Fahrtechniken als auch einen ganzen Stall an Maschinen (mindestens drei). Die meisten rüsten die »dirt track«-Maschine für das »steeple-chase« um, indem sie Bremsen einbauen. So lassen sich die hohen Kosten einigermaßen im Zaum halten.

VII. Lernziele und Lerninhalte

RICHTZIEL: Geradeausfahrt

GROBZIEL: Start

Feinziel:	Lerninhalt:	Lernerfolgskriterien:
Starthaltung: der Fahrer nimmt auf der Maschine eine Haltung ein, bei der möglichst viel Gewicht auf dem Vorderrad der Maschine liegt. Dazu wird der Oberkörper weit nach vorn gelegt, die Ellenbogen zeigen nach außen. Das Gewicht lastet auf dem Standbein, der andere Fuß steht auf der Fußraste der Gegenseite. Die Kupplung ist gezogen, der Motor wird im Leerlauf auf ⅔ Drehzahl gehalten. Es wird abrupt, ohne Schleifenlassen, eingekuppelt und der rechte Fuß auf die Raste gestellt. Es wird ohne Kupplung hochgeschaltet!	1. »Trockenübung«: Im Stand korrekte Starthaltung einnehmen und optimieren 2. Losfahren aus der korrekten Starthaltung 3. In der Gruppe (max. 5) üben. Der Lenkerabstand sollte 25 cm betragen! 4. Dito, als kleiner Wettbewerb über eine Strecke von 50 bis 100 m	1. Beachten der speziellen Haltungsmerkmale 2. Das Vorderrad darf nur minimal steigen 3. Kursstabiles Fahren (keine Gewichtsprobleme) 4. maximale Beschleunigung (kein Drehzahlabfall, kein Hochsteigen des Vorderrads)

GROBZIEL: Sitzhaltung auf dem Motorrad

Feinziel:	Lerninhalt:	Lernerfolgskriterien:
Die Sitzposition bei festem Boden entspricht der normalen Fahrerhaltung auf dem Motorrad. Arme und Beine sind angewinkelt, die Knie liegen	1. Langsamfahraufgaben im Gelände (im Sitzen) 2. Beschleunigungs- und Bremsübungen	1. Beachten der speziellen Haltungsmerkmale 2. Spurgenaues Fahren

leicht am Tank an, die Ellenbogen zeigen nach
unten, Oberkörper und
Kopf werden gerade ge-
halten.
Bei lockerem, vorzugs-
weise sandigem Boden,
ist die Sitzposition hin-
ten. Die Arme sind ge-
streckt, die Beine fast
durchgedrückt und der
Körper bildet ein V. Das
Vorderrad ist entlastet,
das Gewicht liegt auf
dem Hinterrad. Der Len-
ker wird locker gehalten.

3. Fahren im tiefen Sand
   mit verschiedenen
   Geschwindigkeiten

3. Die Füße sind auf den
   Fußrasten und die
   Knie am Tank

GROBZIEL: Fahren im Stehen

Feinziel:	Lerninhalt:	Lernerfolgskriterien:
Der Fahrer kann eine wellige Piste durch eine konturenangepaßte Fahrweise bewältigen, indem er aufrecht auf den Rasten steht, die Knie etwas angewinkelt, Oberkörper etwas nach vorn geneigt. Der Lenker wird fest umfaßt. Durch Zug am Lenker nach hin-ten oben, verbunden mit Gaseinsatz, wird das Vorderrad nach dem Überfahren der ersten Welle entlastet, während das Hinterrad der Ge-ländekontur folgt. Reak-tionen am Hinterrad werden durch Nachge-ben in den Beinen aus-geglichen.	1. Beschleunigungs- und Bremsübungen auf welliger Piste 2. Fahren einer welligen Piste mit stetig gestei-gerter Geschwindig-keit 3. Die Wellenhöhe wird gesteigert	1. Beachten der speziel-len Haltungsmerk-male 2. Das Vorderrad »schwimmt« auf den Wellen 3. Das Hinterrad folgt der Geländekontur und kommt nicht ins Springen

GROBZIEL: Bremsen im Stehen

Feinziel:	Lerninhalt:	Lernerfolgskriterien:
Der Fahrer bremst die Maschine ab, indem er beide Bremsen betätigt, den Schwerpunkt durch Anwinkeln der Beine absenkt und durch zurückschieben des Gesäßes zum Hinterrad hin verlagert. Die Hände stützen sich mit den Ballen an den Griffen ab (der Bremsdruck richtet sich nach der Bodenbeschaffenheit und Radlast)	1. Koordination von Fahren im Stehen und Bremsen 2. Bremsen am Limit im Stand ohne Blockieren der Räder	1. Einsatz beider Bremsen 2. Die Räder dürfen nicht blockieren 3. Das Motorrad muß spurstabil bleiben

GROBZIEL: Hindernis überfahren

Feinziel:	Lerninhalt:	Lernerfolgskriterien:
Durch Zurückbewegen des Oberkörpers und Zug am Lenker schräg nach hinten oben in Verbindung mit einem Gasstoß und dem Ausfedern der Gabel wird das Vorderrad angehoben und auf das Hindernis aufgesetzt. Wenn das Hinterrad an das Hindernis läuft und angehoben wird, erfolgt eine Ausgleichsbewegung durch Anwinkeln der Beine und Strecken der Arme.	1. Gezieltes Entlasten des Vorderrads (räumlich begrenzt durch Markierungen) 2. Gezieltes Anheben des Vorderrads (räumlich begrenzt durch Markierungen) 3. Überfahren eines Hindernisses 4. Steigern der Hindernishöhe	1. Räumliche Vorgaben müssen eingehalten werden 2. Vorderradhöhe muß auf Hindernishöhe liegen 3. Das Hinterrad darf beim Auflaufen auf das Hindernis nicht abheben 4. Nach dem Hindernis muß die Fahrspur eingehalten werden.

RICHTZIEL: Kurven

GROBZIEL: Kurvenfahren in der »klassische Fahrhaltung«

Feinziel:	Lerninhalt:	Lernerfolgskriterien:
Der Fahrer kann eine Kurve in der »klassischen Fahrhaltung fahren, indem er durch Zug an dem der Kurve entgegengesetzten Lenkerende die Kurvenfahrt einleitet. Die Arme sind leicht angewinkelt, die Ellenbogen zeigen nach unten und die Knie liegen am Tank an. Die Füße sind auf den Fußrasten. Der Neigungswinkel des Oberkörpers entspricht dem der Maschine.	1. Slalom fahren 2. Eine Acht mit großem Kreisdurchmesser (28 m) 3. Eine Kurve als Sektion fahren und üben 4. Slalom und Acht auf Zeit	1. Oberkörper und Maschine auf einer Linie 2. Knie am Tank 3. Kein Versetzen auf der Maschine 4. Schnelligkeit

GROBZIEL: Bergauffahren im Stehen

Feinziel:	Lerninhalt:	Lernerfolgskriterien:
Der Fahrer kann bergauf fahren, indem er stehend, den Oberkörper, der Hangneigung entsprechend, nach vorn bringt. Je nach den Traktionsverhältnissen, Hinterrad rutscht, Vorderrad löst sich vom Hang, wird das Gewicht verlagert. Arme und Beine sind angewinkelt.	1. Bergauffahren und dabei die Maschine herunterschalten 2. Anhalten und erneutes Anfahren (Steigung und Bodenbeschaffenheit variieren) 3. Anhalten, die Maschine rückwärts in eine Linkskurve rollen lassen, erneut starten und wieder in die Bergauffahrt gehen	1. Beachten der speziellen Haltungsmerkmale 2. Anfahren ohne Abheben des Vorderrads und Durchdrehen des Antriebsrads 3. Starten der Maschine am Schräghang und Weiterfahrt hangaufwärts

GROBZIEL: Bergabfahren im Stehen

Feinziel:	Lerninhalt:	Lernerfolgskriterien:
Der Fahrer verlagert bei der Bergabfahrt sein Körpergewicht, indem er seinen Körperschwerpunkt durch Anwinkeln der Beine absenkt und durch Zurückschieben des Gesäßes zum Hinterrad hin verlagert. Die Hände stützen sich mit den Ballen an den Griffen ab. Die Geschwindigkeit der Abfahrt wird durch den Einsatz beider Bremsen kontrolliert. Der Bremsdruck richtet sich nach der Bodenbeschaffenheit.	1. Bergabfahren in der korrekten Haltung 2. Bergabfahren und die Maschine bis zum Stillstand abbremsen 3. Mehrfach anhalten und wieder losfahren bei Bergabfahrt 4. Hangneigung und Bodenbeschaffenheit variieren	1. Einsatz beider Bremsen 2. Die Räder dürfen nicht blockieren 3. Das Motorrad muß spurstabil bleiben 4. Beachten der speziellen Haltungsmerkmale

GROBZIEL: Kurvenfahren durch Drücken der Maschine

Feinziel:	Lerninhalt:	Lernerfolgskriterien:
Das Motorrad wird gedrückt, indem der Fahrer die Kurvenfahrt durch Zug an dem der Kurve entgegengesetzten Lenkerende einleitet. Die Sitzposition ist möglichst weit vorn. Der kurveninnere Arm ist gestreckt, der kurvenäußere ist angewinkelt. Das kurveninnere Bein ist nach vorn gestreckt. Das Motorrad wird geneigt, während der Oberkörper des Fahrers aufrecht bleibt.	1. Slalom im Gelände 2. Kurve mit Anbremsen im Stehen als Sektion fahren und üben 3. Slalom im Gelände auf Zeit	1. Beachten der speziellen Haltungsmerkmale 2. Sitzposition vorn Stützbein gestreckt 3. Der Oberkörper wird gerade gehalten

GROBZIEL: Anlieger fahren

Feinziel:	Lerninhalt:	Lernerfolgskriterien:
Der Fahrer kann einen Anlieger fahren, indem er die Kurvenfahrt einleitet, wie bei »Kurve fahren durch Drücken«. Vorder- und Hinterrad laufen in der Geländekontur. Die Geschwindigkeit ist dem Maß der Geländekontur angepaßt (je steiler und fester die Wand, desto schneller kann gefahren werden). Ab der Kurvenmitte wird voll beschleunigt.	1. Im Stand korrekte Haltung einnehmen (mit Hilfestellung) 2. Anlieger fahren (Kurve als Sektion üben) 3. Rechts-/Linkskurven fahren und üben (Anlieger) 4. Tempo steigern	1. Beachten der speziellen Haltungsmerkmale 2. Tempo und Schräglage der Geländekontur angepaßt 3. Beschleunigen der Maschine ab Kurvenscheitelpunkt

GROBZIEL: Driften

Feinziel:	Lerninhalt:	Lernerfolgskriterien:
Die Kurvenfahrt wird gemäß »Drücken« eingeleitet. Die Maschine wird soweit abgewinkelt, bis das Hinterrad die Haftung verliert. In diesem Moment steuert der Fahrer gegen und unterstützt das Abdriften des Hinterrads durch gezieltes Gasgeben. Das Körpergewicht ruht dabei vorwiegend auf der kurvenäußeren Fußraste, das kurveninnere Bein ist nach vorn als Stützfuß gestreckt. Der Drift wird durch das Gas gesteuert. Am Kurvenende wird durch Aufrichten der Maschine und Geradestellen des Lenkers die Kurvenfahrt beendet.	1. Kreisfahrt im Drift sowohl rechts als auch links herum 2. Oval fahren im Drift sowohl rechts als auch links herum 3. Achter fahren im Drift 4. Sektion fahren	1. Vorderrad entgegen der Kurvenrichtung einschlagen 2. Beachten der speziellen Haltungsmerkmale 3. Drift wird durch Gasgeben stabilisiert 4. Driftwinkel, Schräglage und Geschwindigkeit müssen der Kurve angepaßt sein 5. Kein Geschwindigkeitsverlust durch zu große Driftwinkel

RICHTZIEL: Sprünge

GROBZIEL: Sprung in der Ebene

Feinziel:	Lerninhalt:	Lernerfolgskriterien:
Der Fahrer kann einen Sprung in der Ebene durchführen, indem er die Absprungkante in der Haltung »Fahren im Stehen« anfährt. Die Absprungkante wird mit konstanter Geschwindigkeit überfahren. Während der Flugphase wird das Motorrad durch Gewichtsverlagerung nach hinten oder vorn in einer stabilen Lage gehalten, bei der das Vorderrad nur minimal nach oben tendiert. Die Landung erfolgt auf beiden Rädern, wobei das Hinterrad etwas früher Bodenkontakt hat. Die auftretenden Kräfte werden vom Fahrer durch Anwinkeln von Armen und Beinen abgefedert.	1. »Trockenübung«: Die korrekte Haltung wird eingenommen (Flugphase) und die nötigen Haltungsveränderungen gezeigt 2. Überfahren eines Hindernisses mit mittlerer Geschwindigkeit (Motorrad in der Waage) 3. Sprungweite und damit Geschwindigkeit steigern 4. Absprunghöhe vergrößern	1. Vorder- und Hinterrad sollen sich während der Flugphase auf einer Höhe befinden 2. kein zusätzliches Gasgeben vor dem Sprung 3. Überrollen der Absprungkante mit konstanter Geschwindigkeit (beim Gaswegnehmen oder gar Bremsen fällt das Vorderrad ab) 4. Weiche und Spurstabile Landung auf beiden Rädern gleichzeitig 5. Abfedern durch Arme und Beine

GROBZIEL: Sprung bergauf

Feinziel:	Lerninhalt:	Lernerfolgskriterien:
Der Fahrer kann einen Sprung bergauf durchführen, indem er die Absprungkante in der Haltung Berauffahren, also mit vorgebeugtem Oberkörper, anfährt. Die Absprungkante wird mit konstanter Geschwindigkeit überfahren, es wird nicht zusätzlich Gas gegeben! Wenn das Vorderrad in der Luft ist, wird der Lenker nach vorn gedrückt und durch Gewichtsverlagerung nach hinten oder vorn das Motorrad parallel zum Untergrund gehalten wobei sich das Vorderrad minimal über dem Niveau des Hinterrads befindet. Die Landung erfolgt auf beiden Rädern. Die auftretenden Kräfte werden vom Fahrer durch Anwinkeln von Armen und Beinen abgefedert.	1. »Trockenübung«: Die korrekte Haltung wird eingenommen (Absprung) und die nötigen Haltungsveränderungen gezeigt 2. Bergauffahren über eine Kante in der korrekten Haltung. Das Vorderrad hebt dabei ab und wird durch Vordrücken des Lenkers auf den Boden gedrückt 3. Geschwindigkeit steigern, so daß beide Räder abheben, Lenker vordrücken. 4. Anfahrtgeschwindigkeit langsam bis auf den maximal möglichen Wert steigern	1. Vorderrad durch Vordrücken des Lenkers absenken 2. Kein zusätzliches Gasgeben vor dem Sprung! 3. Überfahren der Absprungkante mit konstanter Geschwindigkeit 4. Weiche und Spurstabile Landung auf beiden Rädern gleichzeitig 5. Korrekte Haltung während der Flugphase beachten 6. Abfedern des Sprungs bei der Landung durch Arme und Beine

Anhang

1. Trainingsstrecken, Streckennutzung und Wettbewerbsteilnahme

Wenn wir uns im Trainingsgelände bemühen, sei es eine Bahn oder ein Cross-Gelände oder beides, wie dies beispielsweise Hof im Westerwald bietet, so muß man sich über einige formale Vorgehensweisen im klaren sein.

Einfach hinfahren, fünf Runden drehen und dann mit Karacho wieder weg, das geht natürlich nicht. Sie gehen ja auch nicht auf einen Ihnen fremden Tennisplatz und beginnen dort zu spielen. Entweder sind Sie Mitglied in einem Verein, oder aber der Verein gestattet nach Rücksprache und einem entsprechenden Entgelt die Nutzung der Anlage. Gleiches gilt für Motorradsportanlagen, wobei hier die Nutzung durch Auflagen, etwa aus Gründen des Lärm- oder Naturschutzes, erheblich erschwert ist. Wenn Sie also heimlich dort herumfahren, bekommen nicht nur Sie persönlich Ärger, sondern auch der Motorsportclub, dem dieses Gelände gehört. Zum Aufbau von Geländesportanlagen sind, ebenso wie für den Aufbau von Tennis- oder Fußballplätzen, Zeitaufwand und nicht unerhebliche Geldmittel vonnöten. Darüber hinaus bangen die meisten Vereine um die Verlängerung ihrer Nutzungsrechte. Weil viele Organisationen den Motorsport als Zielscheibe für vermeintlichen Umweltschutz auserkoren haben, reagieren die Verantwortlichen solcher Anlagen entsprechend nervös. Sollten Sie in Ihrer näheren Umgebung keine für Ihre Zwecke nutzbare Sporteinrichtung finden, wenden Sie sich an folgende Adressen, die Ihnen vielleicht weiterhelfen können:

ADAC – Sport
Am Westpark 8
8000 München 70
Telefon (089) 7676-0

Hier erhalten Sie neben der Information, welcher ADAC-Gau für Ihre Belange zuständig ist, auch schriftliche Unterlagen über die Möglichkeiten, Motorradsport zu betreiben.

Deutscher Motorsportverband (DMV)
Kaiserstraße 73
6000 Frankfurt
Telefon (069) 23 31 37

Auch hier erhalten Sie Info-Material und die Adresse eines Clubs in Ihrer Nähe.

Institut für Verkehrs- und Motorsportpädagogik e. V.
Karl Marx Straße 17
6148 Heppenheim
Telefon (06252) 2801

Hier kümmert man sich um die Ausbildung von DSB-lizensierten Trainern und Übungsleitern im Motorradsport.

Oberste Motorradsport Kommission (OMK)
Waidmannstraße 47
6000 Frankfurt
Telefon (069) 63 40 11

Diese Institution stellt die Lizenzen für die aktiven Sportfahrer aus und bildet Rennleiter, Kommissare und technische Funktionäre aus. Wenn Sie aktiv an Veranstaltungen teilnehmen wollen, müssen Sie sich an die OMK wenden. Dort erhalten Sie die für eine Wettbewerbsteilnahme erforderlichen Unterlagen.

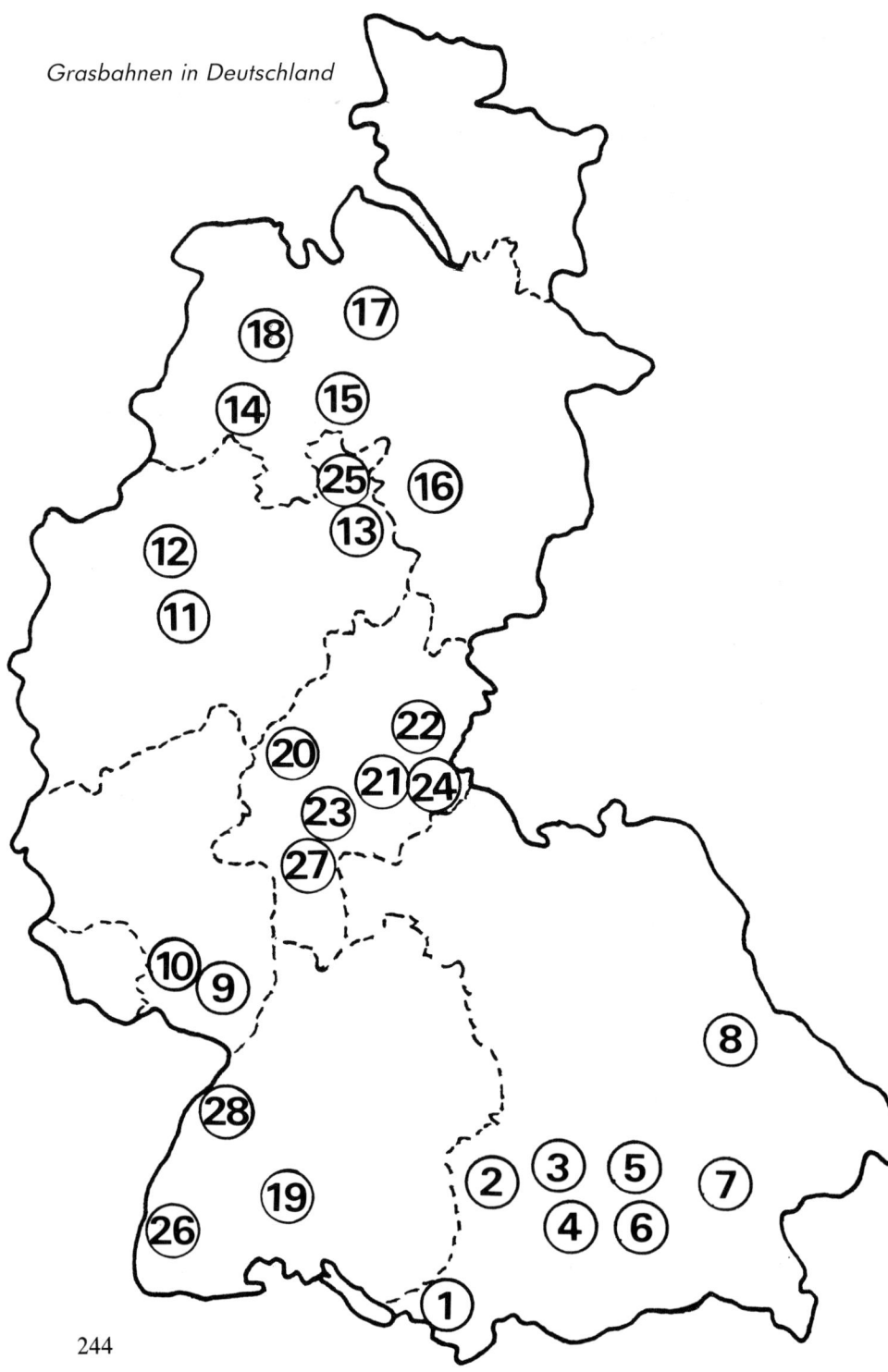

Grasbahnen in Deutschland

Grasbahnen in Deutschland

1 Langnau – MSC Langnau e.V. im ADAC, Pacellistraße 21,
7990 Friedrichshafen 1, Telefon (07541) 6140

2 Bad Waldsee – AMC Bad Waldsee e.V. im ADAC, Riedblick 6,
7967 Bad Waldsee, Telefon (07524) 7600

3 Memmingen –

4 Marktoberndorf –

5 Nandlstadt – RGS Wolnzach-Nandlstadt e.V. im ADAC, Böham 7,
8301 Volkenschwand, Telefon (08754) 643

6 Moosinning –

7 Arnstorf –

8 Pfatter –

9 Haßloch – Mc Haßloch e.V. im ADAC, Schillerstraße 3,
6733 Haßloch, Telefon (06324) 1585

10 Zweibrücken – MSC Zweibrücken e.V. im ADAC, Kirrberger-
straße 6, 6660 Zweibrücken, Telefon (06332) 43933–15904

11 Holzwickede – MSC Holzwickede e.V. im ADAC, Postfach 1189,
4755 Holzwickede, Telefon (02305) 6962

12 Lüdinghausen – AMSC Lüdinghausen e.V. im ADAC, Postfach 101,
4710 Lüdinghausen, Telefon (02591) 3526

13 Bielefeld – DMSC Bielefeld e.V. im ADAC, Ludwig Steil Straße 4,
4800 Bielefeld 17, Telefon (0521) 330808

14 Werlte – MSC Hümmling e.V. im ADAC, Postfach 1214,
4476 Werlte, Telefon (05951) 562

15 Vechta – AC Kreis Vechta e.V. im ADAC, Postfach 1272,
2848 Vechta, (04441) 4415

16 Celle – Bahnsportgemeinschaft Celle e.V. im DMV, Lönsweg 1,
3100 Celle, Telefon (05141) 45162-381295

17 Wallroth – MSC Wallroth e.V. im DMV, In der Häsel 2,
6492 Steinau, Telefon (06663) 1624–(06661) 1852

18 Apen – MSC Oldenburg e.V. im ADAC, Jägerstraße 42,
2900 Oldenburg, Telefon (0441) 72021

19 Bräunlingen – MSC Bräunlingen e.V. im DMV, Hüfinger Straße 57,
7715 Bräunlingen, Telefon (0771) 62052

20 Haiger-Allendorf – MSC Wachenberg e.V. im DMV, Hartstraße 12,
6342 Haiger, Telefon (02771) 32553

21 Ronneburg – MSC Ronneburg e.V. im DMV, Altwiedermuserstr. 21
6470 Büdingen, Telefon (06048) 7383

22 Bad Hersfeld – MSC Bad Hersfeld e.V. im DMV, Meisebacher-
straße 44, 6430 Bad Hersfeld, Telefon (06621) 71245

23 Nidda – AMC Butzbach e.V. im DMV, Auf der Heide 9,
6308 Butzbach 12, Telefon (06447) 392

24 Melsungen – MSC Melsungen e.V. im DMV, Thüringerstraße 2,
3508 Melsungen, Telefon (05661) 51177

25 Spenge – Team 81 Spenge e.V. im ADAC, An der Stadthalle 5,
4905 Spenge, Telefon (05225) 3020–2708

26 Hertingen – MSC Rebland e.V. im DMV, Hebelstraße 5,
7841 Bad-Bellingen-Hertingen, Telefon (07635) 787

27 Klein Krotzenburg – MSC Klein Krotzenburg e.V. im DMV,
Ostring 89, 6452 Hainburg, Telefon (06182) 60411

28 Berghaupten – MSC Berghaupten e.V. im DMV, Hohackerstr. 27,
7611 Berghaupten, Telefon (07803) 4167

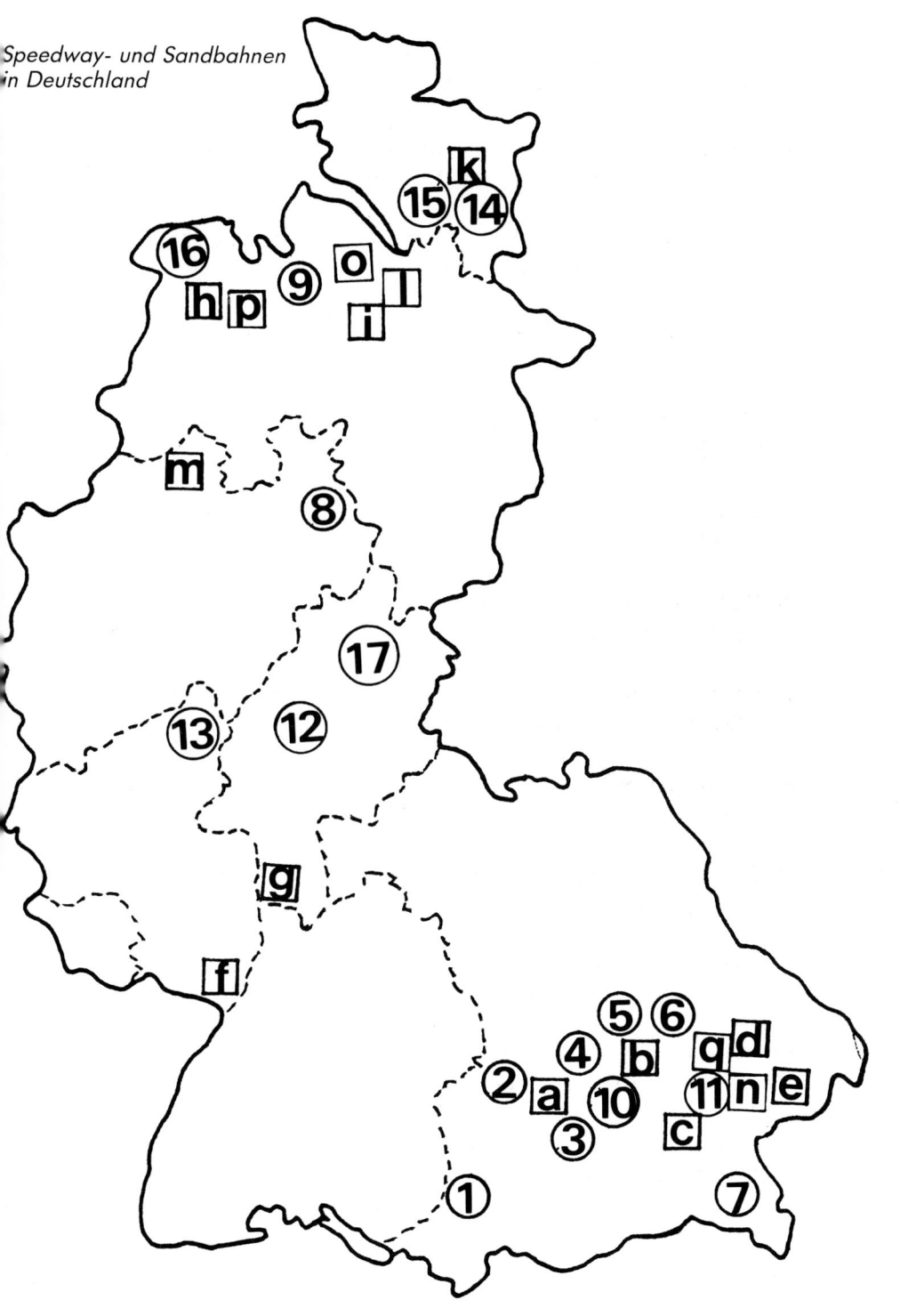

Speedway- und Sandbahnen
in Deutschland

1 Kempten

2 Krumbach

3 Olching – MSC Olching e.V. im ADAC, Mozartstraße 14,
8037 Olching, Telefon (08142) 15714

4 Pfaffenhofen – MSC Pfaffenhofen e.V. im ADAC, Altenstadt 1a,
8068 Pfaffenhofen, Telefon (08441) 6229

5 Neustadt – MSC Neustadt/Donau e.V. im ADAC, Postfach,
8425 Neustadt/Donau, Telefon (09445) 7860

6 Abensberg – MSC Abensberg e.V. im ADAC, Postfach 1208,
8423 Abensberg, Telefon (09443) 1748–461

7 Ruhpolding

8 Neuenknick – MSC Neuenknick e.V. im ADAC, Engerstraße 52,
4980 Bünde 15, Telefon (05223) 14173–43081

9 Bremen

10 Landshut – AC Landshut e.V. im ADAC, Kirchgasse 250,
8300 Landshut, Telefon (0871) 26836

11 Pocking – MSC Pocking e.V. im DMV, Postfach 1107, 8398 Pocking,
Telefon (08531) 8585

12 Diedenbergen – MSC Diedenbergen e.V. im DMV,
Marxheimer Straße 13, 6238 Hofheim 3, Telefon (06291) 38193

13 Hof – MSC Hof e.V. im DMV, Birkenweg 1, 5439 Hof,
Telefon (02661) 1546

14 Brockstedt – MSC Brockstedt e.V. im DMV, Postfach 1267,
2217 Kellinghusen Telefon (04122) 52611

15 Albersdorf – MSC Nordhastedt-Nordseeküste e.V. im DMV,
Alte Weddingstedter Landstraße 33, 2240 Heide,
Telefon (04832) 2364

16 Norden – MSC Norden e.V. im DMV, Attenastraße 9, 2980 Norden,
Telefon (04931) 2584–184258

17 Homberg/Ohm – MSC Ohmtal e.V. im DMV, Marburgerstraße 32,
6313 Homberg/Ohm, Telefon (06633) 295

18 Norden – MSC Norden e.V. im DMV, Attenastraße 9,
2980 Norden,Telefon (04931) 2584–184258

a) Haunstetten – AMC Haunstetten e. V. im ADAC, Almenrauschstraße 3b, 8900 Augsburg, Telefon (0821) 889516

b) Dingolfing – MSC Dingolfing e. V. im ADAC, Lusenstraße 6, 8312 Dingolfing, Telefon (08731) 71444

c) Mühldorf – MSC Mühldorf e. V. im ADAC, Postfach, 8260 Mühldorf, Telefon (08631) 12030 – (08636) 7103

d) Plattling – MSC Plattling e. V. im ADAC, Postfach 1211, 8350 Plattling, Telefon (09931) 2666 – 2585

e) Passau

f) Herxheim – MSC Herxheim e. V. im ADAC, Karl-Neuberger-Str. 2 6742 Herxheim, Telefon (07276) 73825

g) Altrip – MSC Altrip e. V. im ADAC, Reginostraße 10, 6701 Altrip, Telefon (06236) 2894–2661

h) Moorwinkeldamm – MSC Moorwinkeldamm e. V. im ADAC, Wichelnstraße 3, 2910 Westerstede/Ocholt Telefon (04409) 654–328

i) Mulmshorn – MSC Mulmshorn e. V. im ADAC, Hetzwege 44, 2723 Hetzwege, Telefon (04263) 8174

k) Jübeck – MSC Jübeck e. V. im ADAC, Postfach 5, 2383 Jübeck, Telefon (04267) 646

l) Scheeßel – MSC Eichenring e. V. im DMV, Postfach 1248, 2723 Scheeßel, Telefon (04263) 504–2723

m) Harsewinkel – MSC Harsewinkel e. V. im ADAC, Postfach 1325, 4834 Harsewinkel, Telefon (05246) 5386

n) Pfarrkirchen – Postfach 167, 8340 Pfarrkirchen, Telefon (08561) 2954

250

o) Haseldorf – MSC Tornesch e.V. im DMV, Op'n Feld 15,
   2081 Haseldorf,Telefon (040) 5709996 – (04129) 1056

p) Bad Zwischenahn – MSC Bad Zwischenahn, e.V. im DMV,
   Postfach 1447, 2903 Bad Zwischenahn,
   Telefon (04403) 5101 – (04405) 7479

q) Vilshofen – MSC Vilshofen e.V. im ADAC, Alte Hördterbergstraße
   16, 8358 Vilshofen, Telefon (08541) 6226

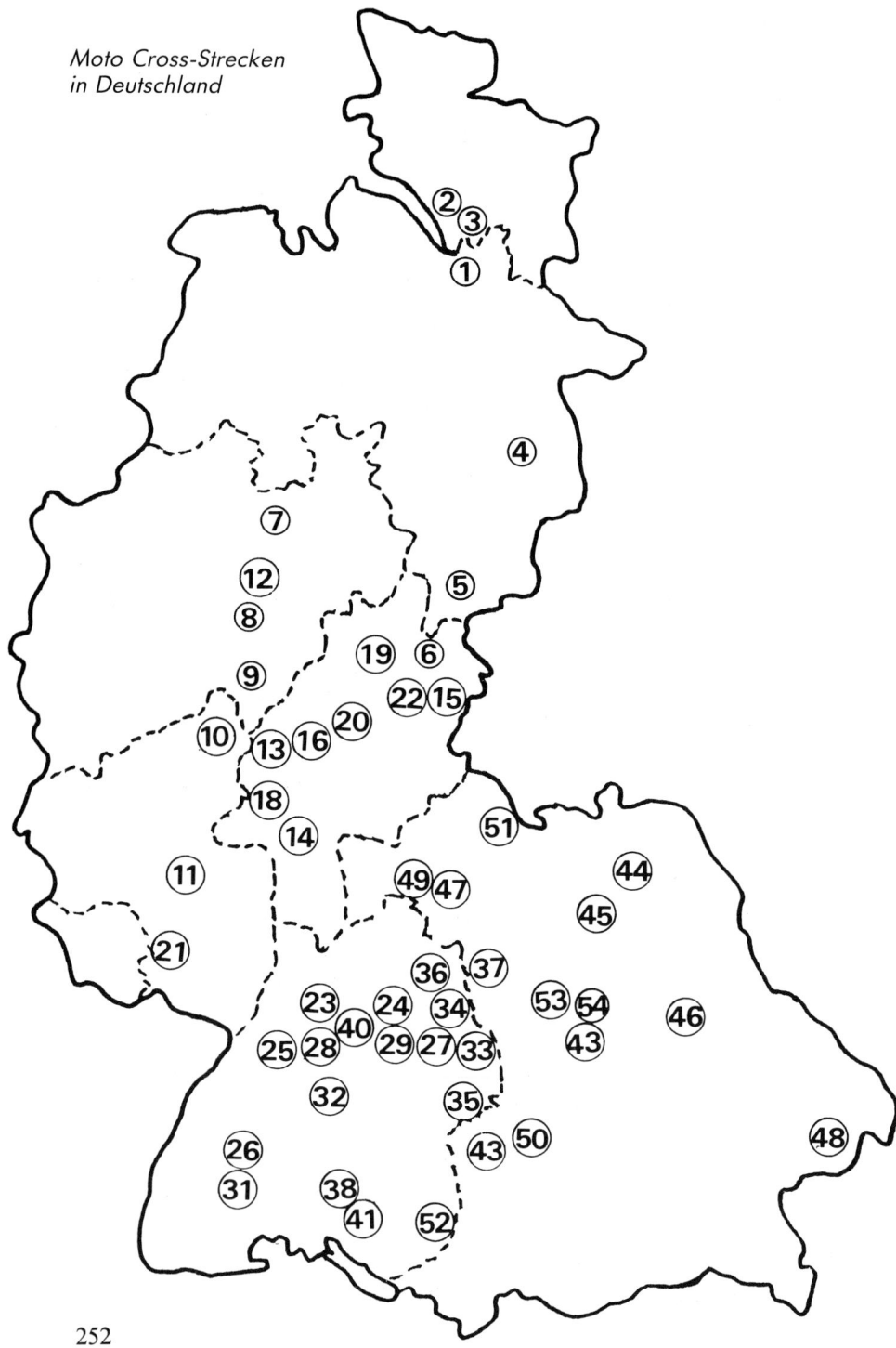

Moto Cross-Strecken
in Deutschland

Moto Cross Strecken in Deutschland

1 Trittau – BMC Aue-Ring Trittau e.V. im ADAC,
Hamburger Straße 30, 2073 Lütjensee, Telefon (04154) 70570

2 Kaltenkirchen – MSC Kaltenkirchen e.V. im ADAC, Hamburger
Straße 71, 2358 Kaltenkirchen, Telefon (04194) 7107

3 Mölln – MSC Mölln e.V. im DMV, Wasserkrügerweg 8, 2410 Mölln,
Telefon (04542) 3142

4 Wolfsburg – 1. Wolfsburger MSC e.V. im ADAC, An der Kochs-
breite 11a, 3180 Wolfsburg 11, Telefon (05363) 73297

5 Nordheim – Rallye und Touring Club Nordheim e.V. im ADAC, in
der Flut 2, 3410 Nordheim, Telefon (05551) 2122–2247

6 Schrecksbach – MSC Schrecksbach e.V. im DMV,
Albert Schweizer Straße 31, 3579 Schrecksbach, Telefon (06698)
1290

7 Werl – MSC Werl e.V. im DMV, Unnaer Straße 12, 4760 Werl,
Telefon (02922) 3633–5401

8 Wipperfürth – MSC Wipperfürth e.V. im ADAC, Postfach 1370,
5272 Wipperfürth, Telefon (02267) 2553

9 Bielstein – MSC Drabenhöhe-Bielstein e.V. im ADAC,
Postfach 2101, 5276 Bielstein, Telefon (02262) 2767–2276

10 Hof – MSC Hof e.V. im DMV, Birkenweg 1, 5439 Hof,
Telefon (02661) 1546

11 Reil – MSC »Heißer Stein« Reil e.V. im ADAC, Moselblick 26,
5586 Reil, Telefon 5586, Telefon (06542) 22919

12 Radevormwald – MSF Kräwinkelbrücke e.V. im ADAC,
Postfach 1462, 5608 Radevormwald, Telefon (02191) 590518

13 Wilnsdorf – MSC Oberes Weißtal e.V. im DMV, Siegener Straße 11,
5901 Wilnsdorf 2, Telefon (0271) 399781

14 Roßdorf – MSC Roßdorf e. V. im DMV, Postfach 1153, 6101 Roßdorf, Telefon (06154) 82850

15 Beuern – MSC Beuern e. V. im DMV, Untergasse 36,
6305 Buseck-Beuern, Telefon (06408) 62998

16 Laubus-Eschbach – MSC Laubus-Eschbach e. V. im ADAC, Les-
singstraße 2, 6292 Weilmünster, Telefon (06475) 8000

17 Schefflenz – MSC Schefflenz e. V. im ADAC, Auerstraße 12,
6951 Schefflenz, Telefon (06293) 1404

18 Bauschheim – MSC Bauschheim e. V. im ADAC, Sudetenstraße 8,
6090 Rüsselsheim, Telefon (06142) 71856

19 Aarbergen – MSC Michelbacher Hütte e. V. im DMV, Berghof,
6209 Aarbergen 6, Telefon (06120) 5651

20 Gießen – MSC Gießen-Wieseck e. V. im DMV, Backhausstraße 4,
6300 Gießen-Wieseck, Telefon (0641) 53258–81522

21 Niederwürzbach – MSC Niederwürzbach e. V. im DMV, Mühlen-
straße 22, 6653 Blieskastel-Niederwürzbach, Telefon (06894) 599393

22 Wächtersbach – MSC Aufenau e. V. im DMV, Martin Luther Str. 52,
6480 Wächtersbach, Telefon (06053) 9678

23 Walldorf – MSC Walldorf-Astoria e. V. im ADAC, Freiherr von Stein
Straße 38, 6836 Oftersheim, Telefon (06202) 51688

24 Schnaitheim – MSC Schnaitheim e. V. im ADAC, Hagenstraße 29,
7290 Heidenheim, Telefon (07321) 62189

25 Hügelheim – MSC Hügelheim e. V. im ADAC, Untere Brühl 42,
7840 Müllheim, Telefon (07631) 5149

26 Baden-Baden – MC Baden-Baden e. V. ADAC, Hochstraße 15,
7570 Baden-Baden, Telefon (07221) 277311

27 Reutlingen – RMSC Reutlingen e.V. im ADAC, Lüftestraße 55, 7410 Reutlingen, Telefon (07121) 239368–56506

28 Odenheim – MSC Odenheim e.V. im ADAC, Michaelstraße 10, 7524 Östringen-Odenheim, Telefon (07259) 1230–711

29 Betra – MSC Betra e.V. im DMV, Flurstraße 10, 7240 Horb- Betra, Telefon (07482) 228–1640

30 Aichwald – MSC »Eiserne Hand« e.V. im ADAC, Postfach 4005, 7307 Aichwald 1, Telefon (0711) 361005

31 Schweighausen – MSC »Alemannorum« Schweighausen e.V. im ADAC, Mühlhalde 3, 7631 Schuttertal-Schweighausen, Telefon (07826) 323

32 Rudersberg – MSC Wieslauftal e.V. im ADAC, Alter Rathausplatz 4, 7062 Rudersberg, Telefon (07183) 7851–8170

33 Ingersheim – MSC Ingersheim e.V. im DMV, Wilhelmstraße 24, 7121 Ingersheim Telefon (07142) 61480

34 Bühlertann – MSC Bühlertann e.V. im ADAC, Ellwanger Straße 3, 7164 Bühlertann,Telefon (07973) 5313–5830

35 Erbach – MSC Erbach e.V. im DMV, Hoferingweg 3, 7904 Erbach, Telefon (07305) 8249

36 Gaildorf – MSC Gaildorf e.V. im ADAC, Marktplatz 8, 7160 Gaildorf, Telefon (07971) 7661

37 Marktoffingen – MC Windsberg e.V. im ADAC, Maus 1, 7090 Ellwangen, Telefon (07961) 52624

38 Obernheim – MSC Obernheim e.V. im ADAC, Am Scheibenbühl 20, 7461 Obernheim, Telefon (07436) 351

39 Holzgerlingen – Kraftfahrervereinigung »Kalteneck« e.V. im DMV, Karlstraße 4, 7038 Holzgerlingen, Telefon (07031) 42839

40 Frankenbach – MCC/RKV HN-Frankenbach e.V. im DMV, Speyerer Straße 5, 7100 HN-Frankenbach, Telefon (07131) 42661

41 Mengen – Rallye Racing Team Scheer e.V. im ADAC, Haldenstraße 17, 7947 Mengen, Telefon (07572) 5300

42 Ottenbach – MRSC Ottenbach e.V. im ADAC, Ringstraße 19, 7321 Ottenbach, Telefon (07165) 745

43 Warching – MSC Warching e.V. im ADAC, Schloßberg 2, 8855 Monheim-Warching, Telefon (09091) 460

44 Schreckensberg – MC Tauperlitz e.V. im DMV, Bachgasse 1, 8671 Tauperlitz, Telefon (09281) 40163

45 Sand – MSC Sand e.V. im ADAC, Kirchplatz 18, 8729 Sand, Telefon (09524) 1388

46 Neumarkt – 1.MSC Neumarkt e.V. im ADAC, Mariahilfstraße 30, 8430 Neumarkt, Telefon (09181) 42401

47 Haibach – MSC Straßbessenbach e.V. im DMV, Hirtenweg 10, 8751 Haibach, Telefon (06021) 69780

48 Röhrnbach-Reisersberg – MCC Röhrnbach-Reisersberg e.V. im DMV, Aigenstadl 28, 8393 Freyung, Telefon (08551) 4159

49 Goldbach – MSC Goldbach e.V. im DMV, Postfach 1214, 8758 Goldbach, Telefon (06021) 47570–52922

50 Höchstädt – MSC Höchstädt e.V. im ADAC, Hauptstraße 23, 8671 Höchstädt, Telefon (09287) 1552

51 Neustadt/Saale – MC Bad Neustadt/Saale e.V. im ADAC, Meiningerstraße 33, 8740 Bad Neustadt/Saale, Telefon (09771) 1302

52 Mindelheim – MSF Mindelheim e.V. im ADAC, Postfach 264, 8948 Mindelheim, Telefon (08261) 6500

Literaturnachweis

Zeitschriften

AUTO MOTOR UND SPORT, Stuttgart 1968 ff.
MOTORRAD, Stuttgart 1963 ff.
MOTORRAD REISEN UND SPORT, Köln 1984 ff.
PS – DIE MOTORRADZEITUNG, Stuttgart 1981 ff.
SPORTPÄDAGOGIK, Schorndorf 1983 ff.
SPORTWISSENSCHAFT, Seelze 1985 ff.
TRIALSPORT, Celle 1976 ff.

ADAC (Hg.) (1973 a): Schriftenreihe Jugendverkehrserziehung, Heft 9. München.
  – (Hg.) (1973 b): ADAC-Jugend-Moped-Turnier, Mofa-Moped- Meister. In: Schriftenreihe Jugendverkehrserziehung, Heft 12. München.
  – (Hg.) (1983): Sicherheit für Motorradfahrer. ADAC- Sicherheitstraining vom Leichtkraftrad bis zur schweren Maschine. Instruktorenleitfaden. ADAC-Zentrale, Abteilung Verkehrserziehung und -aufklärung. München.
  – (Hg.) (1987): Broschüre Motorsport 1-16. München.

ANDERSON, Bob (1980): Stretching, Bolinas California

ARREHN, Roland (1982): Der Weg zum Erfolg. Eine Trainingsanleitung für Moto Cross-Fahrer, München.

BÖCHER, Wolfgang (1985): Neuere Aspekte zur Verkehrserziehung. In: Häcker, Hartmut (Hg.) (1985): Fortschritte der Verkehrsspychologie (1), Reihe Mensch-Fahrzeug-Umwelt, Köln.

BOISEN, Marion (1975): Angst im Sport. Der Einfluß von Angst auf das Bewegungsverhalten im Sport. Erschienen in der Schriftenreihe des Instituts für Sportwissenschaften der Universität Hamburg, Nr. 8, Gießen/Lollar.

257

BREUER, B. (1985): Motorräder. Vorlesungs-Skriptum des Fachbereichs Maschinenbau der Technischen Hochschule Darmstadt.

CATTONE, Roberto (1980): Lieb die Natur, entdeck das Trialfahren. Bergazo.

CHRISTOPHE, Christian (1967): Sport mit Motorrädern. Trial- Gelände-Moto Cross-Straßenrennen, Stuttgart.

CODE, Keith (o.J.): A twist of the wrist. The motorcycle road racers handbook.

COOPER, Kenneth, (1971): Bewegungstraining. Praktische Anleitung zur Steigerung der Leistungsfähigkeit, Frankfurt/Hamburg.

GLAGE, Dorothee (1979): Motivationale und handlungstheoretische Aspekte einer jugendoffenen Motorsportart. Beobachtungen und Überlegungen anhand des Freizeitsports Jugendtrial. Zulassungsarbeit zur ersten Prüfung für das Lehramt an Grund- und Hauptschulen an der Pädagogischen Hochschule Ludwigsburg.

GLAVITZA, Erich (1973): Moto Cross. Härte ohne Grenzen, Stuttgart.

GROSSER, Manfred; STARISCHKA, Stephan; ZIMMERMANN, Elke (1981): Konditionstraining. Theorie und Praxis aller Sportarten, München.

GRUBER, Wolfgang (1972): Das Risiko im Griff. Hinter den Kulissen des Motorrad-Grand Prix-Sports, Stuttgart.

HANSEN, Klaus (o.J.): Noch eine Runde. Motorsport von allen Seiten, Bielefeld.

HARRE, Dietrich (Hg.) (1975): Trainingslehre. Einführung in die Theorie und Methodik des sportlichen Trainings, Berlin.

HUSAK, Pavel (1972): Das große Buch vom Moto Cross. Geländerennen mit Motorrädern. Historie, Maschinen, Technik, Stuttgart.
  – (1984): Enduro: Sechstage-Fahrt gestern und heute. Maschinen, Fahrtechnik, Stuttgart.

INSTITUT FÜR VERKEHRS- UND MOTORSPORTPÄDAGOGIK e. V. (Hg). (1988): Moto Trainer Info, Heft 1, Heppenheim.

INSTITUT FÜR ZWEIRADSICHERHEIT e. V. (Hg.) (1984): Das kleine Schutz-bekleidungs-Einmaleins. Bochum-Wattenscheid.

JAHRBUCH der FEDERATION INTERNATIONALE MOTOCYCLISTE 1975 + 1987

JONZIER, Bernhard (1977): Der grüne Sport: alles über Trial und Moto Cross, Stuttgart.

KOCH, Hubert (1978): Sicherheit für Motorradfahrer. Eine pädagogische Konzeption. Grundlage für das ADAC-Motorrad- Sicherheitraining. München.
  – und FLÜGEL, Stephan; WOLFER, Bernd (1984): Motorradfahreraus-bildung in Fahrschulen. Analyse der Grundlagen und Bedingungs-faktoren sowie Vorschläge zur konzeptionellen Gestaltung eines Curriculums. Erschienen in der Reihe Unfall- und Sicherheitsfor-schung Straßenverkehr, Heft 46, 1984. Hg. im Auftrag des Bundes-ministers für Verkehr von der BASt. Bereich Unfallforschung. Bergisch Gladbach.

KRACKOWIZER, H; CARRICK, P. (1972): Motorradsport. München/Wels.
  – und WOLLET, Mike (1975): 25 Jahre Motorrad WM. München/ Wels.

KRAHNSTÖVER, Felix (1983): Fahrpraxis und Theorie. Ausbildungsanre-gungen und Tips für Grundlehrgänge. Internes Arbeitspapier für die Ausbilder der ADAC-Jugend-Trial-Ausbildung.
  – und NIEMANN Harry (1988): Trial. Akrobatik auf zwei Rädern. Ein Lehrbuch, Stuttgart.

LAEVITT, L.; WEED, L. (1978): Motorcycle trials: techniques training. Trazana/California.

LAICHES, William u. a. (Hg.) (1982): Trial riding in America: a guide to recreational off-road riding. American Motorcyclist Association. Westerville/Ohio.

LEVERKUS, Ernst (1970): Schnell auf zwei Rädern. So fährt man Motorrad, Stuttgart.
 – (1977): Motorradtricks für Sicherheit, Stuttgart.

MEINEL, Kurt (1971): Bewegungslehre. Abriß einer Theorie der sportlichen Motorik unter pädagogischem Aspekt, Berlin.

NIEMANN, Harry (1987a): Verkehrserziehung durch Motorsport im Sportunterricht. Entwicklung und Erprobung eines jugendgerechten Verkehrserziehungskonzepts. Dissertation an der Universität- Gesamthochschule Essen.
 – (1987b): Motorrad-Trial als Schulsport. Ein neuer Ansatz für die Verkehrserziehung von Jugendlichen. In: Frankfurter Allgemeine Zeitung, Nr. 80, 4. April, S. 38.
 – und KRAHNSTÖVER, Felix (1988a): Akrobatik auf zwei Rädern. Ein Lehrbuch, Stuttgart.
 – (1988b): Der Kniff mit dem Knie. Sportlich und sicher Motorradfahren. Aus der Praxis der Profis, Stuttgart.

NÖCKER, Josef (1976): Physiologie der Leibesübungen. Für Sportlehrer, Trainer, Sportärzte, Stuttgart.

OBERSTE MOTORRAD-SPORT-KOMMISSION (Hg.) (1954): Deutsches Motorrad-Sport-Gesetz. Frankfurt.

PFAFFEROTT, Ingo (1978): Zur Unfallentwicklung und Ausbildungssituation motorisierter Zweiradfahrer (Ergebnisse einer OECD-Arbeitsgruppe und deren Konsequenzen). In: Buchreihe der Arbeits- und Forschungsgemeinschaft für Straßenverkehr und Verkehrssicherheit, Bd. 31. Köln, 54-82.

PLATHNER; BITTORF (1954): Die brüllende Straße. Der Kampf um die PS. Das große Abenteuer unserer Zeit, Darmstadt.

POENSGEN, Robert (o. J.): Geröll Motoren feine Kerle. Das Buch von der Sechstage-Fahrt. Wuppertal.

RENSTROM, Richard L. (1973): Motorrad Rennsport. Berühmte Fahrer – Erfolgreiche Technik. Stuttgart.

STEINBACH, Manfred (1971): Medizinisch-psychologische Probleme der Wettkampfvorbereitung. Frankfurt.

TOLHURST, Neil (1982): Trial riding; skills safety and sensibility. American Motorcyclist Association. Westerville/Ohio.

YAMAHA MOTOR COMPANY (Hg.) (o. J.): Moto Cross school text, 32 S.

Bildquellen

Moto Press	01 bis 06 und 32 / 45 / 46 / 47
Dipl. Ing. Gerhard Hohmeier	Fotoserie Bild 1 bis Bild 31 und 33 / 34 / 35 / 36 / 37 / 51 / 52 / III
Archiv mo	38 / 39 / 40 / 41 / 42 / 48 / 49 / 50 / VIII / IX / X / XI / XII
Privatarchiv Eddy Hau	07 / 53 / 54 / 55 / 56 / 57 / 58 / I / V / VI
Willy Reh	59 / 60 M. N. / II
Yamaha	

Zeichnungen

Dr. Harry Niemann	1 bis 27 und 29 / 30 / 34 sowie 43 bis 61
Yamaha	28 / 31 / 32
BMW	35 / 38 / 39 / 40 / 41
Withe Power	36 / 37
KTM	42

Karrikaturen

Dr. Harry Niemann

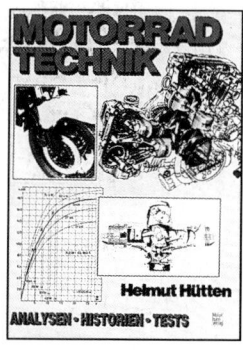